Frauenprotest in der Rosenstraße Berlin 1943

Schwerer ist es,
das Gedächtnis der Namenlosen zu ehren
als das der Berühmten.
Dem Gedächtnis der Namenlosen ist
die historische Konstruktion geweiht.

Walter Benjamin
(Aus: Über den Begriff der Geschichte. In: Gesammelte Schriften, Bd. I., S. 1241)

Ihr, die ihr diese Zeit überlebt, vergeßt nicht.
Vergeßt die Guten nicht und nicht die Schlechten.
Ich möchte, daß man weiß:
daß es Menschen waren, die … ihr Gesicht,
… ihre Hoffnung hatten,
und daß deshalb der Schmerz auch des letzten unter ihnen
nicht kleiner war als der Schmerz des ersten,
dessen Name erhalten bleibt.

Julius Fučik
Ermordet am 8. September 1943 in Plötzensee

Kaum ein größeres Wunder ist denkbar
als das Überleben eines Juden während der letzten Jahre
des zweiten Weltkrieges in Berlin

Leonhard Gross
(Aus: Versteckt. Wie Juden in Berlin die Nazi-Zeit überlebten. Reinbek 1981)

Gernot Jochheim

Frauenprotest in der Rosenstraße Berlin 1943

Berichte Dokumente Hintergründe

HENTRICH & HENTRICH

Entwurf Umschlag vorn Sigurd Wendland
unter Verwendung einer Gouache von Charlotte Salomon,
Umschlag hinten Foto Marco Limberg

Herausgegeben mit Unterstützung der Stiftung
»Centrum Judaicum – Neue Synagoge Berlin«

Satz: Typecraft Fotosatz GmbH, Berlin

Lithos: Reprowerkstatt Rink, Berlin

Druck: Rauscher Druck und Medien OHG, Berlin

Buchbinderei: Heinz Stein, Berlin

ISBN 3-933471-26-5
Erweiterte Neuausgabe 2002
Printed in Germany

Die Gouache der 1917 in Berlin geborenen Malerin Charlotte Salomon bezieht sich auf den Novemberpogrom 1938 und die darauf erfolgte Einlieferung ihres Vaters und anderer jüdischer Männer in das Konzentrationslager Sachsenhausen. In visionärer Sicht erscheinen hier bereits die Vorgänge, die die Frauenproteste von 1943 prägten: »Wir wollen wissen, wo unsere Männer sind.« Charlotte Salomon wurde 1943 in Auschwitz ermordet.
Das Original befindet sich im Joods Historisch Museum Amsterdam, die Rechte werden verwaltet von der Charlotte-Salomon-Stiftung Amsterdam (siehe auch Umschlaggestaltung).

Inhaltsverzeichnis

Hans Grossmanns Geschichte

I Einführung

1. Das Geschehen in der Rosenstraße 1943

In der ersten Märzwoche 1943 protestierten in der Rosenstraße in Berlin-Mitte tage- und nächtelang viele hundert Menschen – überwiegend Frauen – gegen eine von ihnen befürchtete Deportation ihrer jüdischen Ehepartner, Kinder und Verlobten, die dort, nämlich im Gebäude der ehemaligen Sozial-Verwaltung der Jüdischen Gemeinde (Rosenstraße 2–4), gefangengehalten wurden.
Kein Einschüchterungsversuch von seiten der Gestapo oder der SS – auch nicht die Drohung, in die Menge zu schießen – vermochte den Protest zu unterbinden.
Dieses Geschehen, das infolge der sogenannten »Fabrik-Aktion«, der von den Nazis so geplanten »Schlußaktion gegen die Juden«, am 27./28. Februar 1943 begann, endete nach etwa einer Woche, als offenbar damit begonnen wurde, Gefangene in größerer Zahl freizulassen.
Die Entlassung der schätzungsweise 1500 gefangenen Männer, Frauen und Jugendlichen währte mindestens 10 Tage und wurde mit der bei den Nazis typischen bürokratischen Akribie durchgeführt. Die Freigelassenen mußten bis zum Ende der Nazi-Herrschaft Zwangsarbeiten leisten.
Eine weitere, wenn auch zeitgleich begrenztere und von weniger Menschen getragene Protestaktion dieser Art hat sich vor einem anderen Gefangenenlager, vor dem ehemaligen jüdischen Altersheim in der Großen Hamburger Straße 26 – unweit der Rosenstraße –, abgespielt.
Die Ereignisse in der Rosenstraße wie die in der Großen Hamburger Straße vom März 1943 sind – namentlich in der alten Bundesrepublik – einer breiteren Öffentlichkeit lange Zeit weitgehend unbekannt geblieben, obwohl es eine Reihe von Berichten darüber gegeben hat. In unserer Gegenwart können noch rund zwei Dutzend Zeitzeugen aus eigenem Erleben darüber erzählen – Frauen und Männer, die zum Teil als Jugendliche in dem Gebäude gefangengehalten wurden, und Frauen, die vor dem Gebäude protestiert haben, sowie Frauen und Männer, die damals als Kinder zu dem Protest der Erwachsenen mitgenommen worden waren. Und nicht einmal selten finden wir in der autobiographischen Literatur vom Leben und Überleben in der Nazi-Diktatur – naheliegenderweise überwiegend in jener, die Jüdinnen und Juden sowie Menschen mit jüdischer Herkunft geschrieben haben – jenes Geschehen erwähnt, manchmal sogar ausgeführt.[1]
Als ein Beispiel hierfür sollen an dieser Stelle Passagen aus dem autobiographischen Bericht »Jahre auf Abruf« von Walter Laqueur wiedergegeben werden. In Laqueurs Darstellung wird leider nicht deutlich, woher er all jene Informationen hat, die er nicht aufgrund eigener Beobachtung hat gewinnen

können. Der Autor, das Kind jüdischer Eltern, selbst aber, wie er mehrmals erwähnt, wenig religiös orientiert, war ein in Berlin bekannter und angesehener Arzt. Er lebte in einer sogenannten »privilegierten Mischehe«. Auch ihm war es nicht mehr gestattet, seinen Beruf auszuüben; ärztliche Betreuung bei Deportationen jedoch – in den Lagern, auf den Bahnhöfen – durfte er leisten. So war er auch nach der »Fabrik-Aktion« auf dem Weg zur Großen Hamburger Straße. Laqueur berichtet unter anderem:

»Als ich weiterging, wurde ich plötzlich Zeuge einer Szene, wie ich sie in Deutschland viele Jahre nicht mehr erlebt hatte: einer spontanen Demonstration... es kam mitten im Krieg in Deutschland zu einer kleinen Rebellion. Die nicht-jüdischen Ehefrauen und Kinder der Verhafteten[2] fanden schnell heraus, worum es ging, und begannen, sich vor dem Sammellager in der Rosenstraße aufzustellen. Am ersten Morgen war es nur ein Dutzend. Sie verlangten, mit ihren Männern sprechen zu dürfen. Ihr Verlangen wurde nicht erfüllt, aber sie blieben. Gegen Abend kampierten einige hundert vor dem Tor und riefen: ›Wir wollen unsere Männer wiedersehen‹ und ›Gebt uns unsere Väter frei!‹ Am nächsten Tag wuchs die Zahl auf etwa tausend an, und sie wurden zu einem beträchtlichen Ärgernis, da sie Delegationen zum nahegelegenen Polizeirevier und sogar ins Hauptquartier der Gestapo schickten.

Die Behörden waren erstaunlich zuvorkommend, sogar höflich. Es sei kein Grund zur Aufregung, hieß es, noch sei nichts entschieden; man werde die Sache noch einmal überprüfen. Aber die Ehefrauen gaben sich mit solch unverbindlichem Geschwätz nicht zufrieden: Was sollte denn überprüft werden? Sie wollten ihre Männer auf der Stelle wiederhaben...

Als die Beamten sagten, die Leute könnten noch nicht freigelassen werden, schlugen die Frauen vor, sie wollten bei ihren Männern im Gefängnis bleiben. Man gab ihnen zur Antwort, das sei nicht zulässig, da die Männer sich im Arrest befänden. Die Frauen entgegneten, die Rosenstraße sei kein Gefängnis, und sie hätten das Recht, das Gebäude zu betreten. Der Führer werde ganz gewiß ein solch gesetzeswidriges Vorgehen nicht billigen... Die Beamten wußten nicht, was sie darauf antworten sollten, und wandten sich an ihre Vorgesetzten um neue Instruktionen. Durch ganz Berlin verbreitete sich das Gerücht, mitten im Stadtzentrum gebe es eine Demonstration, die Leute widersetzten sich den Behörden. Einige ausländische Korrespondenten – Schweden und Schweizer – tauchten schon in der Nachbarschaft auf, natürlich ganz unauffällig, sie kamen nur zufällig vorbei...

Es waren auch ein paar Polizisten da, aber sie versuchten nicht aufzufallen. Von Zeit zu Zeit fuhr eine Limousine mit herabgelassenen Gardinen zum Sammelpunkt. Irgendein hoher Amtswalter kam zur Beratung oder erteilte neue Instruktionen. Ein Teil der Menge zog weiter in eine andere kleine Straße, die Burgstraße. Sie kam vor einem der ersten Häuser zum Stehen, einem unauffälligen Bürogebäude ohne Namensschild und Firmenzeichen an der Fassade und auch ohne Leuchtreklame – es war das Bezirkshauptquartier der Gestapo...

Ich hatte in meinem Leben schon manche Menschenansammlung beobachtet und wußte, daß eine jede anders ist... Die Menge heute morgen war diszipliniert, wollte aber offensichtlich ihr Recht durchsetzen. Es war eine Menge, die hauptsächlich aus Frauen und Kindern bestand, und sie wußten, was sie wollten. Sie riefen im Chor: ›Gebt uns unsere Männer heraus.‹ Es war eine erstaunliche Szene – eine Szene ohne vorausgegangene Proben. Arme Frauen, dachte ich, wie lange würden sie sich hier halten können, wenn erst die Polizei oder die SS auftauchte? Die Frauen waren verzweifelt, sie hatten nichts zu verlieren, und wenn es ein Massaker deutscher Frauen[3] mitten in Berlin und mitten im Krieg gegeben hätte, was dann? Man hätte es nicht lange geheimhalten können, und welchen Eindruck hätte es auf die Soldaten gemacht, die auf den eisigen Feldern Rußlands kämpften? Vielleicht hatten sie doch eine Chance... Aber ich konnte nicht länger bleiben. Ich wurde in der Hamburger Straße erwartet.«[4]

Mit dem »Hauptquartier der Gestapo«, wie es Laqueur nennt, ist die Gestapo-Leitstelle Berlin in der Burgstraße 28 gemeint, wo sich u. a. das Berliner Judenreferat befand. Dieses Haus lag etwa 200 Meter von dem Ort des Protestes entfernt.

Rechte Straßenseite hinten: Burgstraße 28, im Hintergrund S-Bahnhof Börse (jetzt Hackescher Markt)

2. Der Ort des Geschehens

Wer den heutigen Stadtraum im Zentrum Berlins um das Rote Rathaus, die Marienkirche und den Fernsehturm vor Augen hat, den wird ein Luftbild über das gewachsene Stadtbild vor den Kriegszerstörungen möglicherweise erstaunen (siehe S. 16/17). Zu erkennen ist eine dichte kleinräumige Bebauung mit menschlichem Maß, wenn auch mit wenig Grün. Die Rosenstraße ist mit Hilfe einer Stadtkarte leicht auf dem Foto zu identifizieren. Sie verläuft gleichsam als Verlängerung der Straße »An der Spandauer Brücke« auf die Marienkirche und den Neuen Markt zu.

Die Rosenstraße gehört zu den ältesten Straßen Berlins. Im 16. Jahrhundert führte sie den Namen »Huren-Gasse«. Im Totenregister der Marienkirche wird 1583 dieser Name angeführt, ebenso wie 1624 im Trauregister derselben Kirche. Aber noch im 17. Jahrhundert bekam die Straße den Namen »Rosen-Straße«. Dieser Name soll ihr, wie es damals anscheinend in verschiedenen Städten üblich war, in ironischer Weise wegen ihrer Unsauberkeit und des schlechten Rufes ihrer Einwohner verliehen worden sein. Fidicin erwähnt, daß in der Rosenstraße lediglich »Hausbuden« gestanden hätten.[5]

So zeigen denn die ersten Pläne der Doppelstadt Berlin/Cölln, der Plan von Johan Gregor Memhard 1652 und der bekannte prachtvolle Vogelschauplan von Joh. Bernhard Schultz 1688, deutlich die Rosenstraße und von ihr ausgehend eine Gasse, die in Richtung Heilig-Geist-Kapelle verläuft, die »Heydereutergasse«, zeitweise anscheinend auch »Heidereitergasse«.

Wie Friedrich Nicolai 1786 schreibt, hieß sie zuvor Bödel- oder Büttelgasse, denn »in derselben (war) von den ältesten Zeiten her die Scharfrichtery«[6], bis diese 1724 vor das Spandauer Tor verlegt wurde.

Während, von der Spandauer Straße in Richtung Rosenstraße gesehen, auf der linken Seite der Gasse Wohngebäude errichtet worden waren, scheint die rechte Seite zunächst weniger bebaut und noch durch die Gärten geprägt geblieben zu sein, die zu den Häusern an der Papenstraße (die später zu einem Teil der Kaiser-Wilhelm-Straße wurde) gehörten. Hier jedenfalls kaufte, wie Fidicin es erwähnt, die »Judenschaft« einen Raum, auf welchem die erste Synagoge Berlins errichtet wurde. Die damals, also zu Beginn des 18. Jahrhunderts, in Berlin lebenden Juden – etwa 120 Familien mit knapp 600 Personen – wohnten überwiegend einige hundert Meter südlich von diesem Ort, in der Jüdengasse, in der Nähe des früheren Judenhofes.

Die Synagoge in der Heidereutergasse wurde 1714 in Anwesenheit der königlich-preußischen Familie eingeweiht und 1856 durch Eduard Knoblauch umgebaut. Durch die Randbebauung der Gasse lag die Synagoge mittlerweile im Hof der Grundstücke 4 und 5, die ebenfalls zum Besitz der jüdischen Gemeinde zählten.

Das Gebäude Rosenstraße 2–4: Gefängnis während der »Fabrik-Aktion« und Ort des Protestes. Vor dem Gebäude zweigt die Heidereutergasse ab.

Die Rosenstraße erlebte gegen Ende des 19. Jahrhunderts eine rege Bautätigkeit. Auf der östlichen Seite entstand 1895/96 eine geschlossene, in gewissem Maß repräsentative vierstöckige Bebauung, an ihren Enden jeweils mit einem Kaufhausgebäude. Architekten waren H. Kayser und Otto March, dessen Sohn Werner als Erbauer des Berliner Olympiastadions bekannt wurde. Die Bebauung der westlichen Seite blieb uneinheitlicher. An der Ecke Rosenstraße/Heidereutergasse erwarb die jüdische Gemeinde 1905 zusätzliche Grundstücke und errichtete dort ein großes dreistöckiges Verwaltungsgebäude für die jüdische Sozialarbeit.
Das »Jüdische Jahrbuch für Groß-Berlin auf das Jahr 1926« hat auf seinen Seiten 187–189 einen »Führer durch das Verwaltungsgebäude Rosenstraße«. Darin werden 29 Büroräume für den Publikumsverkehr sowie ein Sitzungssaal im 2. Stock aufgeführt. Die Gesamtzahl der Räume in diesem Gebäude muß die Zahl der erwähnten Zimmer überschritten haben, da in einem Verwaltungsgebäude naturgemäß nicht alle Räume für den Publikumsverkehr genutzt werden.
Weder die Synagoge in der Heidereutergasse noch die sie umgebenden Gebäude der Jüdischen Gemeinde wurden in der Pogromnacht vom 9. auf den 10. November 1938 zerstört oder auch nur beschädigt. Dies hatte vermutlich den Grund, daß diese Gebäude wie auch die Synagoge selbst bereits enteignet oder für die baldige Enteignung vorgesehen waren. Eigentümer war die Deutsche Reichspost geworden, die anscheinend schon vor dem November 1938 einige Räume in den Gebäuden belegt hatte. Die Synagoge durfte für religiöse Zwecke weiterhin genutzt werden. Die letzten Gottesdienste in der »Alten Synagoge« wurden im »Jüdischen Nachrichtenblatt« für die Tage vom 13. bis 20. November 1942 angekündigt. Es scheint nicht mehr nachvollziehbar zu sein, wie die Reichspost die Gebäude nach der Auflösung der Jüdischen Gemeinde durch die Nazis am 10. Juni 1943 genutzt hat und wann genau der Komplex durch Luftangriffe zerstört wurde. Vermutlich erst im Februar 1945. Die Akten, welche die Gebäude betrafen, gingen nach dem Kriegsende in den Besitz der Bundespost über, die sie Ende der 60er Jahre anscheinend hat vernichten lassen, ohne daß offenbar deren Bedeutung erkannt worden wäre.
Als die Stadtplaner Ost-Berlins Mitte der 60er Jahre mit einer Neugestaltung des Marienviertels begannen, fanden sie in der Rosenstraße folgende Gegebenheiten vor: Die etwa 130 m lange östliche Häuserzeile war im Kriege vollständig erhalten geblieben. Dieses städtebauliche Kleinod verstümmelten die Planer, indem sie die beiden Gebäude zur Marienkirche hin abreißen ließen, die Rosenstraße damit um ca. 30 m verkürzten, um an der Karl-Liebknecht-Straße die Randbebauung zu realisieren. Auf der westlichen Seite war lediglich das 1900 fertiggestellte wuchtige Gewerbegebäude Rosenstraße 1 unzerstört geblieben. Dieses Gebäude hat, wie in der »Datenbank Denkmalliste Berlin« aus dem Jahre 1994 u. a. dargelegt ist, »auf Grund der vollständigen Veränderung des historischen Stadtgrundrisses nach dem Zweiten Welt-

Große Hamburger Straße 26 in den 30er Jahren.
Altersheim der Jüdischen Gemeinde, später Sammellager vor der Deportation

1
2
3
4
5

Berlin-Mitte, Luftaufnahme 1920

① Gebäude der Sozial-Verwaltung der Jüdischen Gemeinde, Rosenstraße 2–4; Gefängnis während der »Fabrik-Aktion«.

② Die »Alte Synagoge«, Heidereutergasse 4.

③ Jüdisches Altersheim, Große Hamburger Straße 26.

④ Gestapo-Leitstelle Berlin, Burgstraße 28; (mit dem Berliner Judenreferat); auch in dem Gebäude Burgstraße 26 befand sich eine Dienststelle der Gestapo.

⑤ S-Bahnhof »Börse«, heute »Hackescher Markt«, zu DDR-Zeiten »Marx-Engels-Platz«.

N

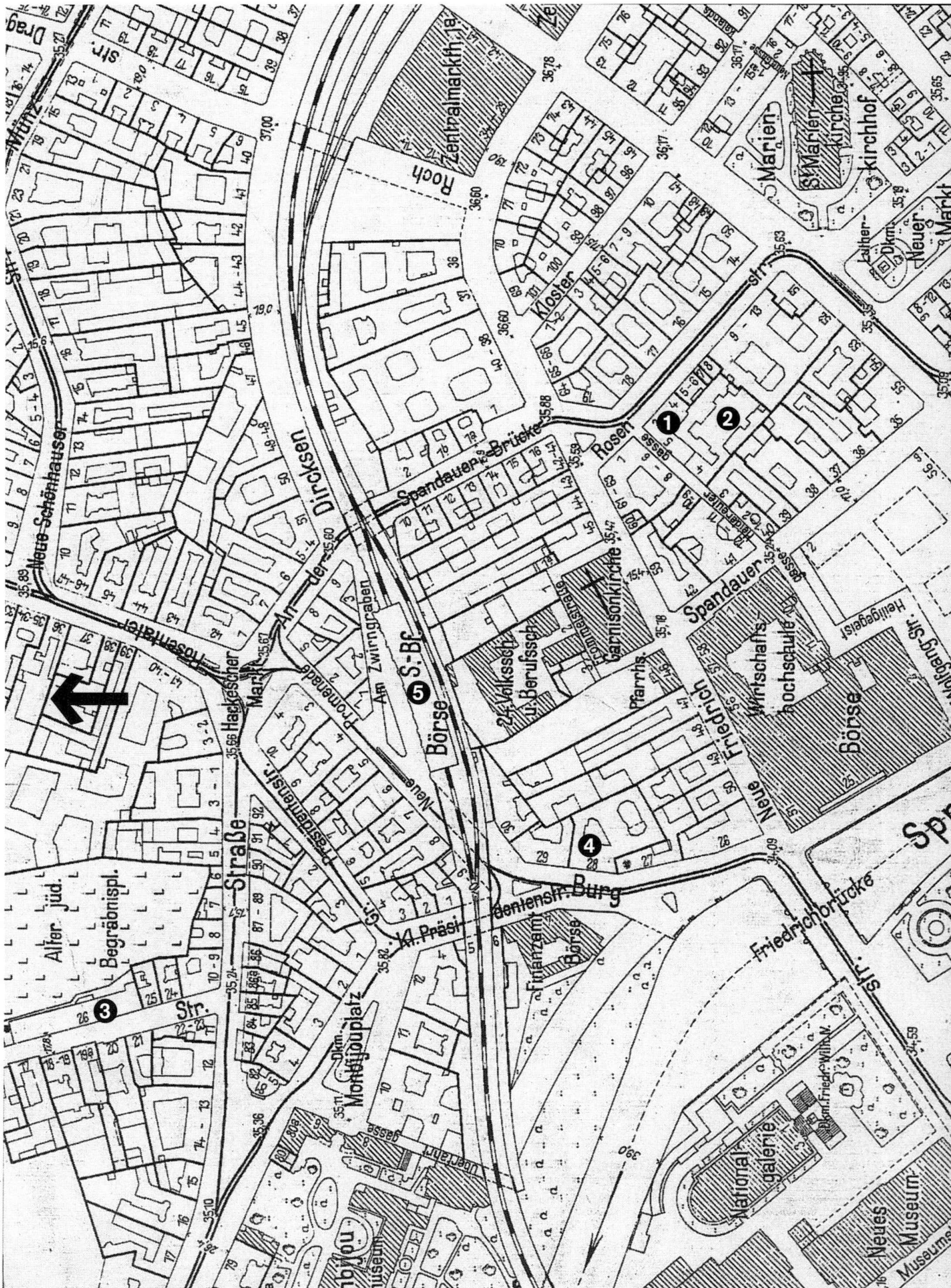

Neue Schönhauser Str.
Münz
Rosenthaler
Hackescher Markt
Straße
Alter jüd. Begräbnispl.
Dircksen
Am Zwirngraben
Promenade
S.-Bf. Börse
Spandauer Brücke
Rosen gasse
Kloster
Zentralmarkth.
Garnisonkirche
24. Volkssch. u. Berufssch.
Pfarrhs.
Spandauer
Neue Friedrich
Wirtschafts-hochschule
Börse
Burg
Friedrichbrücke
Kl. Präsidentenstr.
Monbijouplatz
Finanzamt Börse
National-galerie
Neues Museum
St. Marien-kirche
Marien-Kirchhof
Neuer Markt
Heiligegeist

Berlin-Mitte, Stadtplan zur Luftaufnahme 1920

❶ Gebäude der Sozial-Verwaltung der Jüdischen Gemeinde, Rosenstraße 2–4; Gefängnis während der »Fabrik-Aktion«.

❷ Die »Alte Synagoge«, Heidereutergasse 4.

❸ Jüdisches Altersheim, Große Hamburger Straße 26.

❹ Gestapo-Leitstelle Berlin, Burgstraße 28; (mit dem Berliner Judenreferat); auch in dem Gebäude Burgstraße 26 befand sich eine Dienststelle der Gestapo.

❺ S-Bahnhof »Börse«, heute »Hackescher Markt«, zu DDR-Zeiten »Marx-Engels-Platz«.

Synagoge Heidereutergasse 4. Im Hintergrund links die Rückseite des Gebäudes Rosenstraße 2–4

Blick in die Heidereutergasse von der Rosenstraße

krieg eine einmalige Bedeutung für die Identität des historischen Ortes. Die nördliche Fassade markiert den ursprünglichen Verlauf der Neuen Friedrichstraße (heute Burgstraße bzw. Rochstraße), und letztmalig läßt sich an Hand der Südfassade des Geschäftshauses die ursprüngliche Einmündung der nicht mehr vorhandenen Heidereutergasse in die Rosenstraße festmachen.«
Alle Ruinen dieses Quartiers, also auch die baulichen Reste der Alten Synagoge und des Gebäudes Rosenstraße 2–4, wurden 1967 abgetragen. Dieser Raum hinter der Hochhausbebauung an der Spandauer und der Karl-Liebknecht-Straße wurde eingeebnet, spärlich begrünt und erlangte im Laufe der Jahre einen Hinterhofcharakter.
Ansonsten taten, wie oben angedeutet, die Stadtplaner der sozialistischen Hauptstadt weitere Gewalt dem historischen Stadtgrundriß an: Da, wo die Rosenstraße an der Neuen Friedrichstraße, die hier nicht mehr existiert, mit dem Grundstück Nr. 1 einst begann (und auf der gegenüberliegenden Seite mit Nr. 19 in gewisser Weise zugleich endete), eben da wurde sie auf dem Reißbrett über Asphaltflächen hinweg bis zur Straße »An der Spandauer Brücke« verlängert, die ihrerseits einen anscheinend als zweckmäßiger erachteten Verlauf bekam. Und die Rochstraße, die heute die Rosenstraße berührt, ist in diesem Raum auch nur ein Produkt des Reißbretts. Historisch nämlich begann sie ganze zwei Häuserblocks weiter nordöstlich, vor den alten Markthallen, etwa 150 m von ihrem jetzigen Beginn entfernt. Der Verlauf der Heidereutergasse wurde nicht ausdrücklich kenntlich gemacht. Der leicht abfallende Grund zeigt allerdings noch die ursprüngliche Lage der Alten Synagoge an, denn sie durfte nicht höher gebaut werden als die angrenzenden Häuser von Christen. Gegenwärtig – im Sommer 2000 – hat man im übrigen damit begonnen, die Fundamente der Synagoge freizulegen.
Seit der Mitte der 90er Jahre, nunmehr des 20. Jahrhunderts, veränderte sich das Bild der Rosenstraße wieder einmal sinnfällig. 1995 bekam hier das Denkmal von Ingeborg Hunzinger seinen Ort (siehe S. 92 ff.); an der teilweise gewerblich genutzten östlichen Häuserzeile setzten vorübergehend Restaurierungsarbeiten ein. Das Gewerbegebäude Rosenstraße 1 schließlich wurde unter Wahrung bzw. auch Wiederherstellung der historischen Bausubstanz zum Hotel Alexander Plaza Berlin umgebaut. Ein Bürohaus als Anbau beansprucht dabei jedoch auch den Raum der ehemaligen Heidereutergasse, was mit einer Informationstafel kenntlich gemacht ist (siehe S. 96). Im Eingangsbereich des Hotels befindet sich eine Dauerausstellung zur Geschichte der Rosenstraße und des sie umgebenden Stadtraumes.
Im Umfeld der Rosenstraße gab es mit der historischen Rekonstruktion des S-Bahnhofs Börse (heute: Hackescher Markt) mitsamt den S-Bahn-Bögen und der Hackeschen Höfe sowie mit zahlreichen Neubauten weitere städtebauliche und wirtschaftliche Impulse, welche die Rosenstraße mittlerweile zu einer belebten Durchgangsstraße (ohne Autoverkehr) gemacht haben.

Rosenstraße um 1900

3. Hintergründe des Geschehens

Ende Februar 1943 lebten in Berlin noch wenig mehr als 27 000 Juden.[7] Männer, Frauen, Jugendliche, Kinder. – Zu diesem Zeitpunkt waren, beginnend im Oktober 1941, bereits beinahe 22 000 Juden in den Osten deportiert und zum großen Teil dort umgebracht worden. Etwa 10 000 Berliner Juden waren nach Theresienstadt transportiert worden. Die Zahl der damals noch in Berlin lebenden Juden setzte sich aus Gruppen mit verschiedener familiärer Situation zusammen.

Da waren zum einen jene jüdischen Familien (und noch einige wenige ledige jüdische Männer und Frauen), die bis zu jenem Zeitpunkt nicht deportiert worden waren. Den Grund dafür glaubten die meisten dem Umstand zuschreiben zu können, daß sie Zwangsarbeit in kriegswichtigen Betrieben, insbesondere in der Rüstungsindustrie, leisteten. Sie meinten, aufgrund ihrer Qualifikation, ihrer Zuverlässigkeit und angesichts des Interesses der Nazis an einer ungestörten Produktion von Kriegsmaterial unentbehrlich zu sein.

Zum anderen lebten in Berlin noch Juden in sogenannten »Mischehen«. Diese Gruppe hatte mit den Ereignissen in der Rosenstraße zu tun.

Da es im Zusammenhang mit der Verwendung des Begriffs »Mischehe« durch die Nazis immer wieder Ungenauigkeiten und Unklarheiten gibt, ist an dieser Stelle eine knappe Erläuterung sinnvoll.

Der Begriff »Mischehe« war im allgemeinen Sprachgebrauch bereits vor der Nazizeit gebräuchlich und meinte – wie übrigens auch danach – Ehen zwischen Menschen verschiedener Konfession. Durch einen Erlaß des Reichsministers des Inneren vom 26. April 1935 wurde dem Begriff »Mischehe« eine ausschließlich rassistische Definition gegeben und meinte seither Ehen zwischen Juden und Nichtjuden. Dies betraf Tausende von Ehen in Deutschland, gerade aber auch in Berlin, wo in den zwanziger Jahren etwa ein Drittel aller jüdischen Männer, die eine Ehe eingingen, eine nichtjüdische – in der Regel protestantische – Frau heiratete, wohingegen lediglich ein Sechstel der heiratenden jüdischen Frauen einen nichtjüdischen Mann ehelichte.

Im Zusammenhang mit der Mietgesetzgebung setzte 1938 dann eine Unterscheidung von »privilegierten« und »einfachen Mischehen« ein. Als »privilegierte Mischehen« galten zum einen Ehen, bei denen die Frau jüdisch und der Mann nichtjüdisch war, zum anderen Ehen, in denen der Mann jüdisch und die Frau nichtjüdisch war, wenn die Kinder einer anderen als der jüdischen Religionsgemeinschaft, das hieß in der Praxis einer christlichen Kirche, angehörten bzw. konfessionslos waren. Die jüdischen Ehepartner in diesen »privilegierten Mischehen« waren von der Verordnung ausgenommen, ab dem 19. September 1941 den sogenannten »Judenstern« tragen zu müssen. Die Haushalte waren auch nicht von den vielfältigen antijüdischen Restriktionen und Schikanen betroffen.

Alle anderen Ehen mit einem jüdischen Eheteil galten als »einfache Mischehen«, also insbesondere jene Ehen, die gerade in Berlin als »Mischehen« quantitativ überwogen, in denen der Mann jüdisch und die Frau nichtjüdisch war und die Kinder – in der Nazi-Terminologie »Mischlinge 1. Grades« – der jüdischen Religionsgemeinschaft angehörten. Diese Kinder, die als sogenannte »Halbjuden« nicht dem Kriterium für »Volljuden« genügten (siehe unten), galten nichtsdestoweniger als Juden, was den Begriff »Geltungsjuden« für diese Personengruppe erklärt.
Die Juden in »einfachen Mischehen« und die »Geltungsjuden« mußten im Gegensatz zu den Juden in »privilegierten Mischehen« den »Judenstern« tragen und waren zur Zwangsarbeit verpflichtet (Kinder vom 14. Lebensjahr ab).
Nach der Nazi-Rassenlehre war mit einer Konversion zum Judentum also nicht das Faktum verknüpft, nunmehr tatsächlich Jude bzw. Jüdin zu sein, denn bei den Nazis gab es einen isolierten religiösen Begriff von Judentum schlicht nicht, obwohl es in § 2 Abs. 2 Satz 2 der Ersten Verordnung zum Reichsbürgergesetz vom 14. November 1935 hieß: »Als volljüdisch gilt ein Großelternteil ohne weiteres, wenn er der jüdischen Religionsgemeinschaft angehört hat.«
Ebenso wenig konnte ein Jude mit dem Übertritt zu einer anderen, in der Regel christlichen Konfession, seine gleichsam rassisch bedingte biologische Belastung verlieren oder womöglich – das war die Unterstellung – kaschieren. Auch die christlichen Kirchen haben sich auf das rassistische Vokabular eingelassen, indem sie von Katholiken bzw. Protestanten »nichtarischer Herkunft« sprachen.
Wie mit den jüdischen »Mischehe«-Partnern und den »Mischlingen 1. Grades« verfahren werden sollte, zählte zu den im wörtlichen Sinne unentschiedenen, aber immer wieder thematisierten Fragen der NS-Rassenpolitik. Auf der Wannsee-Konferenz am 20. Januar 1942 – sie lag also zum Zeitpunkt der »Fabrik-Aktion« nur wenig mehr als ein Jahr zurück – war, wie es im Protokoll heißt, eine »Lösung der Mischehen- und Mischlingsfrage« zwar erörtert worden, jedoch lediglich »zunächst theoretisch«. Zwangsscheidungen und Zwangssterilisierungen wurden als Maßnahmen besprochen.[8] Der Vorschlag, die »Mischehen« – es dürften die »einfachen Mischehen« gemeint gewesen sein – zwangsweise zu scheiden, wurde auf einer Nachfolge-Besprechung zur Wannsee-Konferenz am 6. März 1942 erneut diskutiert und sogar verfahrensmäßig detailliert, ohne daß dies jedoch praktisch umgesetzt worden wäre.[9]
Namentlich hinsichtlich der Behandlung der »Mischlinge 1. Grades« (»Mischlinge 2. Grades« waren Kinder mit einem nichtjüdischen und einem »halbjüdischen« Elternteil) gab es offenbar einen latenten Konflikt zwischen dem Reichsministerium des Inneren und den Rassenideologen der NSDAP. Für das Ministerium sollte – dies im übrigen gemäß der Ersten Verordnung zum Reichsbürgergesetz vom 14. November 1935 – als Jude gelten, wer mindstens drei als »volljüdisch« geltende Großelternteile hatte (wofür denkwürdigerweise, wie oben bereits erwähnt, allein die Konfessionszugehörigkeit als Krite-

rium galt). Demnach hätten »Mischlinge 1. Grades« formal also als »Deutschblütige« gelten müssen. Für die Nazi-Rassentheoretiker hingegen war jedwede »jüdische Beimischung« in welcher Abstufung auch immer ein erbbiologischer Makel. Die biologische und charakterliche Wirkung des »arischen« Anteils, den »Mischlinge« doch mindestens zur Hälfte aufweisen konnten, veranschlagten sie anscheinend nicht allzu hoch. Im alltäglichen Umgang, in den Schulen beispielsweise oder am Arbeitsplatz oder in den Heiratsbestimmungen, erst recht dann aber in dem Zwang, den »Judenstern« tragen zu müssen, erwies es sich immer wieder, daß die rassenideologische Sehweise gegenüber der formalen obsiegte und die »Mischlinge 1. Grades« den rassistischen Diskriminierungen, wie sie gegenüber »Volljuden« ausgeübt wurden, ausgesetzt und ausgeliefert waren.
Nichtsdestoweniger wähnten sich die meisten Juden, die »arisch versippt« waren, in einer »geschützten« Situation. Und erst recht glaubten sie dies für ihre Kinder. Darüber hinaus nahmen sie wie auch die vielen tausend Schicksalsgenossen in »volljüdischen« Familien an, als Zwangsarbeiter an kriegswichtigen Produktionsstätten unentbehrlich zu sein. Die Zahl der jüdischen Zwangsarbeiterinnen und Zwangsarbeiter aus beiden beschriebenen Gruppen betrug Ende Februar 1943 in Berlin etwa 17 000.
Die Überlegungen bzw. die Einschätzungen dieser Menschen, dauerhaft – zumindest aber während des Krieges – vor einer Deportation geschützt zu sein, waren letztlich von der allzu verständlichen Hoffnung genährt, daß dies so sein möge. Irgendwelche objektiven Anhaltspunkte gab es dafür nicht. Kein Geringerer als Joseph Goebbels, Minister für Volksaufklärung und Propaganda und schon seit 1926 Gauleiter der Nazi-Partei in Berlin, war die treibende Kraft bei dem Bestreben, alle Juden und jene, die für die Nazis nach ihrer Rassenlehre als Juden galten, aus der Reichshauptstadt zu deportieren. Der Zustimmung Hitlers, dem er, wie es kolportiert wurde, zu dessen 54. Geburtstag am 20. April 1943 ein »judenreines« oder »judenfreies« Berlin als Geschenk machen wollte, hatte sich Goebbels ohnehin wiederholt versichert. Und auch andere führende Nazis, wie etwa Himmler, unterstützten bei der »Endlösung der Judenfrage« ohne weiteres die Durchführung einer »Schlußaktion«, und zwar nicht allein in Berlin, sondern insgesamt im Reichsgebiet, wo vor der »Fabrik-Aktion« noch etwa weitere 17 000 Juden oder Menschen lebten, die nach der Nazi-Rassenlehre als Juden galten.
Schon im Dezember 1942 – zu einem Zeitpunkt, als der »Schlächter von Wien«, der bis vor einigen Jahren noch in Damaskus unter dem Schutz der syrischen Regierung lebende, mittlerweile wahrscheinlich gestorbene Alois Brunner, die Deportation jüdischer Menschen bereits in Berlin selbst sinnfällig brutalisierte – war den Inhabern und »Führern« Berliner Unternehmen mitgeteilt worden, daß die bei ihnen als Zwangsarbeiter tätigen Juden demnächst ebenfalls »evakuiert« würden, da die »Juden-Frage« bis zum 1. März 1943 gelöst sein müsse. Und mit dem Datum vom 20. Februar 1943 hatte das Reichssicherheitshauptamt (RSHA), jene Behörde, welche die »Endlösung

der Judenfrage« organisierte, noch neugefaßte »Richtlinien zur technischen Durchführung der Evakuierung von Juden nach dem Osten (KL Auschwitz)« erlassen. In diesem Dokument wurde im übrigen zum erstenmal das Konzentrationslager Auschwitz als Ziel erwähnt.
In einer offensichtlich gut vorbereiteten überfallartigen Aktion, an der sogar Einheiten der in Berlin kasernierten SS-Leibstandarte »Adolf Hitler« teilnahmen, wurden am 27. Februar 1943 die in den Berliner Betrieben tätigen jüdischen Zwangsarbeiterinnen und Zwangsarbeiter an ihren Arbeitsstätten – daher der Begriff »Fabrik-Aktion« – gefangengenommen und in verschiedene Lager gebracht. Der Wochentag dieser Aktion, ein Sonnabend, dürfte im übrigen kein Zufall gewesen sein, denn die Nazis betrieben anscheinend die Schikane, Repressalien gegen Juden an deren Feiertagen zu beginnen bzw. zu verschärfen. Die razziaähnlich durchgeführten Aktionen gegen Juden wurden am 28. Februar fortgesetzt. Und noch während der gesamten folgenden Woche wurden Juden, welchen Status sie nach der Nazi-Lehre auch immer hatten, gefangengenommen.
Da abzusehen gewesen war, daß für eine Aktion solchen Ausmaßes die bis zu jenem Zeitpunkt verwendeten Sammellager in der Levetzowstraße 7–8 (Synagoge) und in der Großen Hamburger Straße 26 (ehemaliges jüdisches Altersheim) nicht ausreichen würden, waren zunächst mehrere sogenannte »Hilfs-Auffanglager« eingerichtet worden, nämlich
- die frühere Vergnügungsstätte »Clou« in der Mauerstraße 82 (Berlin-Mitte),
- die Hermann-Göring-Kaserne in Berlin-Reinickendorf (nach dem Krieg als »Quartier Napoleon« Standort der französischen Truppen in Berlin),
- der Reitstall der Kasernen in der Rathenower Straße (Berlin-Moabit),
- das frühere jüdische Altersheim in der Gerlachstraße 8[10] (Berlin-Mitte) und eben
- das Verwaltungsgebäude der Jüdischen Gemeinde in der Rosenstraße 2–4.

Wenn auch mit der »Fabrik-Aktion« ein sehr großer Teil der in Berlin noch legal lebenden Juden erfaßt wurde, so gab es in den Tagen danach noch eine hohe Zahl weiterer Gefangennahmen, wobei Untergetauchte, Kranke und andere zunächst nicht Gefaßte ergriffen wurden.
Die Deportationen nach Auschwitz setzten sofort ein. Nach den Transportlisten gingen im März 1943 von dem Bahnhof Putlitzstraße folgende Transporte mit insgesamt beinahe 8 000 Menschen ab:

1. März 1943	1736 Personen
2. März 1943	1758 Personen
3. März 1943	1732 Personen
4. März 1943	1143 Personen
6. März 1943	662 Personen
12. März 1943	947 Personen

Am 17. März 1943 gab es zudem einen der seltenen Massentransporte, den 4. dieser Art, nach Theresienstadt, nämlich mit 1159 Menschen. Auch dieser

Transport muß sicher im Zusammenhang mit der Aktion vom 27./28. Februar gesehen werden.
Bei der »Fabrik-Aktion« waren zum einen all jene Zwangsarbeiterinnen und Zwangsarbeiter gefangengenommen worden, die durch das Tragen des »Judensterns« als Juden von den Nazis äußerlich erkennbar gemacht worden waren, also auch jene, die in den »einfachen Mischehen« lebten, sowie die Kinder aus diesen Ehen, die »Geltungsjuden«, soweit sie über 14 Jahre alt und zur Zwangsarbeit eingesetzt waren. Zum anderen wurden in Folge dieser Aktion aber auch jüdische Partner in den »privilegierten Mischehen« in großer Zahl gefangengenommen. Wie eine Zeitzeugin berichtet, erklärten Gestapo-Beamte, die den jüdischen Mann der »privilegierten Mischehe« ihrer Eltern »abholten«, auf den Hinweis, »privilegiert« zu sein: »Das spielt jetzt keine Rolle mehr.« In den »Auffanglagern« wurden diese Menschen dann von jenen Juden getrennt, deren Deportation mit dem 1. März einsetzte, und sie wurden in das Gebäude Rosenstraße 2–4 sowie zu einem kleineren Teil in das ehemalige Altersheim in der Großen Hamburger Straße gebracht. Was dann geschah, ist das zentrale Thema des vorliegenden Buches.
Das Geschehen in der Rosenstraße im Februar/März 1943 wurde und wird immer wieder mit der Frage verknüpft, wie die Protestaktion(en) auf die Entscheidungsträger des Nazi-Regimes gewirkt haben mögen. Da aufgrund neuerer Quellenfunde im Zusammenhang mit der »Fabrik-Aktion« die Beantwortung dieser Frage gegenüber dem Wissensstand am Anfang der 90er Jahre neu diskutiert werden muß, sei hier zunächst nochmals meine damalige Einschätzung skizziert – eine Einschätzung, die von gewichtigen Quellen getragen war.
Da ist einmal die Nachricht des in Oranienburg ansässigen Zentralamtes der SS, dem u.a. die Inspektion der Konzentrationslager oblag, an den Lagerkommandanten von Auschwitz, die dort am 2. März 1943 einging (siehe auch S. 168). Darin werden, beginnend mit dem 1. März, »Judentransporte aus Berlin« angekündigt. Dann heißt es weiter: »Es wird nochmals darauf hingewiesen, daß sich bei diesen Transporten etwa 15 000 vollkommen arbeitsfähige, gesunde Juden befinden, die bisher in der Berliner Rüstungsindustrie gearbeitet haben. Auf ihre weitere Arbeitsverwendungsfähigkeit ist mit allen Mitteln Wert zu legen.« – Wichtig ist die hier genannte Zahl von 15 000. Sie schließt nämlich zumindest jene Juden ein, die in den »einfachen Mischehen« lebten und sogar die jugendlichen »Geltungsjuden«. Wie die obige Aufstellung zeigt, sind im März 1943 insgesamt knapp 8 000 jüdische Frauen, Männer und Kinder deportiert worden. Die Rückmeldungen aus Auschwitz (siehe S. 181) besagen, daß – in der fürchterlichen Sprache der Selektion – nur der geringere Teil dieser Menschen überhaupt zum »Arbeitseinsatz« gekommen ist. Die gemachten Ankündigungen waren also in keiner Weise erfüllt worden.
Bei dieser Feststellung kann allerdings nicht unbeachtet bleiben, daß, wie bei Goebbels zu lesen ist (siehe S. 179), etwa 4 000 Juden angesichts der »Fabrik-

Aktion« untergetaucht waren. Tatsächlich werden viele von ihnen in der Folgezeit der Gestapo ins Netz gegangen sein. Nach der »Fabrik-Aktion« hat es aus Berlin noch 32 Transporte nach Theresienstadt mit etwa 2900 Menschen und 27 Transporte nach Auschwitz mit ungefähr 2000 Menschen gegeben. Die andere Quelle sind die Tagebücher von Joseph Goebbels, aus denen die entsprechenden Passagen in diesem Buch wiedergegeben sind. Es gab von Goebbels wie auch von anderen exponierten Nazi-Führern zweifelsfrei das Bestreben, zumindest die jüdischen Partner aus »einfachen Mischehen« zu deportieren. Und was seine Wahrnehmung und die Auswirkungen der Protestaktionen in der Rosenstraße und in der Großen Hamburger Straße betrifft, so ist hier der Eintrag vom 6. März 1943 von zentraler Bedeutung:

> »Schacht (das ist der persönliche Referent von Goebbels – G.J.) hält mir einen langen Vortrag über die augenblickliche Lage in Berlin aufgrund des letzten Luftangriffs. Sie ist doch außerordentlich ernst. Die in der Reichshauptstadt angerichteten Schäden sind sehr bedeutend, und wir werden schätzungsweise sechs bis acht Monate nötig haben, um sie halbwegs wieder in Ordnung zu bringen.
> Gerade in diesem Augenblick hält der SD es für günstig, in der Judenevakuierung fortzufahren. Es haben sich da leider etwas unliebsame Szenen vor einem jüdischen Altersheim abgespielt, wo die Bevölkerung sich in größerer Menge ansammelte und zum Teil sogar für die Juden etwas Partei ergriff. Ich gebe dem SD Auftrag, die Judenevakuierung nicht ausgerechnet in so einer so kritischen Zeit fortzusetzen. Wir wollen uns das lieber noch einige Wochen aufsparen; dann können wir es um so gründlicher durchführen. Man muß überall eingreifen, um Schäden zu verhüten. Gewisse Stellen sind in ihren Maßnahmen politisch so unklug, daß man sie nicht zehn Minuten allein laufen lassen kann. Das Grundübel unserer Führung und vor allem unserer Verwaltung besteht darin, daß alles nach Schema F gemacht wird. Man hat manchmal den Eindruck, daß die Leute, die diese oder jene Maßnahme durchführten, überhaupt nicht persönlich darüber nachdächten, sondern sich nur an ein geschriebenes Wort anklammern, bei dem sie den Hauptwert darauf legen, daß sie nach oben gedeckt sind.«

Wenn Goebbels hier lediglich das Geschehen in der Großen Hamburger Straße anspricht und nicht das in der Rosenstraße, das im Bewußtsein der Beteiligten wie auch im Rückblick sicherlich bedeutender war, so darf dies auf ein selektives Erinnern an die Berichte seiner Mitarbeiter zurückgeführt werden. Goebbels diktierte sein Tagebuch in der Regel erst spät abends, und er wird nicht mehr alle Details der erhaltenen Informationen präsent gehabt oder für wichtig gehalten haben. Zudem nimmt eine Passage wie hier zitiert lediglich einen kleinen Teil der Eintragung des Tages ein, wobei andere Themen (Kriegsentwicklung, Außenpolitik etc.) quantitativ bei weitem überwiegen.

Möglicherweise ist Goebbels auch über Vorfälle unterrichtet worden, wie Ursula von Kardorff sie in ihren »Berliner Aufzeichnungen« am 3. März 1943 erwähnt:
»Der Metteur (›Metteur‹ ist der Schriftsetzer, der die einzelnen Seiten zusammenstellt, den Umbruch macht – G.J.) Büssy erzählte mir heute beim Umbruch, daß sich in seiner Gegend am Rosenthaler Platz die Arbeiterfrauen zusammengerottet und laut gegen die Judentransporte protestiert hätten. Bewaffnete SS mit aufgepflanztem Bajonett und Stahlhelm holte Elendsgestalten aus den Häusern heraus. Alte Frauen, Kinder, verängstigte Männer wurden auf Lastwagen geladen und fortgeschafft. ›Laßt doch die alten Frauen in Ruhe!‹ rief die Menge, ›geht doch endlich an die Front, wo ihr hingehört.‹ Schließlich kam ein neues Aufgebot SS und zerstreute die Protestierenden, denen sonst nichts weiter geschah.«[11]
Im wesentlichen auf dem Hintergrund der genannten Quellen kam ich 1993 zusammenfassend zu folgender Einschätzung:
»Die Vermutung erscheint zumindest nicht abwegig, daß die Protestaktionen in der Rosenstraße und in der Großen Hamburger Straße Gruppen innerhalb der breiteren Nazi-Führung gestärkt haben, die entweder – aus welchen Gründen auch immer – Hemmungen hatten, mit der Konsequenz Goebbelscher Prägung bei den Deportationen zu verfahren, oder denen es aufgrund der allgemeinen schlechten Stimmung in der Berliner Bevölkerung nach Stalingrad und dem großen Luftangriff auf Berlin vom 1. auf den 2. März 1943 nicht opportun erschien, mit jener Radikalität zu verfahren. Vermutlich hat beides zusammengewirkt.
Wie auch immer die Gegebenheiten gewesen sein mögen, die mutigen Protestaktionen von vielen hundert Menschen in der Rosenstraße und in der Großen Hamburger Straße sind eine einmalige Widerstandshandlung in Nazi-Deutschland gewesen.«
Mittlerweile sind Dokumente aufgetaucht, die zu belegen scheinen, daß im Zuge der antijüdischen Aktion vom 27. Februar 1943 – einer Aktion nicht allein in Berlin, sondern im gesamten Reichsgebiet – die jüdischen Partner in »Mischehen« (noch) nicht deponiert werden sollten. Dies geht aus Rundschreiben örtlicher Stellen der Geheimen Staatspolizei an Landratsämter im Zusammenhang mit den Vorbereitungen der Aktion hervor. Mir liegen derartige Schreiben (verschiedenen Wortlauts, aber tendenziell gleichen Inhalts) von den Staatspolizeistellen Dortmund und Frankfurt/Oder vor. Deren Kernaussage: Jüdische Teile in »Mischehen« sind von der »Entjudung des Reichsgebietes« (so ein Betreff) ausgenommen. In dem Schreiben der Gestapo Dortmund werden auch die »Mischlinge« ausdrücklich genannt. Ansonsten darf unterstellt werden, daß für die Kinder aus »Mischehen« Gleiches zu gelten hatte wie für deren jüdischen Elternteil. Im folgenden ist der Wortlaut des Schreibens der Gestapo Frankfurt/Oder wiedergegeben.

Der Landrat
Aktz I 5/15 g

Calau, den 25. Februar 1943

G e h e i m !

Abschrift.
Geheime Staatspolizei
Staatspolizeistelle
Frankfurt/Oder
B.Nr. II B 4 – 1958/42

Frankfurt/Oder, den 24. Februar 1943

G e h e i m !

Dringend! Sofort vorlegen!

Betr.: Evakuierung bezw. Entfernung von Juden aus Betrieben.
Vorgang: Ohne.

Nachdem die im hiesigen Dienstbereich wohnhaft gewesenen Juden mit Ausnahme der in deutsch-jüdischer Mischehe lebenden Juden fast restlos umgesiedelt worden sind, hat das Reichssicherheitshauptamt in Berlin angeordnet, dass sämtliche noch in Betrieben beschäftigten Juden zum Zwecke der Erfassung aus den Betrieben zu entfernen sind. Infrage kommen für diese Aktion vor allem die in Mischehe lebenden Juden. Irgendwelche Einsprüche des Betriebsführers sind in entsprechender höflicher Form zurückzuweisen mit dem Bemerken, dass die Maßnahme im Einverständnis mit dem Rüstungskommando und den für den Arbeitseinsatz und für die Produktion verantwortlichen Stellen getroffen ist.
Die Unterrichtung des Betriebsführers erfolgt durch das zuständige Arbeitsamt. Desgleichen wird von diesem die Frage der Ersatzgestellung von Arbeitskräften geregelt. Die Zusammenfassung der Juden in den Betrieben hat unauffällig, evtl. unter Einschaltung des Abwehrbeauftragten und des Werkschutzes zu erfolgen. Jedoch ist darauf zu achten, dass hierbei Ausschreitungen und Fluchtversuche seitens der Juden vermieden werden. Es dürfen aber auf keinen Fall Übergriffe seitens der Beamten oder der mit der Bewachung beauftragten Männer erfolgen, insbesondere nicht in der Öffentlichkeit oder im Betrieb selbst. Freches Benehmen von Juden, die in noch bestehender Mischehe leben ist dadurch zu ahnden, dass diese in Schutzhaft genommen und Anträge auf Unterbringung in einem Konzentrationslager gestellt werden. Es kann hierbei sehr großzügig verfahren werden, jedoch muss der Eindruck vermieden werden, dass bei dieser Aktion das Mischeheproblem gleichzeitig grundlegend bereinigt werden soll. Soweit keine Gründe vorhanden sind, die eine Inhaftierung des in Mischehe lebenden jüdischen Eheteiles rechtfertigen, sind diese in ihre Wohnung zu entlassen. Sie dürfen auf keinen Fall wieder in diesem oder einem anderen Betrieb beschäftigt werden. Über ihre weitere Verwendung ergeht noch Anweisung.
Die in Betrieben beschäftigten Juden, soweit sie in geschlossenen Lagern, wie Neuendorf i. S., Forsteinsatzlagern usw. untergebracht sind, sind bei

dieser Aktion nicht zu erfassen. Auch die in verschiedenen Betrieben des Regierungsbezirks Frankfurt/Oder geschlossen eingesetzten polnischen Juden, die jeweils in geschlossenen Lagern untergebracht sind, dürfen hierbei nicht erfasst werden. Soweit Juden, die in Mischehe leben, nach ihrer Entfernung aus den Betrieben entlassen werden, dürfen sie nicht wieder in Arbeit vermittelt werden. Die Aktion ist auf Anordnung des Reichssicherheitshauptamtes schlagartig am 27. 2. 1943 bei Beginn der Arbeitszeit durchzuführen. Zweckmässigerweise ist den beauftragten Beamten ein dem Betriebsführer vorzulegendes Schreiben mitzugeben, etwa des Inhalts, dass der beauftragte Beamte berechtigt ist, sämtliche im Betriebe beschäftigten Juden zum Zwecke der Erfassung aus dem Betriebe zu entfernen.

Die Zahl, der aus den Betrieben entfernten Juden und die Zahl der festgenommenen Juden, sind unter Angabe der Personalien am 27. 2. 1943, bis 16 Uhr, der Geheimen Staatspolizei Frankfurt/Oder, Telefon 2870/71 fernmündlich zu melden. Die angegebene Frist ist in jedem Falle einzuhalten.

Fehlanzeige ist erforderlich.

Für die festgenommenen Juden, die in Mischehe leben und evtl. in einem Konzentrationslager untergebracht werden sollen, sind verantwortliche Vernehmungen der Genannten umgehend der hiesigen Dienststelle zu übersenden, damit das Weitere von hier veranlasst werden kann.

gez. W o l f f

An die
Herren Polizeiverwalter o. V. i. A.

Diese neueren Kenntnisse sind nun keineswegs dazu angetan, die Protestaktionen in der Rosenstraße und der Großen Hamburger Straße in ihrer Bedeutung zu relativieren. Die Angehörigen der Gefangenen hatten angesichts der »Fabrik-Aktion« und der damit einhergehenden forcierten Deportationen allen Grund, für ihre jüdischen Ehepartner und ihre Kinder das Schlimmste zu befürchten. Und wenn es nach der »Fabrik-Aktion« auch einzelne Entlassungen von »arisch Versippten« und »Mischlingen« gegeben hatte, so waren die allermeisten doch in das für diesen Personenkreis offenbar eigens eingerichtete Sammellager in der Rosenstraße gekommen, wo sie unter menschenunwürdigen Bedingungen tagelang darüber im unklaren gelassen wurden, was überhaupt mit ihnen geschehen würde.

Und es kam, wie in diesem Buch präsentierte Berichte von Zeitzeuginnen belegen, im Laufe der Tage nach dem 27. Februar zu weiteren Gefangennahmen, ja zu wiederholten Festnahmen von ein und derselben Person. Ein Zwangsaufenthalt von einer Woche und länger, nur um eine Registrierung von Menschen durchzuführen, die ohnehin vielfach registriert waren, mit all den organisatorischen Notwendigkeiten, die für diese mehr als tausend Men-

schen zu regeln waren, erscheint nicht ohne weiteres erklärbar zu sein. Andererseits wissen wir, daß bei der Judenverfolgung auf Seiten der Nazis irgendwelche zweckrationalen Erwägungen nie eine Rolle gespielt haben.
Ausdrücklich als Vermutung möchte ich folgende Überlegung vorbringen: Gab es im Reichsicherheitshauptamt möglicherweise Kräfte, denen es, sagen wir, schwergefallen ist, die »arisch Versippten« und die gefangenen »Mischlinge« wieder freizulassen, wenn sie nun schon einmal in so großer Zahl gefangengenommen worden waren?
Diese Überlegung korrespondiert mit der These von Beate Meyer, wonach die Einbeziehung der »arisch Versippten« in die »Fabrik-Aktion« in Berlin als Versuch der Gestapo angesehen werden könne, »eine Radikalisierung der Politik gegen die Mischehen ›von unten‹ voranzutreiben.«[12]
Zudem gibt es in Hinblick auf einige Fakten nach wie vor Erklärungsbedarf: Wie ist es überhaupt zu begründen, daß Goebbels einen ausdrücklichen »Befehl« erteilt, die Gefangenen zu entlassen, wenn die betroffenen Menschen ohnehin nicht deportiert werden sollten? Müßte man nicht außerdem in Betracht ziehen, daß Berlin, die Reichshauptstadt, deren Gauleiter seit 1926 Goebbels war, hinsichtlich der Nazi-Politik gegenüber Juden ein anderer Raum war als etwa eine Stadt wie Dortmund oder irgendwelche Landkreise im Reich? Jedenfalls notierte Goebbels in seinem Tagebuch sehr häufig die Zustimmung Hitlers zu seinen antijüdischen Maßnahmen in Berlin, was im übrigen bisweilen wie ein infantiles Bemühen um Anerkennung anmutet.
Goebbels erwähnt in seinem Tagebucheintrag vom 11. März 1943 die »Fabrik-Aktion« abermals, wobei er auf die stimmungsmäßigen Reaktionen innerhalb der »Mischehen«, jedoch einzig innerhalb der »privilegierten Mischehen«, eingeht. Die jüdischen Teile dieser Ehen, so läßt sich die Passage interpretieren, hätten offenbar auch nach seiner Vorstellung von einer Gefangennahme – er spricht vom »Verhaften« – ausgenommen werden sollen (siehe S. 179).
Bei einer Würdigung des Frauenprotestes in der Rosenstraße darf zudem nicht außer acht gelassen werden, daß im NS-Herrschaftssystem Vorgänge dieser Art auf die Entscheidungsträger nicht allein eine aktuelle, sondern auch eine nachhaltige Wirkung gehabt haben können. Immerhin hat es trotz des Vorsatzes von Goebbels und anderer Rassenideologen keine Versuche mehr gegeben, die »Mischehen- und Mischlingsfrage« im Sinne der Rassenideologen zu lösen. Sehr zum Ärger von Goebbels waren in Berlin bis zum letzten Kriegstag viele hundert »Sternträger« im Stadtbild zu sehen.

Anmerkungen

1 Als Beispiele seien hier genannt: Ruth Andreas-Friedrich: Der Schattenmann. Tagebuchaufzeichnungen 1938–1945. Berlin 1947 (Neudruck: Frankfurt a. M. 1983). Heinz Ullstein: Spielplatz meines Lebens: Erinnerungen. München 1961. Inge Unikower: Suche nach dem gelobten Land. Berlin (Ost) 1978. **2** Ein Terminus, der leider immer wieder fälschlicherweise im Zusammenhang mit den Verfolgungen und Deportationen von Juden benutzt wird. Eine Verhaftung ist die Festnahme eines Beschuldigten aufgrund eines Haftbefehls. – G. J. **3** Gemeint ist selbstverständlich ein Massaker an deutschen Frauen. – G. J. **4** Walter Laqueur: Jahre auf Abruf. Stuttgart 1982, S. 167–172. **5** E. Fidicin: Berlin, historisch und topographisch. Berlin 1843. – Zur Geschichte der Straßennamen siehe auch: Hermann Vogt: Die Straßen-Namen Berlins. Heft XXII der »Schriften des Vereins für die Geschichte Berlins«. Berlin 1885. **6** Friedrich Nicolai: Beschreibung der Königlichen Residenzstädte Berlin und Potsdam. Berlin 1786, S. 11. **7** 27 000 von mehr als 160 000, die 1933 gezählt worden waren. Mehr als die Hälfte von diesen 160 000 hatte Deutschland verlassen können. Die anderen gerieten in den Strudel der »Endlösung«. Die Zahlenangaben sind im wesentlichen entnommen bei: Kurt Jakob Ball-Kaduri: Berlin wird judenfrei. Berlin in den Jahren 1942/43. In: Jahrbuch für die Geschichte Mittel- und Ostdeutschlands. Band 22 (1973, S. 196–241). **8** Kurt Pätzold, Erika Schwarz: Tagesordnung: Judenmord. Die Wannsee-Konferenz am 20. Januar 1942. Eine Dokumentation zur Organisation der »Endlösung«. 3. Aufl. Berlin 1992, S. 108 ff. **9** Ebenda, S. 116–119. **10** Zuvor: Lietzmannstraße. – Im Bereich dieses Grundstücks lag im übrigen der älteste jüdische Friedhof Berlins, der 1510 zerstört wurde. **11** Ursula von Kardorff: Berliner Aufzeichnungen aus den Jahren 1942 bis 1945. München 1962, S. 37. **12** Beate Meyer: »Besser ist doch, man taucht unter« zur Verfolgung der »Halbjuden« in Hamburg. In: Frank Bajohr/Joachim Szodrzynski (Hrsg.:) Hamburg in der NS-Zeit. FORUM GESCHICHTE Band 5. Hamburg 1995, S. 125 ff., hier S. 138.

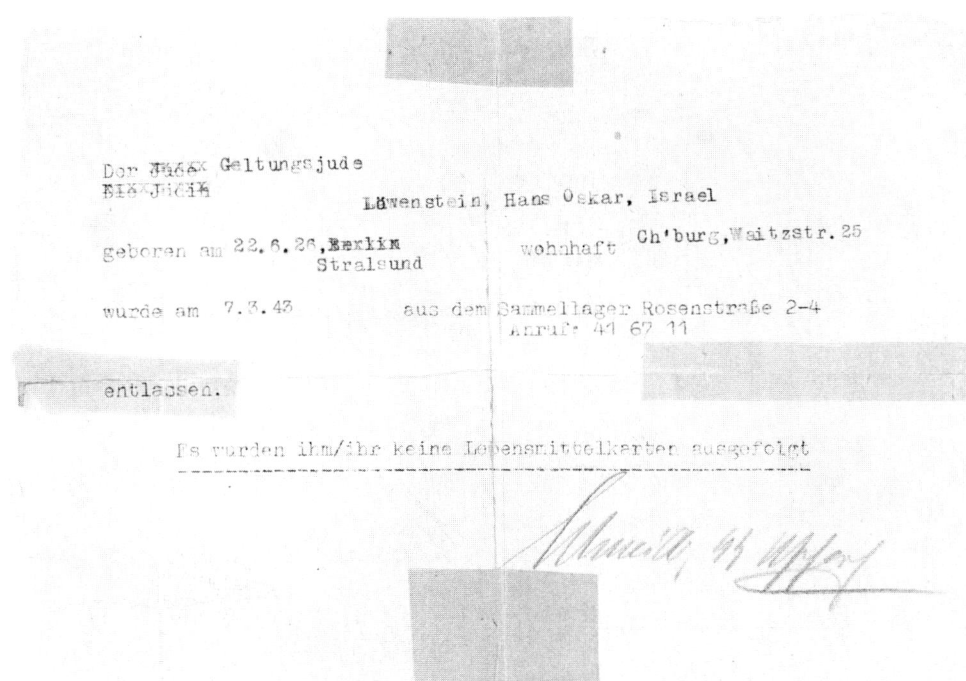

Der ~~Jude~~ Geltungsjude
~~Die Jüdin~~ Löwenstein, Hans Oskar, Israel

geboren am 22.6.26, ~~Berlin~~ Stralsund wohnhaft Ch'burg, Waitzstr. 25

wurde am 7.3.43 aus dem Sammellager Rosenstraße 2-4
Anruf: 41 67 11

entlassen.

Es wurden ihm/ihr keine Lebensmittelkarten ausgefolgt

Entlassungsschein Hans-Oskar Israel Löwenstein vom 7. 3. 1942

II. Berichte und Dokumente

1. Einleitung

In diesem Kapitel sind, ergänzt durch einige Dokumente, zum einen Berichte zusammengestellt, die namentlich denen, die sich mit den Geschehnissen in der Rosenstraße des Jahres 1943 publizistisch beschäftigt haben, seit langer Zeit bekannt sind, die aber bislang nicht oder nur begrenzt zugänglich gemacht wurden, zum anderen Berichte von Zeitzeuginnen. Der große Teil dieser Zeugnisse war Teil des Quellenmaterials für die von mir geschriebene Geschichte von Hans Grossmann, die den zweiten Teil dieses Buches ausmacht.

Am Anfang steht die erste publizistische Würdigung der Geschehnisse in der Rosenstraße überhaupt aus der Wochenzeitung »Sie« vom 2. Dezember 1945. – Dem folgt der Bericht einer unbekannt gebliebenen Krankenschwester über die Judenverfolgungen in Berlin, der 1943 endet. – Danach findet sich ein Auszug aus der Anklageschrift gegen Angehörige der Berliner Gestapo im Zusammenhang mit dem am 9. Dezember 1969 begonnenen Prozeß wegen der Deportation von über 50 000 jüdischen Menschen aus Berlin – ein Auszug, der das Erscheinen Alois Brunners und die Geschehnisse in der Rosenstraße betrifft. – Abschließend steht ein Block mit vier Berichten von Zeitzeuginnen, die mit einer Ausnahme dem Autor persönlich überlassen worden sind. Diese Ausnahme betrifft den öffentlich gehaltenen Vortrag von Charlotte Freudenthal, die ihre Erinnerungen vielfach zur Verfügung gestellt hat. Ihre Erlebnisse sind es auch, die der Darstellung des SPIEGEL's über das Geschehen in der Rosenstraße in der Ausgabe vom 22. Februar 1993 unter dem Titel »Nur noch ein Schluchzen« zugrundegelegen haben.

An dieser Stelle ist es angebracht, darauf zu verweisen, daß das mittlerweile vorhandene öffentliche Wissen um die Geschehnisse in der Rosenstraße wie in der Großen Hamburger Straße in der ersten Märzwoche 1943 die Bedeutung von Zeitzeuginnen und Zeitzeugen für die geschichtliche Erinnerung, ja für die Vollständigkeit unserer historischen Kenntnisse sinnfällig belegt. Die einzige öffentliche Widerstandsaktion in Deutschland von 1933 bis 1945 nicht allein gegen die Deportation von jüdischen Menschen, sondern generell gegen Maßnahmen der Nazi-Herrschaft in Deutschland wäre womöglich im dunkeln geblieben, wenn sich nicht die Betroffenen mit so großer Geduld bereitgefunden hätten, den vielfachen Wünschen von Publizisten und Journalisten nach Informationen nachzukommen.

Aus heutiger Sicht mutet es letztendlich eigentümlich an, daß die Ereignisse von seiten der etablierten Forschung jahrzehntelang keine Beachtung gefunden hatten, und zwar in beiden deutschen Staaten. Dieser Mangel dürfte hüben wie drüben wesentliche Ursachen in den jeweiligen Interesssenlagen der

Geschichtsschreibung genauer noch: der Geschichtsschreiber, gehabt haben – Interessenlagen, in die sich eine Protestaktion wie jene in der Rosenstraße 1943 aufgrund verschiedenster Motive anscheinend nicht einfügen ließ.
Angesichts der in den Berichten und Dokumenten verwendeten Begrifflichkeiten seien hier noch einige Hinweise gestattet: Längst wissen wir, daß mit Sprache Macht- und Herrschaftsverhältnisse begründet und aufrechterhalten werden können. Das gilt selbstredend für jede rassistische Terminologie, mithin auch für den Antisemitismus. Begrifflichkeiten sind daher (und nicht allein in dieser Hinsicht) als Zeiterscheinungen zu verstehen. Auch die Opfer von Diskriminierungen und Verfolgung konnten sich zumeist einer bestimmten Begrifflichkeit nicht entziehen. Letztlich mußten sie sich in einer vom rassistischen Denken infizierten Umwelt nicht allein verständlich machen, sondern sogar existentiell behaupten – einem Denken, das im übrigen nicht 1933 begann und 1945 nicht endete und in vielerlei Hinsicht und in weiten Teilen unserer Gesellschaft bis in die Gegenwart hinein anzutreffen ist.
Auf diesem Hintergrund gilt es festzuhalten: Es gab und gibt keine »Volljuden«, »Halbjuden« oder gar »Vierteljuden«. Es gab und gibt keine »Mischehen« und keine »Mischlinge« (welchen Grades auch immer). Es gab und gibt keine »deutsch-jüdischen Ehen« – übrigens eine Nazi-Terminologie (siehe S. 30) –, wie es keine »deutsch-jüdischen Beziehungen« geben kann – eine Wendung, die noch in vielen Reden heute zu hören ist. Und wenn Juden damit gemeint sein sollten, so kann es auch keine Verfolgung aus »rassischen Gründen« gegeben haben, und zwar gänzlich unabhängig von dem Faktum, daß in der Biologie mittlerweile die Vorstellung von menschlichen »Rassen« obsolet geworden ist.
Einfache Fragen nur lassen die Absurdität all dieser Begrifflichkeiten deutlich werden, beispielsweise:
Was ist ein Halbjude zur anderen Hälfte?
Was sind die anderen Dreiviertel bei einem Vierteljuden?
Wo hat ein jüdischer Deutscher in den »deutsch-jüdischen« Beziehungen seinen Platz? Sind dies Beziehungen, die er mit sich selbst pflegen muß?
Gibt es deutsch-christliche oder deutsch-muslimische Beziehungen?
Zu all diesen terminologischen Unbedachtheiten zählt auch der Terminus »Verhaftung« oder »verhaften« im Zusammenhang mit den Judendeportationen. Die jüdischen Menschen – unter ihnen Säuglinge, Kinder jeden Alters, Schwerkranke, Gebrechliche, Altersschwache – wurden mitnichten »verhaftet«, was immerhin ein Rechtsakt, wenn auch kein angenehmer gewesen wäre, sondern sie wurden Opfer einer staatlich organisierten Freiheitsberaubung ohne irgendeine Rechtsgrundlage. Es sollte jenseits dieser Überlegung zu denken geben, daß Goebbels den Begriff »verhaften« im Zusammenhang mit den Judendeportationen verwendet hat.

2. Georg Zivier: Der Aufstand der Frauen

Vorbemerkung

Im November 1945 war in Berlin die erste Ausgabe der Wochenzeitung »Sie« erschienen, die später im übrigen den Untertitel »Wochenzeitung für Menschenrechte und Frauenrechte« führte. Sie wurde herausgegeben von Hartmut Kindler, Ruth Friedrich und Heinz Ullstein, der selbst Gefangener in der Rosenstraße gewesen war. Auf seine Anregung hin verfaßte Georg Zivier den folgenden Aufsatz über die Geschehnisse, der in der zweiten Ausgabe von »Sie« am 2. Dezember 1945 erschien.

Der Aufstand der Frauen

VON GEORG ZIVIER

Vor einigen Jahren machten die Novellen eines Irrenarztes namens Panizza in den literarischen Zirkeln Deutschlands beträchtliches Aufsehen. Seine helldunklen Erzählungen lavierten derartig scharf an der Grenze zwischen Genialität und Wahnwitz, daß der Leser – dem Fahrgast im Auto eines Betrunkenen vergleichbar – fortwährend um den Lenker und um die eigene Sicherheit besorgt sein mußte: In der nächsten Sekunde schon konnte der Wagen aus der Fahrbahn springen und ins »Horla« stürzen, es konnte aber auch gut ausgehen, dann war es eine aufregende Fahrt, hart am Rande des Abgrunds. Panizzas Lebensfahrt nahm den Kurs ins Verderben. Der Irrenarzt endete im Wahnsinn. Seine Schriften, verwegene Gotteslästerungen zum Teil, die ihm Gefängnisstrafen einbrachten, im übrigen aber wüste judenfeindliche Phantasmagorien – auf eine satanische Weise genial in der Konzeption – wurden konfisziert. Kurz ehe er in Umnachtung verfiel, hat Panizza dem sexuellen Antisemitismus, der Legende vom hilflosen blonden Mädchen, das vom Juden brutalisiert wird, eine Art Psychoanalyse gestellt. Die Geschichte seiner rosigweißen Schaufensterpuppe mit den blauen Rundaugen und dem blonden Haargekräusel, die sich in der Gewalt eines ramsesbärtigen, jüdischen Ladeninhabers befindet – »seinen kralligen Fingern gnadenlos ausgeliefert«, ist ebenso lächerlich wie symptomatisch für eine Zwangsvorstellung, von der gewisse Menschen in Deutschland befallen waren. Von diesen Kreisen aus waren Spuren jener absurden Anschauung in die Vorstellungswelt der Massen gedrungen, so daß die Verbindung eines Juden mit einer Christin in Deutschland immer ein kleines Stück Revolution war.

Durch das Nürnberger Gesetz »zum Schutze von Blut und Ehre« wurde eine Zwangsvorstellung legitimiert. Zwischen die blonde Unschuld und die erwähnten »kralligen Finger« schob sich als sperrende Barriere das Zuchthaus. Das »Connubium«, die Möglichkeit einer ehelichen Verbindung zwischen Christen und Juden, wurde aufgesagt. Die früher geschlossenen Ehen durften bestehen bleiben, in der Hoffnung möglicherweise, sie würden von selbst in die Brüche gehen. Aber Trotz ist ein guter Kitt und Liebe nicht minder, und als lebendiges Ärgernis für jeden »echten Nationalsozialisten« hielten sich die christlichen Frauen an der Seite ihrer jüdischen Männer. Durch ein langes Jahrzehnt teilten sie mit ihnen und ihren Kindern, die das Gesetz zu »Mischlingen« machte, ein Elendsleben ohnegleichen. Wer in den Städten und wer in der Länderweite weiß um diese Leben, das, von zynischen Amtsbütteln kontrolliert, Jahr und Jahr an Bitternis zunahm, dessen Demütigungen am frühen Morgen begannen, wenn der Bäckerjunge die Wohnungstür mit dem Stern überging, weil »Juden und ihrem Anhang« nichts ins Haus geliefert werde durfte, dessen Werktag von hundert ähnlichen Schikanen diktiert wurde und dessen Nächte im Zeichen der Gefahr standen, längst ehe es Luftangriffe gab, weil die Gestapo mit Vorliebe die Nachtstunden für ihre »Abholungen« wählte. Wer weiß von diesen Abholungen, Einzelaktionen zunächst, scheinbar willkürlich geführt, die hier den Gatten und Vater, dort den eben mündigen Sohn trafen. Waren sie aus dem Heim gerissen, so wanderten sie den Weg, von dem es kein Zurück gab, und die Mutter, die Ehefrau griff ins Leere bei ihren Versuchen, Beistand und Hilfe zu finden, ja auch nur eine fundierte Auskunft zu erhalten. Während der sogenannten »Brunner-Aktion« wurden in einem ganzen Straßenkomplex des Berliner Westens die sterntragenden Männer aus »Mischehen« ins Gefängnis geworfen und von da aus nach Auschwitz gebracht. Den zurückgebliebenen christlichen Frauen wurde auf der Gestapo achselzuckend angeraten, sich endlich von »dem Juden« scheiden zu lassen, eine Aufforderung, die ihnen die Behörden häufig und oft in grobbeleidigender Form zuteil werden ließen. Die Gefangenen der »Brunner-Aktion« vertrugen die Luft von Auschwitz nicht lange. Nach einigen Wochen bereits konnte ein Polizeibeamter den Frauen die Mitteilung machen, daß durch das Ableben des jüdischen Teiles der Haushalt nunmehr als »arisch« gelten dürfe.

Wer weiß von der »Brunner-Aktion«, wer kümmerte sich um das Los der tapferen christlichen Eheliebsten des deutschen Juden – der schöne schweizerische Ausdruck hätte eigens für sie geprägt sein können –, die sich weder durch Lockungen noch durch Bedrohungen irre machen ließ. Aber einmal hätte der Blick des gesamten Volkes sich auf das Schicksal der Geächteten lenken müssen. Das war an einem grauen Tage des Jahres 1943. Die Gestapo hatte sich zu einer Großaktion entschlossen. An den Portalen der Industriebetriebe hielten die Kolonnen der zeltplanverdeckten Lastwagen. Sie hielten auch vor vielen Privathäusern. Einen ganzen Tag lang sah man sie in den Straßen fahren, von SS mit Karabinern dicht eskortiert. Wer hinzusehen wagte, wird das Bild nie vergessen: die schweren Fahrzeuge, unter deren Verdeckung die Konturen zusammengepferchter Menschen sich abzeichneten und die SS, die, teils mit drohender Miene, teils mit dümmlichem Triumpha-

torenlächeln, hintenauf stand. An diesem Tage wurden ausnahmslos sämtliche in Deutschland lebenden Juden verhaftet und zunächst in Massenlager gebracht, es war der Anfang vom Ende.
Die Umwelt senkte den Blick, mit Gleichgültigkeit die einen, andere vielleicht mit einem flüchtigen Gefühl des Schauderns und der Scham. Der Tag ging weiter, man war im Kriege, eroberte Provinzen, »machte Geschichte«, war mit den Jahrtausenden auf du und du. Und es entging der Öffentlichkeit das Auflodern einer kleinen Fackel, an der ein Feuer des allgemeinen Widerstands gegen Tyrannenwillkür sich vielleicht hätte entzünden können. Die Geheime Staatspolizei hatte aus den riesigen Sammellagern der zusammengebrachten jüdischen Einwohnerschaft von Berlin die »arisch Versippten« aussortieren und in einen Sondergewahrsam in der Rosenstraße bringen lassen. Es lag völlig im unklaren, was mit ihnen geschehen würde. Da griffen die Frauen ein. Bereits in den Morgenstunden des nächsten Tages hatten sie den Aufenthalt ihrer Männer aufgespürt und wie auf Verabredung, wie auf einen Ruf hin erschienen sie in Massen vor dem improvisierten Gefängnis. Vergeblich bemühten sich die Beamten der Schutzpolizei, die Demonstrantinnen – etwa 6000 – abzudrängen und auseinanderzubringen. Immer wieder sammelten sie sich, drängten sie vor, riefen sie nach ihren Männern – die sich, strengen Verboten zum Trotz, am Fenster zeigten – und forderten Freilassung. Die Pflichten des Arbeitstages unterbrachen die Kundgebungen für Stunden. Aber am Nachmittag war der Platz wieder dicht übersät, und die anklägerischen, fordernden Rufe der Frauen wuchsen mächtig über den Lärm der Straße empor: leidenschaftliche Bekenntnisse zu einer Liebe, die sich in einem Leben der Bitternis gefestigt hatte.
Das Hauptquartier der Gestapo lag in der Burgstraße, unweit des Platzes der Demonstrationen. Ein paar Maschinengewehre hätten die aufständischen Frauen davonfegen können, aber die SS schoß nicht, diesmal nicht. Erschreckt über einen Vorfall, der in der Epoche des Dritten Reiches nicht seinesgleichen hatte, ließ sich die Burgstraße auf Verhandlungen ein, man beschwichtigte, machte Zusicherungen und gab die Männer schließlich frei.
In der Staatsdoktrin des Dritten Reichs stand als erster Artikel die These: alle Menschen seien entweder durch Vorteile käuflich oder durch Drangsalierungen zu zermürben. Die christlichen Frauen, die während der letzten zwölf Jahre zu ihren jüdischen Männern hielten, haben diesen Lehrsatz widerlegt, indem sie jede Furcht vergaßen, sich durch Demütigungen und Terror nicht beugen ließen, wurden sie zu Lebensrettern ihrer Männer und ihrer Kinder und haben der Welt bewiesen, daß auch ein Hitler nicht alle Keime des Guten in Deutschland abtöten konnte.

sie

paris (eigenbericht): der internationale antifaschistische frauenkongreß in paris billigte den satzungsentwurf für einen internationalen demokratischen frauenbund. die deutschen frauen, hier noch nicht vertreten, forderten eine kommission auf, deutschland zu besuchen.

Nr. 2 • 1. Jahrgang | Zweite Dezember-Ausgabe 1945 | Preis 50 Pfennig

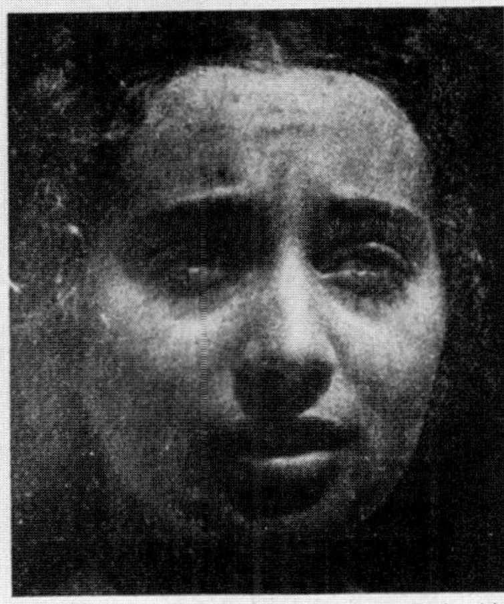

Freudentränen. Nach jahrelanger Wartezeit sieht sie den geliebten Menschen wieder. Spannung löst sich in Tränen

Aufnahme: Gerhard Gronefeld

Der Aufstand der Frauen

VON GEORG ZIVIER

Vor einigen Jahren machten die Novellen eines Irrenarztes namens Panizza in den literarischen Zirkeln Deutschlands beträchtliches Aufsehen. Seine helldunklen Erzählungen lavierten derartig scharf an der Grenze zwischen Genialität und Wahnwitz, daß der Leser — dem Fahrgast im Auto eines Betrunkenen vergleichbar — fortwährend um den Lenker und um die eigene Sicherheit besorgt sein mußte: in der nächsten Sekunde schon konnte der Wagen aus der Fahrbahn springen und ins „Horla" stürzen, es konnte aber auch gut ausgehen, dann war es eine aufregende Fahrt, hart am Rande des Abgrunds. Panizzas Lebensfahrt nahm den Kurs ins Verderben. Der Irrenarzt endete im Wahnsinn. Seine Schriften, verwegene Gotteslästerungen zum Teil, die ihm Gefängnisstrafen einbrachten, im übrigen aber wüste judenfeindliche Phantasmagorien — auf eine satanische Weise genial in der Konzeption — wurden konfisziert. Kurz ehe er in Umnachtung verfiel, hat Panizza dem sexuellen Antisemitismus, der Legende vom hilflosen blonden Mädchen, das vom Juden brutalisiert wird, eine Art Psychoanalyse gestellt. Die Geschichte seiner flachsblonden Schaufensterpuppe mit den blauen Rundaugen und dem blonden Haargekräusel, die sich in der Gewalt eines ramsesbärtigen jüdischen Ladeninhabers befindet — „seinen kralligen Fingern gnadenlos ausgeliefert" ist ebenso lächerlich wie symptomatisch für eine Zwangsvorstellung, von der gewisse Menschen in Deutschland befallen waren. Von diesen Kreisen aus waren Spuren jener absurden Anschauung in die Vorstellungswelt der Massen gedrungen, so daß die Verbindung eines Juden mit einer Christin in Deutschland immer ein kleines Stück Revolution war.

Durch das Nürnberger Gesetz „zum Schutze von Blut und Ehre" wurde eine Zwangsvorstellung legitimiert. Zwischen die blonde Unschuld und die erwähnten „kralligen Finger" schob sich als sperrende Barriere das Zuchthaus. Das „Connubium", die Möglichkeit einer ehelichen Verbindung zwischen Christen und Juden, wurde aufgesagt. Die früher geschlossenen Ehen durften bestehen bleiben, in der Hoffnung möglicherweise, sie würden von selbst in die Brüche gehen. Aber Trotz ist ein guter Kitt und Liebe nicht minder, und als lebendiges Aergernis für jeden „echten Nationalsozialisten" hielten sich die christlichen Frauen an der Seite ihrer jüdischen Männer. Durch ein langes Jahrzehnt teilten sie mit ihnen und ihren Kindern, die das Gesetz zu „Mischlingen" machte, ein Elendsleben ohnegleichen. Wer in den Städten und wer in der Länderweite weiß um diese Leben, das, von zynischen Amtsbütteln kontrolliert, Jahr um Jahr an Bitternis zunahm, dessen Demütigungen am frühen Morgen begannen, wenn der Bäckerjunge die Wohnungstür mit dem Stern überging, weil „Juden und ihrem Anhang" nichts ins Haus geliefert werden durfte, dessen Werktag von hundert ähnlichen Schikanen diktiert wurde und dessen Nächte im Zeichen der Gefahr standen, längst ehe es Luftangriffe gab, weil die Gestapo mit Vorliebe die Nachtstunden für ihre „Abholungen" wählte. Wer weiß von diesen Abholungen, Einzelaktionen zunächst, scheinbar willkürlich geführt, die hier den Gatten und Vater, dort den eben mündigen Sohn trafen. Waren sie aus dem Heim gerissen, so wanderten sie den Weg, von dem es kein Zurück gab, und die Mutter, die Ehefrau griff ins Leere bei ihren Versuchen, Beistand und Hilfe zu finden, ja auch nur eine fundierte Auskunft zu erhalten. Während der sogenannten „Brunner-Aktion" wurden in einem ganzen Straßenkomplex des Berliner Westens die sterntragenden Männer aus „Mischehen" ins Gefängnis geworfen und von da aus nach Auschwitz gebracht. Den zurückgebliebenen christlichen Frauen wurde auf der Gestapo achselzuckend angeraten, sich endlich von „dem Juden" scheiden zu lassen, eine Aufforderung, die ihnen die Behörden häufig und oft in grob-beleidigender Form zuteil werden ließen. Die Gefangenen der „Brunner-Aktion" vertrugen die Luft von Auschwitz nicht lange. Nach einigen Wochen bereits konnte ein Polizeibeamter den Frauen die Mitteilung machen, daß durch das Ableben des jüdischen Teiles der Haushalt nunmehr als „arisch" gelten dürfe.

Wer weiß von der „Brunner-Aktion", wer kümmerte sich um das Los der tapferen christlichen Eheliebsten des deutschen Juden — der schöne schweizerische Ausdruck hätte eigens für sie geprägt sein können —, die sich weder durch Lockungen noch durch Bedrohungen irre machen ließ.

Aber einmal hätte der Blick des gesamten Volkes sich auf das Schicksal der Geächteten lenken müssen. Das war an einem grauen Tage des Jahres 1943. Die Gestapo hatte sich zu einer Großaktion entschlossen. An den Portalen der Industriebetriebe hielten die Kolonnen der zeltplanverdeckten Lastwagen. Sie hielten auch vor vielen Privathäusern. Einen ganzen Tag lang sah man sie in den Straßen fahren, von SS mit Karabinern dicht eskortiert. Wer hinzusehen wagte, wird das Bild nie vergessen: die schweren Fahrzeuge, unter deren Verdeckung die Konturen zusammengepferchter Menschen sich abzeichneten und die SS,

...wird erhöht

Hausfrauen erhalten die Karte V. Bei den knappen Lebensmitteln müssen die einteilenden Behörden statistisch verfahren. Hier die Vorräte, dort die Menschenzahl, — das ergibt soundsoviel auf den Kopf (oder auf den Magen) der Bevölkerung. Nicht etwa, daß man die Hausfrauen damit als Nichtstuer bezeichnen will. Die erwähnte Statistik hatte sich schon früher mit den Hausfrauen beschäftigt. Wie oft rennt sie zwischen Maschine und Abwasch hin und her an jedem Tag? Wieviel Stunden steht sie am Herd? Wieviel Handgriffe sind zu erledigen? Heute muß sie außerdem mehrfache Rundfahrten antreten. Welche Ware ist eingetroffen? Welche Nummer ist aufgerufen? Wann wird die Ware verteilt? Gemüsehändler, Fleischer, Fischgeschäft, Nährmittel ..? Gar nicht die Expeditionen im Bekanntenkreis gerechnet, bei denen man etwas schwarzes Mantelfutter gegen etwas grünes Kaninchenfutter zu tauschen hofft. Ein englischer Korrespondent stellte neulich fest, daß die Berliner sauber gekleidet sind, frischer im Gesicht und zielsicherer im Gang als vor wenigen Wochen. Das Lob, das dem Berliner gilt, sei der Berlinerin überreicht. Nach Statistik und Praxis leistet sie mit leichter Hand schwere Arbeit. Es ist wirklich wahr gesagt: ihre Karten müßten besser liegen. Die Brotkarte und der Kleine Weg und die Amtspersonen und die freudige Ueberraschung und was so in den Karten liegen könnte, das ist noch unmöglich. Eines aber wollen wir immer bedenken: wenn sie jetzt auch endlich aufgebessert werden soll, die niedrigste Stufe bleibt doch die wichtigste. Berliner Frauen auf der fünften Lebensmittelstufe: ihr nehmt im Berliner Leben den ersten Platz ein!

ZUR PSYCHOLOGIE DES WIEDERSEHENS:

Das große Warten

VON DR. HANNS SCHWARZ

Tausende von Frauen warten auf ihre Männer, Tausende von Müttern auf ihre Söhne, Tausenden von Familien fehlt die schützende Hand des Ernährers — sie alle warten, warten ..

Warten ist schwer, warten kann schön und warten kann gräßlich sein. Die eine nimmt geduldig ihr Herz in beide Hände, sucht Stütze und Hilfe in religiösen Tröstungen oder philosophischen Gedankengängen. Andere warten mehr unbewußt, sie machen nach außen einen vielleicht stumpfen, ausgekühlten Eindruck, aber innen ist alles Spannung, Sehnsucht, geballte Erwartung. Manche Frau wird über ihrem Warten müde und überdrüssig, sie zergrübelt in Verzweiflung ihr Hirn und beschließt dann, nicht mehr zu warten, womit sie sich selbst belügt. Endlich andere warten wirklich nicht mehr: Sie haben das Warten längst vergessen und Trost in den schmalen Freuden des alltäglichen Genusses gefunden: „alles für zehn Zigaretten".

Zweifellos haben manche Menschen eine gewisse Begabung zum Warten, sie warten sozusagen ihr ganzes Leben lang auf das Wunder, während andere absolut schlechte Warter sind und den Schrecken jedes Wartezimmers darstellen. Auf etwas zu warten, was mit einiger Bestimmtheit in vorauszusehender Art und Weise eintreten wird, also etwas zu erwarten, ist trotz der gegebenenfalls langen Wartezeit leichter als in das Halbdunkel des Unbestimmten, in dem man keine Konturen erkennt, hineinzulauschen.

Durch die Länge der Zeit wird die Intensität des Wartens allmählich geringer, es wird fast zur Gewohnheit. Man sucht die Sorgen des Tages zu meistern, man tut seine Arbeit, aber neben allem schleicht das Warten mit, in dem fast der ganze Sinn des derzeitigen Lebens empfunden wird. Viele warten vergebens. Manche kommen darüber hinweg, manche erleiden eine schwer heilbare Seelenwunde, einige werden durch die Psychotherapie des Arztes oder des Lebens zu neuen Ufern übergesetzt.

Aber, wenn es nun wirklich eines Tages an der Türe klopft . . . und er ist da: was nun? An diesem

Fortsetzung auf Seite 8

„Warum hast Du denn den Ofen geschmückt?"
„Weil der Weihnachtsbaum drin ist!" Zeichnung von HORST VON MOLLENDORFF

In Offenbach a. M. und im Taunus arbeiten bereits eine größere Anzahl von Werkstätten für elegante Lederartikel, deren Damentaschen und Reisekoffer Weltruf besaßen, für den Export. Die deutschen Firmen haben sich verpflichtet, monatlich für eine Viertelmillion Ware der Ausfuhr nach Amerika zur Verfügung zu stellen. Damit ist eine der ersten Kompensationsmöglichkeiten für die amerikanische Lebensmitteleinfuhr nach Deutschland geschaffen. Die deutsche Frau muß freilich noch auf ihre erste „Friedenstasche" weiter warten. Dies aber ist ein Opfer, das sich wirklich lohnt.

3. »Das Leben der Juden in Berlin in den Jahren 1940 bis 1943.«
Bericht einer jüdischen Krankenschwester (anonym)

Editorische Vorbemerkung

Auf der ersten von insgesamt neun Din A4-Seiten ist dieses maschinenschriftlich (mit wenigen handschriftlichen Zusätzen bzw. Korrekturen) abgefaßte Dokument mit einem Stempelaufdruck versehen:

Dr. Hans Klee
120, rue de Lausanne
Genève

Bei dieser Person handelt es sich mit großer Wahrscheinlichkeit nicht um den Verfasser. Das Papier enthält eine Zusammenstellung von Informationen, von denen zumindest ein sehr großer Teil offenbar von einer jüdischen Krankenschwester, die bis zum Mai/Juni 1943 in Berlin gelebt hat, formuliert wurde. Dr. Hans Klee scheint in den Besitz dieser Informationen gekommen zu sein und hat sie anscheinend aufbewahrt.
In einem Aufsatz von Mary Felstiner über Alois Brunner (Titel: Alois Brunner: »Eichmann's Best Tool«. In: Simon Wiesenthal Center Annual, Los Angeles 1986, S. 1–46) wird dieses Dokument in einer Anmerkung mit folgendem Zusatz versehen: »anonymous accounts gathered by Hans Klee, Geneva, ca. 1943«.
Der hier dokumentierte Bericht stellt schwerpunktmäßig Geschehnisse der Jahre 1942 und 1943 auf der Grundlage persönlicher Erlebnisse mit großer Eindringlichkeit dar und ist insbesondere hinsichtlich des Wirkens von Alois Brunner in Berlin ein einzigartiges Dokument. Es ist unvermeidlich, daß in persönliche Erinnerungen dieser Art Ungenauigkeiten, ja Fehler einfließen, die manchmal lediglich Tippfehler sein mögen. Damit sich bei weniger informierten Leserinnen und Lesern im Blick auf wichtige Tatsachen keine unrichtigen Informationen festsetzen, sollen an dieser Stelle einige wenige Richtigstellungen getroffen werden.
So gilt es im Zusammenhang mit der Person Brunners eine Bemerkung zu korrigieren. Wie auch Gesprächen mit Überlebenden immer wieder zu entnehmen ist, bestand der Eindruck (und dies war auch anscheinend Inhalt von Gerüchten), Alois Brunner hätte die sog. »Fabrik-Aktion« am 27./28. Februar 1943 geleitet. Tatsache ist, daß sich Alois Brunner zu jenem Zeitpunkt bereits in Saloniki aufhielt und die Deportation der in Nordgriechenland lebenden Juden nach Auschwitz organisierte. Berlin hat er im Dezember 1942 oder im Januar 1943 verlassen. Eine Aktion von solcher Brutalität wie die »Fabrik-Aktion« mag er aber ohne weiteres noch angeregt haben.
Naturgemäß können die Angaben über die Zahl der Menschen, die unmittelbar nach der »Fabrik-Aktion« deportiert wurden, nicht zutreffen. Hierzu sei auf die entsprechenden Informationen aus dem Einführungskapitel (siehe S. 26) verwiesen.

Die Verfasserin selbst gehörte, wie sie schreibt, offenbar zu der kleinen Gruppe der jüdischen Gemeindeangestellten, die auch nach der »Fabrik-Aktion« noch in Berlin verbleiben durften. Die letzten dieser Menschen wurden wie auch Vorstandsmitglieder und die Angestellten der Reichsvereinigung am 10. Juni 1943 gefangengenommen und am 16. Juni 1943 nach Theresienstadt verschleppt. Aufgrund des persönlichen Hintergrundes der Verfasserin müssen die Angaben über den Zeitpunkt der Deportation einiger führender Persönlichkeiten von Gemeinde und Reichsvereinigung als Tippfehler angesehen werden. Dr. Paul Eppstein (stellv. Vors. der Reichsvereinigung) und Philipp Kozowet (stellv. Vors. der Gemeinde) wurden nicht 1942 nach Theresienstadt deportiert, sondern Ende Januar 1943 (im übrigen gemeinsam mit Dr. Leo Baeck, dem Vorsitzenden der Reichsvereinigung). Die Jahresangabe für die Deportation von Moritz Henschel ist ebenfalls unzutreffend. Dieser gehörte wie auch seine Ehefrau zu dem oben erwähnten Personenkreis, der am 10. Juni 1943 gefangengenommen wurde. Im übrigen lautete der Name, den zu führen der Jüdischen Gemeinde von den Nazis auferlegt worden war, nicht, wie die Verfasserin schreibt, »Jüd. Kultusgemeinde«, sondern »Jüdische Kultusvereinigung zu Berlin e.V.«. Unrichtig ist auch die Zeitangabe für den Beginn der Transporte nach Theresienstadt, die nicht »Anfang 1942«, sondern im Juni 1942 einsetzten.
Auf dem Hintergrund der Informationen über Theresienstadt kann die zitierte Bemerkung bei Mary Felstiner nicht zutreffen, wonach die (möglicherweise zusammengestellten) Materialien »ca. 1943« niedergeschrieben worden seien. Unter welchen Umständen der Text. bzw. die Textelemente geschrieben wurden, ist unklar. Einer Bemerkung zufolge ist der Ort der Niederschrift die Schweiz. Zum Zeitpunkt läßt sich feststellen, daß dies noch vor dem Ende der Nazi-Herrschaft geschehen sein muß, wie die Hinweise auf das »noch« bestehende Jüdische Krankenhaus sowie auf jüdische Spitzel belegen. Möglicherweise kann diese Veröffentlichung des Textes noch zu einer Klärung der Verfasserschaft beitragen.
Das Original ist zu finden im »Centre de Documentation Juive Contemporaine« (17, Rue Geoffroy – L'Asnier, F-75004 Paris), Standort: LXX-70. Bei der Wiedergabe wurden lediglich offensichtliche Fehler in der Rechtschreibung und Grammatik verbessert.

Abdruck des Dokuments auf den folgenden Seiten 42 bis 53.

Das Leben der Juden in Berlin in den Jahren 1940 bis 43

Allgemeine Bestimmungen der Geheimen Staatspolizei, Abt. zur Lösung der Judenfrage, Berlin, Kurfürstenstraße und Burgstraße (Leiter dieser Abteilung: SS-Führer Günther und Eichmann):

1939 Abgabe aller Goldwaren im jüdischen Besitz. Abholung bzw. Abgabe der Radios (Jom Kippur), Telefone und Fahrräder. Beschlagnahme des jüd. Vermögens, auf Antrag bei der Devisenstelle monatliche Auszahlung eines geringen Betrages. Ausgangszeiten für Juden von 6 Uhr morgens bis 8 Uhr abends. Verbot des Besuches sämtlicher deutscher Kulturstätten.

Zulegung des Jüdischen Zusatznamens, für Frauen Sara, für Männer Israel. K.Z.-Strafe bei Nichtbeachtung dieser Vorschrift, z.B. bei behördlichen Schreiben oder mündlichen amtlichen Fragen. Neugeborene durfte man nur noch mit den behördlich erlaubten Namen benennen: Z.B. konnte man seine Tochter Hindele, Sure, Egele, Bela oder Tana heißen, seinen Sohn Leib, Schmul, Kain, Uri, Dan, Denny.

1940 Schulverbot für jüd. Kinder (Februar 40). Schulen und gleichzeitig mehrere andere jüd. Gebäude wurden beschlagnahmt. Schwere Strafen bei Übertritt dieses Verbotes, Kontrollen in den jüd. Kindergärten und Befragen der Kinder selbst.

Zwang zur Fabrikarbeit für Juden bis zu 60 Jahren. Die Juden arbeiteten in den Betrieben getrennt von der arischen Belegschaft, unter Aufsicht eines Ariers, Arbeitszeit bis zu 10 Stunden, Tempo oft bis zur Erschöpfung. Verdienst gleich Null. Häufiges Fernbleiben von der Arbeit, sei es durch Krankheit oder durch Familienumstände, entschuldigt oder unentschuldigt, führte unweigerlich zum Abtransport.

Schließung sämtlicher jüd. Geschäfte. Einkaufszeit für Juden in den arischen Geschäften von 4 bis 5 Uhr. Im Westen Berlins gab es Gegenden, die an jedem Geschäft das Schild »An Juden wird nichts verkauft« hängen hatten. Die jüd. Hausfrauen dieser Gegenden mußten oft erst eine 1/2 Stunde fahren, oder später noch länger laufen, ehe sie zu Läden kamen, die, und sei es auch nur durch die Hintertür, etwas an Juden abgaben.

Einführung der »Sprechstunden für Juden« an allen Behörden und öffentlichen Ämtern. Verbot der Benützung öffentlicher Luftschutzräume, Fahrstühle in behördlichen Gebäuden und Warenhäusern, z. T. auch in Privathäusern. Auf jeden Fall aber durften Juden nicht mit arischen Bewohnern eines Hauses im Luftschutzkeller sein, sondern der Hauswart hatte für Juden einen Teil des Kellers zu separieren.

1941 19. September, der Judenstern. Ein handflächengroßes hellgelbes Magen Dawid mit der Aufschrift »Jude« in schwarzen, der hebräischen Schrift nachgeahmten Druckbuchstaben. Zum Tragen des Sternes waren sämtliche nicht privilegierte Juden verpflichtet. Privilegiert waren Juden mit arischen Kindern. Andererseits wurden jedoch arische Kinder, die einen jüd. Eltern-

teil hatten, nur in den seltensten Fällen als arisch anerkannt. (*Gemeint sind die Kinder aus »privilegierten Mischehen«,* G. J.)
Man erhielt zunächst einen, später einen zweiten Stern für 20 Pfennig bei der J.K.G. (Jüd. Kultusgemeinde). Der Stern mußte fest und sichtbar in Brusthöhe links auf dem Oberkleid aufgenäht sein. Juden, die in arischen Betrieben arbeiteten und wir Angestellten der J.K.G. hatten den Stern auch auf den Arbeitskleidern zu tragen. Wir Schwestern, die wir manchesmal die Schürze 2- und 3mal am Tage wechseln mußten, mußten also jedesmal den Stern abtrennen und auf die frische Schürze nähen. Wir hatten oft genug Gestapo-Kontrollen und hüteten uns wohl, Gefahr zu laufen, wegen eines schlecht- oder schiefangenähten Sternes auf Transport geschickt zu werden.
Der Wohnungsstern. Jeder Jude war verpflichtet, sein Namensschild mit einem weißen, etwas kleineren Stern an seiner Wohnungstür anzubringen.
Jüd. Ärzte, die Erlaubnis zur Ausübung ihrer Praxis hatten, hatten sowohl an der Haus- wie auch an der Wohnungstür ein großes gelbes Schild mit blauem Stern anzubringen[1], auf dem stand: »Dr.... Israel..., jüd. Behandler, zur Behandlung ausschließlich jüdischer Kranker berechtigt.« (Handschriftlicher Zusatz:) zur Behandlung von Juden zugelassen.[«] (Der Arzt-Titel war verboten, es durfte nur heißen: jüd. Behandler.[)]
Die Lebensmittelkarten der Juden wurden mit einem großen J gezeichnet, später, als man die Erfahrung gemacht hatte, daß wir die einzelnen Marken abschnitten und arischen Bekannten mitgaben, um nicht an die unbequeme Einkaufszeit gebunden zu sein, bekamen die jüd. Karten auf jeden einzelnen Abschnitt ein kleines J.
Außerordentliche Erschwerung der Wohnverhältnisse. Die arischen Hausbesitzer hatten das Recht, in vielen Fällen sogar die Pflicht, jüd. Parteien auszuweisen. So waren die Juden auf die wenigen, noch im jüdischen Besitz befindlichen Häuser angewiesen, die natürlich überfüllt waren.
Oktober 41, das Fahrverbot. Es war Juden bei schweren Strafen verboten, sämtliche Verkehrsmittel der B.V.G. (Berliner Verkehrs-Gesellschaft) zu benützen. Arbeitende Juden, deren Weg zur Arbeit mehr als 7 km betrug, erhielten einen gelben Fahrausweis für diese Strecke und zurück. Einzelne Mitglieder der J.K.G. bekamen allgemeine Fahrerlaubnis für sich und eine oder mehrere Begleitpersonen.
Verbot des Bezugs von Zeitungen.
Verbot der Benützung der öffentlichen Fernsprechzellen und der Berliner Taxen. In dringenden Fällen, z. B. Krankheitsfällen wies das zuständige Polizeirevier ein Taxi zu.
Verbot, einzelne Straßen Berlins zu beschreiten. (Wilhelmstr., Kurfürstendamm, U. d. Linden, Hitlerplatz u.s.w.) Dort wohnende Juden hatten Erlaubnisscheine zu beantragen.
Abgabe der Photo- und aller sonstigen Apparate, Schreibmaschinen, Grammophone, sämtlicher elektrischer Geräte im Privatbesitz und aller Haustiere.

6 Juden Berlins, und zwar die 6, die mit der Gestapo dienstlich in Berührung kam[en], hatten die Erlaubnis, ihr Bügeleisen zu behalten.
Das Krankenhaus und die zugelassenen Behandler hatten für jedes elektrische Gerät und für jeden Apparat einen Erlaubnisschein auf Widerruf.
1942 Enteignung allen jüd. Besitzes. Jeder Löffel war nun Eigentum des Staates und den Juden bis zu ihrer Abwanderung geliehen. Bei Verkauf von Möbelstücken oder bei Umzügen behördliche Genehmigung.
Abgabe sämtlicher Pelz-, Woll- und Stricksachen.
Abgabe eines Teiles sämtlicher Arten von Textilien in jüd. Besitz. Das Krankenhaus hatte so viel Bett- und Leibwäsche abzugeben, daß zur Aufnahme von Kranken die Bedingung gestellt werden mußte, eigenes Bettzeug für die Dauer des Aufenthaltes mitzubringen.
Entzug der Fleischkarten, Kürzung der Butterrationen für Juden. Hier muß eingeschoben werden, daß die Juden nie Kleider-, Rauch- und Milchkarten hatten und keine Schuhreparaturscheine.
Dauernde gefürchtete Gestapokontrollen auf der Straße und in den Wohnungen, ob alle Befehle und Verbote eingehalten wurden.
Die Juden waren auf die Art mit Erfolg völlig von der arischen Bevölkerung und untereinander isoliert. Das Leben in Berlin war eine stündliche Qual. Die Nervosität, die Angst vor der nächsten Stunde, vor dem Abtransport, vor den Bombenangriffen ja um das Leben stieg von Tag zu Tag.
Die Bevölkerung Berlins benahm sich ziemlich feindlich, obwohl es nur einige seltene Male zu Ausschreitungen von ziviler Seite kam.
(An dieser Stelle ist handschriftlich der Satz eingefügt und wieder gestrichen:) Ich glaube, zu der Feststellung berechtigt zu sein, daß die breite Masse Berlins keine Ahnung von dem Ausmaß der Judenverfolgung hatte.

1942/43 Die Transporte
Erste Transporte aus Deutschland bereits 1940 aus Baden. Dr. Seligsohn vom Hilfsverein, der aus diesem Anlaß einen allgemeinen Fasttag einführen wollte, kam ins K. Z., der Fasttag wurde natürlich streng untersagt. Februar 1940 Transport aus Stettin. Oktober 41. Erster Berliner Transport. In der Folge laufende Transporte in Abständen von 3 bis 6 Wochen zu je 1 000 bis 1 500 Mann. Sammellager Synagoge Levetzowstr., strengste Schweigepflicht des jüd. Hilfspersonales. Transporteinberufung ca. 1 Woche vor dem Stellungstermin im Lager, Abgang des Transportes nach wenigen Tagen, wenn keine Waggons zur Verfügung standen, nach Wochen.
50 kg Gepäck pro Mann, das je nach Laune der Gestapo mitkam oder zurückblieb. Der Abtransport erfolgt von irgendeinem kleinen Nebenbahnhof Berlins aus, unter Hilfeleistung einiger Juden, unter strengster Aufsicht der Gestapo u. SS, Peitschenhiebe, Ohrfeigen, Fußtritte waren an der Tagesordnung.
Transporte in Viehwaggons, versiegelt, ohne Abtrittsmöglichkeit, ohne Reiseproviant und Wasser. Ziel immer unbekannt, Nachrichten von den Transportteilnehmern kamen nie nach Berlin.

Bei Abtransport hatte man alles Schriftliche, sei es nun der Geburtsschein oder der gelbe Fahrtausweis, abzugeben.
Der Abwandernde hatte eine eidesstattliche Erklärung abzulegen, daß sein Vermögen und sein Besitz dem Staate gehöre. Bei Abwanderung wurde die Wohnung versiegelt.
Wie gesagt, erfolgte ca. 1 Woche vor dem Sammeltermin die schriftliche Einberufung. Es war ein schreckliches und erschütterndes Bild, an Sammeltagen die Juden familienweise, vom Vater bis zum Jüngsten mit Rucksäcken, Dekken und Säcken beladen, zur Sammelstelle laufen oder fahren zu sehen, begleitet von den weinenden Freunden und Verwandten.
Andererseits war aber auch genügend Zeit, sobald man die Einberufung erhielt, zu türmen oder zu tauchen (d.h. illegal über die Grenze zu gehen oder mit falschen Papieren bei Ariern außerhalb Berlins Unterkunft zu suchen oder eben in Berlin selbst sich bei Ariern versteckt zu halten) oder Selbstmord zu begehen. Wir hatten im Krankenhaus zu Transportzeiten meist solch einen Überbelag an Selbstmördern, daß wir oft lange Bettreihen auf den Korridoren aufstellen mußten. In einer Nacht hatten wir bis zu 30 Einlieferungen.
Die Leute, die wir ins Leben zurückrufen konnten, hatten wir nach ihrer Genesung oder auch schon vorher direkt ins Sammellager zu überstellen.
Nach kurzer Zeit wurden die Teilnehmer 1 Tag vor dem Sammeltermin verständigt, und als auch da noch Hunderte von Personen einfach nicht erschienen, so daß man im letzten Moment einfach in die umliegenden Wohnungen ging und die fehlende Anzahl mit völlig unvorbereiteten, zufällig in der Nähe wohnenden Juden, oder solchen, die man von der Straße nahm, ersetzen mußte, ging man dazu über, durch eine feststehende Jüd. Ordnergruppe, durch Polizei, SS und Gestapo die Leute in den Abendstunden aus den Wohnungen holen zu lassen. Sie hatten Pack- und Vorbereitungszeit von 1/2 Stunde, noch immer Zeit genug, in der Toilette Blausäure zu nehmen oder sich aus dem Fenster zu stürzen. Viele Juden versuchten ihren Begleitpersonen auf dem Weg von der Wohnung ins Lager zu entwischen, wehe aber, wenn sie gefangen wurden. Man schoß erbarmungslos auf sie während der Jagd und prügelte sie blau, wenn man sie einholte. Entwischte aber einem Ordner ein zur Abwanderung bestimmter Jude, so mußte der Ordner für diesen in den Transport eintreten.
Es wurden bald die gröbsten Familienzerreißungen vorgenommen, da manche Fabriken die jüd. Arbeiter nicht freigaben.
Oft genug erlebten wir auch, daß am Bahnhof plötzlich einem SS Mann einfiel, ein paar der Ordner, die da in ihren Arbeitskleidern Hilfsdienst machten, so wie sie da am Zug arbeiteten, mit in ein Abteil zu stecken und mit wegzuschicken.
Oder wehe dem Ordner, der sich erwischen ließ, wenn er harmlose Abschiedsbriefchen, ein letztes Butterbrot oder ein paar warme Strümpfe in das Lager schmuggelte. Er wanderte, so wie er da stand, nach gehörigen Prü-

geleien in den Arrest und bei Abgang des Zuges in ein besonders versiegeltes Abteil. Nach den ersten derartigen Ereignissen hatte jeder Ordner an einer versteckten Stelle im Sammellager seinen gepackten Rucksack stehen. Die Familie zitterte, bis er wieder nach dem Dienst ungeschlagen und ohne blaue Flecke zu Hause war.
Es war bekannt, daß die Abwanderungslisten von den Leitern der J.K.G. und dem Leiter des Krankenhauses, Dr. Lustig, zusammengestellt wurden. Ebenso bekannt war es, daß man durch persönliche Beziehungen oder durch Bestechung verhüten konnte, in die Liste zu kommen. Man brauchte z. B. nur einem kleinen Angestellten der Personalkartei einen Geldbetrag, oder noch besser, ein gewisses Quantum an Lebensmitteln anzubieten, der Angestellte ließ die Karte seines Geldgebers verschwinden und dieser galt als bereits abgewandert. Hier muß ich einfügen, daß Lebensmittel im Schleichhandel schwindelnde Preise hatten. Offiziell waren sie für Arier schwer, für Juden überhaupt nicht zu bekommen. Punktfreie Ware und Mangelware (Mangelware ist in Deutschland alles) durften an Juden nicht abgegeben werden. Allerdings blühte der Schwarzhandel gerade unter den Juden. Im Jahre 1942 bezahlte man für 2 kg Brot bis zu 20.– Reichsmark und für 1 Pfund Fleisch bis zu 100.–. Für eine Zigarette gab man 1.– Reichsmark und für eine Tafel Schokolade 50.–.
Unser Chef, der Leiter des Krankenhauses, Dr. Lustig, ließ sich in der Aufstellung der Transportlisten seines Personals und seiner Patienten von seinen derzeitigen Freundinnen beraten. Es wanderten also nicht nur die Schwestern und Ärzte ab, die schlecht arbeiteten, sondern vor allem erst einmal die, die der Freundin nicht sympathisch waren. Hier galt es also, sich bei der derzeitigen Dame beliebt zu machen. Dr. Lustig und seine Günstlinge sind noch heute in Berlin, das Krankenhaus besteht noch, wenn auch verkleinert und zum Teil bombenbeschädigt.

Die Theresienstadt-Transporte
Ab Anfang 1942 wöchentlicher Abgang eines Transportes nach Theresienstadt zu je 100 oder 500 Mann. Sammellager ehemaliges Altersheim »Große Hamburgerstr.«. Für Theresienstadt wurden nur Leute über 65, Schwerkriegsbeschädigte und arisch Versippte eingeteilt. Ab 1943 dann auch Angestellte der J.K.G. Theresienstadt galt von Anfang an als bevorzugtes Ghetto, obwohl man sich absolut nichts unter diesem Wort vorstellen konnte. Die ersten Nachrichten von dort kamen erst anfangs 43 nach Berlin.
Später war die Große Hamburgerstr. Sammellager für die Osttransporte, und für die Theresienstadt-Transporte wurde es das ehemalige Altersheim Gerlachstr.

Einzelne besonders hervorzuhebende Aktionen der Gestapo:
Zunächst einmal der Anschlag auf die Sowjetausstellung im Lustgarten Berlins, im Mai 42, der – natürlich den Juden zur Last gelegt wurde.

Ich fuhr damals am Spätnachmittag von der Arbeit nach Hause und sah von der Straßenbahn aus an verschiedenen Ecken und Plätzen Berlins folgendes Bild: Links ein Polizist, rechts ein Zivilist, den man unschwer als Gestapist erkannte, zwischen sich einen Juden mit dem Stern in Straßen- oder Arbeitskleidung, einige Schritte entfernt weinende jüd. Frauen mit Kindern, alte jüd. Väter und Mütter, Arier, die auf die Gruppe deuteten und Bemerkungen machten.
Wir waren bis spät abends völlig ahnungslos, was das nun wieder zu bedeuten habe, saßen in einer Ecke des Zimmers zusammen und fuhren bei jedem Klingelzeichen hoch. Endlich sickerte durch, daß man als Rache für das Attentat der Juden im Lustgarten 500 jüd. Männer, zum Teil von der Straße weg, z. T. aus den Wohnungen verhaftet hatte. Zwei Tage später teilte uns Dr. Lustig im Auftrag der Gestapo mit, daß von diesen 500 Männern 250 bereits erschossen worden seien, die anderen 250 in einem K.Z. wären, als Strafe für unser!!! Attentat auf die Sowjetausstellung.

August 1942
Wir erhalten um 8 abends den Befehl, uns sofort im Gemeindegebäude Oranienburgerstr. einzufinden. Dort angekommen, teilt uns die Gestapo mit, daß ein Transport von Waisenkindern gehen soll, und da die erforderliche Anzahl nicht allein aus Heimen gedeckt werden kann, haben wir jetzt, sofort noch die Waisenkinder abzuholen, die sich in Privatpflege befinden und sie im Sammellager einzuliefern. Wir! Wir jüdischen jungen Mädels sollten jüdische Kinder abholen. Ich weiß heute noch nicht, wo wir die Kraft und Energie dazu hergenommen haben. Ich war damals 20 Jahre alt. Wir bekamen also einen allgemeinen Fahrtausweis mit Begleitpersonen und eine Liste mit 4 bis 5 Adressen und die Frist, die Kinder bis zum nächsten Morgen um 4 Uhr abgeliefert zu haben.
Wir machten uns nun immer zu zweien auf diesen schweren Weg und suchten zunächst einmal im Dunkeln die Häuser ab (es war unterdessen 10 Uhr geworden). Da die Berliner Häuser um 9 Uhr geschlossen werden, mußten wir erst den Hauswirt wecken, unsere Ausweise vorzeigen und konnten dann in die jüdischen Wohnungen. Die Wohnungstüren der Juden wurden uns erst nach wiederholtem Klingeln und Klopfen geöffnet, denn es war die berüchtigte Stunde der Abholungen, wo die Familie bei jedem Klingeln blaß wird, und, während der Mann öffnet, die Frau schon die Rucksäcke hervorholt.
Wenn man uns nun mit dem Stern vor der Tür stehen sah, atmete man auf. Aber welch schreckliche Szenen erlebten wir, wenn wir den Grund unseres Kommens gesagt hatten. Ich werde nie vergessen, mit welchem unbeschreiblichen Ausdruck ein kleiner Junge fragte: »Seid ihr denn nicht meine richtigen Eltern?« und in einem anderen Fall, wie herzzerbrechend ein altes Ehepaar weinte, als es das 16jährige Mädel hergeben sollte, das von Geburt an bei ihnen war und ihnen Glück und Freude ins Haus gebracht hatte.

Gerade bei diesem Transport hatte ich auch noch Schwesterndienst im Lager. Ich glaube, ich brauche nichts darüber zu schreiben, wie schrecklich es ist, wenn Juden ihren Glaubensgenossen die letzten Hilfsdienste erweisen sollen, sie an den Güterzug bringen müssen und tatenlos zusehen, wie sie vielleicht noch von der SS mißhandelt werden.

September 1942 bis Februar 43,
SS-Obersturmführer Brunner aus Wien.
Die drei Wiener Juden

Das war die schrecklichste Zeit, die ich je erlebt habe. Brunner, ein Wiener SS-Mann kam mit 3 Wiener Juden der J.K.G., um, wie er sich ausdrückte, »den Saupreissen zu zeigen, wie man dö Schweinehunde, dö Juden behandelt.«

Seine Einführungstat war folgende:

Er bestellte sich für einen Morgen um 6 Uhr sämtliche Angestellten der J.K.G. in den großen Sitzungssaal in die Oranienburgerstr. In den Kindergärten und im Krankenhaus blieben ein paar Mann Notpersonal, alle anderen, es dürfen 500 Leute gewesen sein damals, traten an. (Ich hatte Notdienst im Kindergarten und ließ mir die Vorgänge später berichten.)

Brunner, Eichmann und Günther erschienen lächelnd, rauchend und lächerlich jung gegen Mittag, nachdem die Juden da 6 Stunden angstbebend, ohne Abtreten zu dürfen, ohne Verbindung mit ihren Angehörigen, ohne Essen und Trinken in Reih und Glied gestanden hatten, die schlimmsten Befürchtungen hegend. Die 3 nahmen zunächst überhaupt keine Notiz von der wartenden Menge, setzten sich und unterhielten sich lachend noch eine Weile bis die Totenstille bei den Juden durch eine in Ohnmacht fallende Frau unterbrochen wurde. Da endlich ließ sich Brunner zunächst von den Leitern der J.K.G., den Herren Henschel, Kozower und Kraindl[2], die Listen des in den Betrieben verbliebenen Notpersonals geben. Dann verlangte er, jeder Abteilungsleiter solle alle nur irgendwie entbehrlichen Personen zum Abtransport auswählen. Natürlich ging ihm das zu langsam, und er griff selbst wahllos in die Menge mit der Bemerkung, daß er »Vetterleswirtschaft« nicht dulden werde. Die Ausgewählten, es waren aus den einzelnen Abteilungen 30 bis 50%, hatten sich 3 Tage später im Sammellager einzufinden. Es türmten natürlich einige. Die Folge davon war:

Erneute Zusammenrufung am 27. Oktober, nachmittags um 3 Uhr von den Arbeitsplätzen weg. So, wie wir da arbeiteten, hatten wir uns um halb 4 Uhr im selben Saal einzufinden, die Betriebe waren sofort zu schließen. Wer nicht erschien, hatte mit den schlimmsten Strafen an seinen Angehörigen zu rechnen. Diesmal hatte sich Herr Brunner ein neues, grausameres System ausgedacht: Zunächst rief er den Leiter der J.K.G., Herrn Kraindl, der als Sprecher zwischen den Juden und der SS stand, auf. Herr Kraindl traf in diesem Moment ein Herzschlag, und er fiel tot vor Brunner nieder. Mit einer Handbewegung und der Bemerkung: »Schafft's den Juden da weg, damit er

net so kalt liegt« überging Brunner den tragischen Zwischenfall. Dann rief er alphabetisch jeden einzelnen auf, wir traten vor, er fragte wohl auch in einigen Fällen irgend etwas und ließ uns dann entweder links oder rechts abtreten, ganz nach Laune, mit spöttischen und gemeinen Zwischenbemerkungen. Dies dauerte ca. 4 Stunden. Dann, als wir alle in die 2 Gruppen eingeteilt waren, ließ er den Leiter, Herrn Kozower, vortreten und sagte ihm Wort für Wort einer Rede an uns vor, die Herr Kozower wiederholen mußte. Der Sinn dieser Rede war folgender:
Die linke Gruppe hat sofort an die Arbeit zurückzugehen (es war abends 8 Uhr), die rechte ist zum Osttransport bestimmt. Diese Leute können bis Mittwoch, (es war an einem Montag) nach Hause gehen und sich vorbereiten. Für jeden, der am Mittwoch im Sammellager nicht erscheint, wird ein hoher Funktionär der Gemeinde oder Reichsvereinigung erschossen.
Bedauerlicherweise erschienen wirklich 20 Personen nicht, und Brunner machte seine fürchterliche Drohung wahr. 20 hohe Funktionäre der J.K.G. kamen noch am selben Tag in ein Konzentrationslager, einige Tage später erhielten die Angehörigen von 8 davon die Urnen. Unter den 8 Erschossenen befanden sich: Dr. Lamm, Dr. Blumenthal, Dr. Goldstein, Herr Selbiger, Herr Loose.
Und noch hatte Brunner nicht genug. Ende November wurden wir wieder in den Sitzungssaal gerufen und von unserem kläglichen Rest wurden nochmal ca. 30% ausgewählt, die diesmal nicht mehr nach Hause durften, sondern von dort aus gleich auf SS-Autos ins Sammellager gebracht wurden. Zum Glück war es uns erlaubt, ihnen noch ihr Gepäck, das ja in den meisten Fällen fertig zu Hause stand, nachzubringen, und ihre Angehörigen konnten sich zu dem Transport melden.
Ich glaube, in Berlin gab es in dieser Zeit keinen Juden mehr, der nicht seinen Rucksack fertig gepackt hatte. Es fuhren in den Abendstunden SS-Autos und von der SS gemietete Möbelwagen durch die Stadt, die sowohl jeden mit Stern gehenden Juden von der Straße aufgriffen, als auch in den von Juden bewohnten Vierteln die so sehr gefürchteten, brutalen Haussuchungen durchführten.
Sah man irgendwo die bekannten Autos stehen oder fahren, so lief man, so schnell und unauffällig man nur konnte, weg, oder, wenn es dazu zu spät war, verdeckte man, so gut es ging, den Stern oder riß ihn ab. In dieser Zeit war es weit ungefährlicher, ohne Stern zu gehen, so streng es auch verboten war, aber die Chance, nicht aufgegriffen zu werden, war geringer, wenn man schnell ohne Stern seine dringendsten Wege erledigte, als mit Stern zu gehen und der sicheren Gefahr zu laufen, ohne Gepäck und Familie, durch den Stern verraten, aufgehalten, in das SS-Auto genommen und auf Transport geschickt zu werden.
Wir Gemeindeangestellten hatten einen weißen Ausweis mit einem Gestapostempel, den die Straßenfänger eine Zeitlang anerkannten, später nahmen sie aber gar keine Notiz mehr von den Ausweisen, die man vorzeigte, und da

gingen auch wir ohne Stern, obwohl es grade uns besonders streng verboten war. Aber der Endeffekt war ja doch der gleiche. Viel gefürchteter noch waren die Häuserrazzien: Sobald das Auto hielt, umstellten SS-Männer den ganzen Block, so daß es unmöglich war, zu entkommen. (Während der Razzia durfte auch kein Arier in oder aus dem Hause.) Immer zwei SS-Männer in voller Ausrüstung mit den Pistolen gingen in die durch den Stern an der Tür nur zu deutlich gekennzeichneten Wohnungen und nahmen nach wüsten Durchsuchungen mit, was sie fanden, sowohl an Personen als auch an Lebensmitteln, Geld und Wertgeständen. Was sie nicht einstecken konnten, zerstörten sie, schlugen alles kurz und klein, obwohl es doch alles deutsches Staatseigentum war! Die Wohnung wurde dann versiegelt, Personen in das Möbelauto verladen, und die Fahrt ging zum nächsten Judenblock. Wenn dann das Auto so voll war, daß selbst ein SS-Mann keinen Juden mehr hineinstopfen konnte, wurden die Leute im Sammellager abgeladen und die Razzia ging weiter. So fuhren an manchen Tagen bis zu 30 Wagen durch Berlin, und wir, die wir im Lager Dienst hatten, hatten einen traurigen Hochbetrieb und wußten nicht, wem von den Armen wir zuerst helfen sollten und was wir ihnen als kleinen Trost sagen sollten, wenn sie um ihre Männer und Söhne weinten, die noch in der Fabrik waren während der Razzia und die nun zu Hause vor der versiegelten Wohnung stehen werden.
Besonders fürchteten wir Brunners Visiten in den Gemeindebetrieben. Wehe, wenn er in einem Raum eine Spur von gerauchten Zigaretten fand oder einen schlecht angenähten Stern. Oder wenn gar ein Jude nicht schnell genug von seinem Sitz in die Höhe [fuhr] bei seinem Eintritt, um die Habt-Acht-Stellung einzunehmen, bis er den Raum wieder verlassen hatte. Er scheute sich dann nicht, weißhaarige Männer zu ohrfeigen und Frauen auf das Gemeinste zu beschimpfen.

Brunners letzte Schreckenstat:
Brunner verließ Berlin Ende Februar 43. Die 3 Wiener Juden und die übrige Wiener Gestapo, die mit Brunner gekommen waren, hatten Berlin schon einige Wochen vorher verlassen. Die Wiener Juden hatten die Zeit über im Sammellager gewohnt und sind dort ausgezeichnet verpflegt worden, und hatten offiziell die Leitung des Lagers, praktisch waren sie, soweit ich das beurteilen kann, ohne Bedeutung. Die hießen Gerrö, Lindenbaum und Gerstmann (oder Bergmann).
Am 27. Februar versetzte Brunner Berlin nochmal einen entsetzlichen, den entsetzlichsten Schlag.
Wir saßen, es war Freitagabend, im Schwesternheim bei Tisch, als der Befehl kam, 16 Schwestern hätten sich am nächsten Morgen um 7 Uhr in Tracht im Sitzungssaal zu melden. Leider wurde ich mit bestimmt. Was sollte nun wieder kommen? Wir saßen also da Punkt 7 Uhr in völliger Ungewißheit bis ca. 12 Uhr mittags. Niemand wußte etwas Bestimmtes. Endlich sickerte durch, daß die berüchtigten Autos aus allen Fabriken Berlins die dort arbeitenden

Juden abholten und sie in 8 von der Gestapo in aller Schnelle leergemachten Lager (Kasernensäle, Pferdeställe, ein ehem. Kino) brachten. Gegen 2 Uhr wurden wir zu Hilfsdiensten auf die verschiedenen Lager eingeteilt. Wir bekamen unsere Fahrtausweise und rote Armbinden, die uns vor dem Aufgegriffenwerden schützen sollten, und fuhren immer zu zweien los. Klara und ich waren für die Rathenowerstr. (Pferdestall der Kaserne) eingeteilt. Als wir ankamen, waren vielleicht schon 800 Menschen da, völlig verstört, frierend in ihren dünnen Arbeitskitteln, hungrig von der Arbeit (sie waren ja direkt aus der Fabrik geholt worden), die schlimmsten Gerüchte schwirrten herum, und das Schrecklichste, die Mütter schrien nach ihren Kindern, die zu Hause auf sie warteten, die Männer bangten um ihre Frauen, die in anderen Fabriken arbeiteten, die jungen Menschen weinten und klagten um die alten Eltern, die hilfsbedürfig und ohne Hilfe zu Hause saßen. Es herrschte eine unbeschreibliche Aufregung, eine Panikstimmung, die Menschen waren vor Angst um ihre Angehörigen halb wahnsinnig, man schrie nach einem Abtritt, nach einem Schluck heißen Kaffees, nach einem bißchen Stroh, um sich hinzusetzen, denn es war ja der schmutzige, rohe, feuchte Lehmboden eines Pferdestalles unter unseren Füßen.
Mit uns zusammen waren 10 Ordner gekommen, die als erstes eine Abtrittgrube im Hofe schaufelten, da die Juden ja nicht die Toiletten der Kaserne benützen durften. Dann schafften sie Stroh herbei, beruhigten die Menschen, so gut es ging, wiesen ihnen Plätze zu.
Unterdessen war es unsere und des jüd. Arztes Aufgabe, die immer neu ankommenden SS-Autos abzuladen, die angstbebenden Menschen in den Stall zu führen, während die SS mit aufgepflanzten Gewehren uns zusah und photographierte. Ohne Unterbrechung liefen die SS-Wagen mit immer neuen Leuten ein, und ich werde nie das entsetzliche Bild vergessen, das sich uns bot, als wir den Verschlag eines dieser Autos öffneten: Eine ältere Frau fiel uns blutüberströmt, ohnmächtig in die Arme. Hinter ihr taumelte ein vielleicht 17jähriges Mädel vom Wagen, das Blut lief ihr über das Gesicht, daneben ein Mann, der aus einer Beinwunde blutete, seine Frau haltend, deren Kleider zerfetzt waren. Es waren Menschen, die sich »zur Wehr gesetzt hatten«, wie die SS lachend erklärte. Ein junger Bengel, kaum älter als ich, stand lachend da und photographierte. Zunächst war es nicht erlaubt, diese vier Menschen ins Krankenhaus zu überstellen, wir mußten sie dort im Stall verbinden, so gut es eben ging. Ebenso war es bei Strafe nicht erlaubt, den Leuten Gepäck oder Briefe zu bringen. Das erste Essen, das man ihnen geben konnte, war heißer Kaffee am Montag früh, also nach 2 Tagen, da die jüd. Gemeinde ja völlig unvorbereitet war, und wo sollte man plötzlich ohne Geld und Marken im Jahre 43 in Berlin Verpflegung für Tausende von Juden herbekommen?
Klara und ich wurden nach 24stündigem Dienst abgelöst, und wir machten uns auf den Weg, die Wohnungen aufzusuchen, die man auf kleinen Zetteln aufgeschrieben hatte, um die Kinder in die Gemeinde zu bringen und die

Alten ins Krankenhaus. Wieder 24 Stunden später hatten wir beide unseren Dienst dort anzutreten. Ich weiß nicht, wie wir es fertigbrachten, nochmal in diesen Stall zu gehen, der unterdessen mit 2000 Menschen angestopft war, genug, ca. 6 Tage später wurden aus diesen 8 Lagern alle Juden auf einem Nebenbahnhof Berlins versammelt, in die bereitstehenden Viehwaggons gebracht, und so, wie sie aus der Fabrik geholt worden waren, deportiert.
Obwohl wir schon damals die schlimmsten Befürchtungen über die Osttransporte im allgemeinen und über diesen Fabriktransport im besonderen hegten, haben wir erst hier in der Schweiz erfahren, daß diese Leute wirklich alle in den Tod gefahren sind.
Eine nachfolgende Zählung ergab, daß am 3. März 12000 Juden mit diesem Fabriktransport Berlin verlassen hatten.
2 Monate später kam auch zu mir im Rahmen einer Abholung von Gemeindeangestellten ein Gestapist, er wartetee genau 20 Minuten, dann hatte ich fertig zu sein und stieg in das unten wartende Auto.

Nun muß ich noch einige Einzelheiten schreiben, die mir erst während des Niederschreibens wieder eingefallen sind.
Ein beliebter Grund zur Festnahme von Juden auf der Straße war eine Zeitlang das schräge Überqueren der Fahrstraße oder das Sprechen mit Ariern auf der Straße.
Im Jahre 39 gab es in allen Parks und Grünanlagen Bänke mit der Aufschrift »Nur für Juden« während auf allen anderen stand: »Für Juden verboten«.
Später war den Juden das Betreten jeder grünen Anlage sowie das Verlassen des Bannkreises der Stadt Berlin verboten. Ging man z.B., durch das Fahrverbot gezwungen, von einem Bekannten zum anderen und es lag ein Park zwischen den beiden Häusern, und war er noch so groß, man mußte ihn umgehen.
An sämtlichen Kinos, Theatern, Kaffees, Wartesälen, Museen, einfach an allen, wie die Deutschen es genannt haben, deutschen Kulturstätten stand das bekannte Schild »Für Juden verboten«. Manchesmal konnte man da auch lesen »Für Juden und Zigeuner...«
Sehr viele Bestimmungen und Schikanen habe ich schon vergessen, weil sie uns bald alle so selbstverständlich wurden.
Nun möchte ich nur noch eine wichtige Einrichtung der Gestapo erwähnen, die jüd. Abholertruppe und die jüd. Spitzel. Während die ersteren in die Wohnungen verschickt wurden, um die Leute zum Sammellager zu holen, und sich dabei nicht wie Glaubensgenossen, sondern eher wie Gestapoagenten benahmen, waren die letzteren eine von der Gestapo ausgesuchte und bezahlte, feststehende Gruppe, deren Aufgabe es war, die Verstecke der Juden bei den Ariern zu finden, die Juden ins Lager zu bringen und die Namen und Adressen der Arier der Gestapo zu melden. Diese Verräter leben noch jetzt in Berlin, geben sich ganz wie Gestapisten, da sie die Erlaubnis haben, ohne Stern zu gehen, und genießen alle Vorzüge der Arier. Einige Namen:

Nathan, Abrahamsohn, Dr. Jakob, Stargatter, Jakobsohn.
Die Leiter der Gemeinde, die Herren Kozower und Henschel, kamen im Jahre 42 mit ihren Familien und vollständigem Gepäck als Prominente nach Theresienstadt.
Der Leiter der Reichsvereinigung*, Dr. Paul Eppstein, kam im Jahre 42 ebenfalls nach Theresienstadt, als Judenältester. (Die Reichsvereinigung wurde bald darauf aufgelöst.) Er leitete das Theresienstädter Ghetto 2 Jahre lang. Leider ist er bes. von den tschechischen Juden dort sehr verkannt worden. Er ist eine hervorragende Persönlichkeit und leitete das Ghetto so lange, bis der Kommandant seine Hilfe und Mitarbeit zu den großen September-/Oktobertransporten verlangte. Später hörte man, daß er auf Grund seiner Weigerung sofort in ein K.Z. überführt wurde.
Dr. Murmelstein*, sein Nachfolger, zögerte nicht, seine Hand zur Vernichtung von 20000 Juden aus Theresienstadt zu geben.

Anmerkungen des Autors:
1 Das Schild war blau, der Stern gelb. **2** Gemeint ist Leo Kreindler (1884–1942). Vgl. E. G. Lowenthal, Bewährung im Untergang, Stuttgart 1965, S. 107 f.

* Reichsvereinigung der Juden in Deutschland.

Luftbild der in diesem Bericht erwähnten (Ulanen-)Kaserne vom Anfang der 20er Jahre. Hinter dem Frontgebäude die Pferdeställe, die während der »Fabrik-Aktion« als Sammellager genutzt wurden.

4. Aus der Anklageschrift gegen Angehörige der Berliner Gestapo, 1969*

Einsatz der »Brunner-Leute«
In die Monate Oktober 1942 bis Janur 1943 fällt der Einsatz einer Gruppe österreichischer Stapo-Beamter unter Führung eines SS-Hauptsturmführers Brunner (Alois), die – offenbar ebenfalls auf unmittelbare Veranlassung des RSHA (IV B 4; Eichmann) – den Ablauf der Berliner Deportationen während dieser Zeit forcieren sollten. Diese »Brunner-Leute« schlugen ihr »Hauptquartier« im Sammellager Große Hamburger Straße auf und richteten dieses für die Abfertigung von Großtransporten her. Die Zeugin Dr. Martha Mosse schildert das Auftreten der »Brunner-Leute« besonders anschaulich:

> »Im Frühherbst 1942 wurde die Abteilung der Gestapo, die die Judentransporte durchführte, zum größten Teil kaltgestellt. An ihre Stelle kam österreichische SS. Es ging das Gerücht, daß die Berliner Gestapo nicht scharf genug sei und die Österreicher ihr zeigen sollten, wie man mit Juden umzugehen habe. Der Leiter war der Sturmbannführer Brunner aus Wien, der einen Stab von Mitarbeitern mitbrachte. Die von der Berliner Gestapo eingeführte Praxis wurde umgeworfen. Das Büro der Gemeinde in der Synagoge Oranienburger Straße, das die oben angegebenen Arbeiten durchzuführen hatte, wurde ausgeschaltet. Brunner ging mit seinem Stab in das frühere Altersheim in der Gr. Hamburger Straße. Das hatte bisher als Durchgangslager für die Transporte nach Theresienstadt gedient. Er ordnete an, daß binnen 24 Stunden alle Möbel (Schränke, Bettgestelle, Stühle, Tische etc.) aus diesem Heim zu entfernen seien, so daß in den Räumen nur der nackte Fußboden blieb. Für das Nachtlager durften Matratzen ohne Decken oder Wäsche auf die Erde gelegt werden; die Türen der Toiletten mußten herausgerissen und mit Gardinen ersetzt werden. Da diese Räumung in der kurzen Zeit ordnungsgemäß nicht durchzuführen war, haben die Funktionäre der Gemeinde die Möbelstücke zum Fenster hinaus auf den Hof oder auf die Straße geworfen. Dann mußten auf seinen Befehl alle männlichen Angestellten der Gemeinde versammelt werden, denen Dr. Eppstein im Auftrage von Brunner folgendes eröffnete: Sie alle hätten von sofort an als sogen. Ordner die Gestapobeamten bei der Abholung von Juden zu begleiten und beim Einpacken der Sachen behilflich zu sein. Wer sich dieser Aufgabe ohne stichhaltigen Grund entzöge, Juden warne oder zur Flucht verhelfe, werde erschossen und seine Familie nach dem Osten abtransportiert werden.
> Seine Mitarbeiter zogen dann in Begleitung einiger Ordner, die rote Armbinden mit entsprechendem Aufdruck trugen, durch die Straßen Berlins,

* Zu den Hintergründen dieses Prozesses siehe die Zeitungsberichte S. 61 und 62

ohne sich vorher über die Wohnungen von Juden zu informieren. Je eine Straße wurde abgeriegelt und die Beamten in Begleitung von Ordnern gingen von Haus zu Haus, um Juden abzuholen oder auch schon auf der Straße abzufangen. Diese Methode zeigte sich bald als in Berlin undurchführbar, umsomehr, als verschiedene Fehlgriffe vorkamen, die zu wütenden Vorstellungen von Nichtjuden Veranlassung gaben. Nach diesem Mißerfolg haben sie sich dann von der Jüd. Gemeinde Straßenzüge mit den Wohnungen von Juden angeben lassen. Diese wurden ohne Vorbereitung abgeholt und im Durchgangslager in der Gr. Hamburger Straße bis zum Transport untergebracht.
Im Januar 1943 trat die Berliner Gestapo wieder in Aktion. Brunner und seine Leute verschwanden. Immerhin blieb einiges von der Praxis Brunners übrig. Z.B. durften Funktionäre der Gemeinde, wenn sie bei der Gestapo vorsprachen, sich nicht mehr wie früher setzen. Auch wenn Gestapobeamte in die Gemeinde kamen, wurde die Unterhaltung stehend geführt. Auch wurden, soweit ich mich entsinne, die Transporte nicht mehr individuell an Hand der Fragebogen zusammengestellt, sondern nach Straßenzügen.«

Die bei diesen »wilden« Straßen-Aktionen festgenommenen Personen wurden im Sammellager Große Hamburger Straße überprüft. Hierbei soll es nicht selten zu Mißhandlungen gekommen sein.

Die Deportation im März bis Juni 1943 nach Auschwitz

Unter dem Datum 20. Februar 1943 erließ das RSHA – IV B 4 a 2093/32 g (391) – die *»Richtlinien zur technischen Durchführung der Evakuierung von Juden nach dem Osten (KL Auschwitz)«.*
Diese Richtlinien, in denen erstmals das KL Auschwitz als Zielort genannt wird, entsprachen im wesentlichen den bisherigen Bestimmungen für Evakuierungen nach dem Osten. Der hiervon ausgenommene Personenkreis war jedoch (u. a.) um solche Juden erweitert worden, die durch besonderen Erlaß des RSHA zurückgestellt waren.
Bei jüdischen Ehen, in denen der eine Teil unter 65 Jahre und der andere über 65 Jahre alt war, konnten nunmehr beide Partner nach Auschwitz abgeschoben werden. Vorher hatten solche Ehepaare ausschließlich nach Theresienstadt gebracht werden müssen (...)
Dem Abtransport von fast 9000 Berliner Juden nach Auschwitz innerhalb weniger Tage war die sogenannte *Fabrik-Aktion* vorausgegangen, die am 27./28. Februar 1943 stattfand.
Schon einige Wochen vorher (Dezember 1942) war den Inhabern und Leitern Berliner Industrie- und Wirtschaftsbetriebe mitgeteilt worden, daß die bei ihnen beschäftigten Juden (Volljuden, Mischlinge) demnächst ebenfalls evakuiert würden, da die »Juden-Frage« bis zum 1. März 1943 gelöst sein müsse. Man empfahl, rechtzeitig für geeigneten Ersatz zu sorgen.

Diese (zwangsweise) in der Berliner Rüstungswirtschaft beschäftigten jüdischen Menschen waren zunächst von der Verschleppung ausgenommen worden.
In einer überfallartigen und gut organisierten Aktion, unterstützt von Einheiten der in Berlin kasernierten SS-Leibstandarte »Adolf Hitler«, wurden am 27. und 28. Februar 1943 die in den Berliner Betrieben tätigen Juden von ihren Arbeitsstellen weggeholt und so, wie man sie angetroffen hatte, den Auffanglagern zugeführt. Da die Sammellager Levetzowstraße und Große Hamburger Straße diese Menschenmassen allein nicht aufnehmen konnten, hatte man sogenannte Hilfs-Auffanglager eingerichtet, und zwar:

- die Vergnügungsstätte »Clou« in der Mauerstraße in Moabit,
- die Hermann-Göring-Kaserne in Berlin-Reinickendorf (jetzt Quartier-Napoleon),
- den Reitstall der Kaserne in der Rathenower Straße,
- das Gebäude der Jüdischen Gemeinde zu Berlin in der Rosenstraße 2–4,
- das frühere jüdische Altersheim in der Gerlachstraße.

Da im Zuge dieser Aktion auch die jüdischen Mischehepartner verhaftet worden waren – auch sie hatte man zunächst von der Deportation zurückgestellt –, kam es zu Unruhen unter der Berliner Bevölkerung. Die »arischen« Ehepartner der Betroffenen versammelten sich vor dem Sammellager in der Rosenstraße – dort vor allem hatte man die jüdischen Mischehepartner konzentriert – und demonstrierten für die Freilassung ihrer Ehegatten.
Die Zeugin Dr. Martha Mosse schildert ihre Eindrücke während der Fabrik-Aktion wie folgt.

> »Im Februar 1943 kam dann plötzlich die Aktion der Leibstandarte Adolf Hitler. Sie richtete sich insbesondere gegen den Einsatz von Juden in den Rüstungsbetrieben. Diese Arbeiter waren bisher von der Deportation ausgenommen worden. In einer Woche wurden siebentausend Juden erfaßt und in fünf Durchgangslagern untergebracht und dann nach dem Osten abtransportiert. Diese Lager (in Fabrikräumen oder Vergnügungssälen) waren für eine solche Menge von Menschen sehr ungeeignet, so daß die hygienischen und sonstigen Verhältnisse trostlos waren. Da die Aktion schlagartig einsetzte, waren auch keine Vorbereitungen für Beköstigung, Lager oder Waschgelegenheiten getroffen worden, so daß vielen für Tage das Notwendigste fehlte.
> Die Aktion startete, indem Lastwagen unter Führung von Mitgliedern der Leibstandarte bei den Fabriken vorfuhren, die Juden beschäftigten. Die jüd. Arbeiter wurden, wie sie gingen und standen, in ihrer Arbeitskleidung auf Wagen geladen und in die Durchgangslager transportiert. Darüber hinaus wurden auch viele – besonders alte Leute und Kinder – aus den Wohnungen geholt, ohne daß man ihnen Zeit ließ, Sachen einzupacken oder sich sachdienlich zu kleiden, oder auch nur festzustellen, wo ihre Angehörigen geblieben waren. Mitglieder der Gestapo haben sich dann bemüht, unter

Hilfe der Gemeinde die auseinandergerissenen Mitglieder einer Familie zusammen zu bringen. Bei der Gemeinde wurden 45 Kinder gemeldet, die getrennt von ihren Eltern festgenommen waren. Bei der Abholung wurde auch sonst mit großer Brutalität vorgegangen. So kam es vor, daß ältere Leute, die nicht schnell genug auf die Lastwagen aufsteigen konnten, buchstäblich hinaufgeworfen wurden. Knochenbrüche waren die Folge. Natürlich wurden auch die von der Gestapo verfügten Zurückstellungen nicht berücksichtigt. Da die Gestapo wie auch die Gemeinde bei dieser Aktion ausgeschaltet waren, konnte nur in einigen wenigen besonders gelagerten Fällen im Interesse der Betroffenen eingegriffen werden. So war es auch nicht möglich, alte Leute oder Kriegsteilnehmer, die eigentlich nach Theresienstadt gehörten, zu schützen. Alle die so Erfaßten gingen in die östlichen Vernichtungslager!«

Der Zeuge Otto Fried – damals sogenannter privilegierter Jude (Ehemann einer »Arierin«) und ebenfalls Opfer der Fabrik-Aktion – kann sich an seine Erlebnisse besonders gut erinnern:

»Anfang des Jahres 1943, den genauen Zeitpunkt kann ich heute nicht mehr angeben, wurden sämtliche in der Firma Seidel beschäftigten Zwangsarbeiter von uniformierter und bewaffneter SS aus dem Betrieb geholt. Bis dahin war ich als Sternträger unbehelligt geblieben. Die uniformierte SS erschien an diesem Tage gegen 8 oder 9.00 Uhr morgens und riegelte sämtliche Zugänge zu dem Betrieb ab. Wir wurden aufgefordert, unsere Arbeitsstelle zu verlassen und wurden, so wie wir waren, auf 2 oder 3 offene Lastwagen verladen, die auf dem Hof des Betriebes standen. Wenn mich nicht alles täuscht, waren von dieser Aktion etwa 200 jüdische Zwangsarbeiter dieses Betriebes betroffen. Schon einige Tage vorher wurde davon gemunkelt, daß eine solche Aktion gestartet werden solle. Aus diesem Grunde tauchten auch einige der Zwangsarbeiter noch rechtzeitig unter und leben zum Teil heute noch.

Nachdem wir auf die Lastwagen getrieben worden waren, verzögerte sich die Abfahrt um etwa 1 Stunde, da ein Opfer sich versteckt hatte und deshalb im ganzen Betrieb gesucht werden mußte. Man fand ihn schließlich unter einem Tisch, wo er sich verborgen hatte.

Die Lastwagen fuhren uns zur Hermann-Göring-Kaserne in Reinickendorf. Ich kann allerdings heute nicht mehr sagen, ob wir in einem Kasernengebäude oder nur in einem Gebäude außerhalb der Kaserne untergebracht wurden. Es handelte sich jedenfalls um eine große Halle; ich hatte den Eindruck, daß das Gebäude zuvor als Kraftfahrzeughalle benutzt worden war. Nach meiner Schätzung waren in der Halle knapp 1000 Menschen eingepfercht. Die Halle wurde sofort wieder verschlossen. Wir mußten die Nacht in völliger Dunkelheit und unter menschenunwürdigen Verhältnissen zubringen. Eine Gelegenheit zum Schlafen bestand nicht.

Am nächsten Morgen wurden die Türen wieder geöffnet, und wir erhielten von Angehörigen der jüdischen Gemeinde eine warme Suppe. Anschließend ließen uns die uniformierten SS-Leute antreten und sonderten die Partner von Mischehepaaren aus. Es handelte sich hierbei um mehr als 100 Personen, zu denen auch ich gehörte. Uns wurde mitgeteilt, daß wir von der Evakuierung ausgenommen würden. Die übrigen wurden zu Transporten zusammengestellt. Das Transportziel wurde nicht bekannt gegeben. Wir Mischehepartner wurden wieder auf Lastwagen verladen und zur Rosenstraße gebracht. Dort befand sich ein früheres Gemeindehaus der Jüdischen Gemeinde Berlin. Auch dort war eine Vielzahl jüdischer Opfer auf engstem Raume untergebracht. Als wir in der Rosenstraße eintrafen, befanden sich bereits mehrere hundert Menschen dort, die man in anderen Berliner Sammellagern ausgesondert und zur Rosenstraße gebracht hatte. Darunter befanden sich auch Angehörige privilegierter Mischehen. Ich blieb etwa 4 oder 5 Tage in dem Gebäude in der Rosenstraße. Während dieser Zeit fanden vor dem Gebäude Protestaktionen der arischen Ehefrauen der inhaftierten jüdischen Partner statt. Auch kam es vor, daß Pakete mit Lebensmitteln durch die Fenster geworfen wurden. Als Folge dieser Protestaktionen wurde ich mit 24 anderen Leidensgenossen – es handelte sich um Gleichaltrige – auf dem Hof zusammengerufen und von einem SS-Sturmführer Schneider zu Arbeitseinsätzen eingeteilt.«

Aber auch die Angestellten und Insassen des Jüdischen Krankenhauses in der Iranischen Straße blieben nicht verschont. Die meisten der dortigen Angestellten und Patienten wurden abgeholt und abtransportiert. Der damalige Angestellte des Jüdischen Krankenhauses, Selmar Neumann, berichtet darüber:

»Eine weitere Festnahmeaktion ist mir noch in Erinnerung, die sich zur Zeit der bekannten Fabrikaktion im Krankenhaus zugetragen hat. An einem Freitagabend wurde das gesamte Krankenhausgelände von ca. 200 bis 300 Zivilisten, ich nehme an, daß es Kriminalbeamte waren, umstellt und hermetisch abgeriegelt. Eine weitere Anzahl von Zivilisten hat das gesamte Personal zusammenrufen lassen und an Hand einer Liste, darunter auch Ärzte und Krankenschwestern, zur bevorstehenden Deportation abführen lassen. Sie durften nur leichtes Handgepäck mitnehmen und wurden gleich abtransportiert.
Nicht nur das Personal, sondern auch viele gehfähige Patienten, mußten an diesem Abend den Weg zur Deportation beschreiten. Der Dr. Lustig hatte jedes Mal versucht, Härtefälle zu vermeiden. Er konnte es jedoch nicht verhindern, daß auch bettlägerige Kranke auf Tragen weggeschaffen wurden. Insbesondere hat sich Dr. Lustig für den Verbleib der Ärzte und Krankenschwestern sowie des Personals eingesetzt, oft jedoch vergeblich.«

Verantwortlich für den reibungslosen Ablauf dieser Groß-Aktion war der damalige Leiter der Abteilung IV D, Kriminaldirektor August Schiffer (Pst sch 33) und der zu dieser Zeit amtierende Leiter des Judenreferates der Stapoleitstelle Berlin Kriminalkommissar Walter Stock (Pst st 5), Schiffer soll auch veranlaßt haben, daß die unter den Festgenommenen befindlichen jüdischen Mischehepartner, d. h. also sogenannte privilegierte Juden, die an sich von der Deportation zurückgestellt waren, bestimmungswidrig zum Lager Rosenstraße gebracht und zum großen Teil von dort nach Auschwitz deportiert wurden. Nur auf Intervention einer hohen Reichsbehörde sind die meisten dieser »versehentlich« deportierten Menschen nach einiger Zeit wieder nach Berlin zurückgebracht und hier sofort in das Arbeitserziehungslager Wuhlheide eingeliefert worden, wo man sie bis zu ihrer Befreiung festhielt. Schiffer soll später wegen dieses »Fehlgriffes« zur Rechenschaft gezogen worden sein.
Die große Zahl der kurzfristig in die Auffanglager eingelieferten Juden machte den Einsatz aller verfügbaren Polizeibeamten und jüdischen Ordner erforderlich. Zur Aufnahme der von den Opfern abzugebenden Vermögenserklärungen wurde auch eine Anzahl Beamter der Finanzbehörden herangezogen. So sollen z. B. im Sammellager Große Hamburger Straße in diesen Tagen etwa zehn Finanzbeamte im Zusammenhang mit der Abwicklung der vermögensrechtlichen Seite der Transporte beschäftigt gewesen sein.
Selbstverständlich befanden sich während der Durchführung der Fabrik-Aktion auch die Fahrer der Staatspolizeileitstelle Berlin pausenlos im Einsatz. Dem Zeugen Erwin Sartorius stellten sich die damaligen Ereignisse aus der Sicht des Fahrers wie folgt dar:

> »An einem Abend Ende Februar 1943 wurde ich durch Vermittlung der Revierpolizei alarmiert und erhielt den Befehl, mich sofort in der Magazinstraße bei der Fahrbereitschaft zu melden. Als ich dort hinkam, befand sich die ganze Belegschaft der Fahrbereitschaft in Alarmbereitschaft. Es wurde davon gesprochen, daß es sich um einen »Großalarm Judenaktion« handeln würde. Ebenso wie meine Fahrerkollegen mußte auch ich mit meinem Fahrzeug die ganze Nacht hindurch und auch noch den folgenden Tag für Angehörige des Judenreferats, deren Namen ich nicht mehr nennen kann, fahren, die Juden aus ihren Wohnungen holten und zu den Sammelstellen Große Hamburger Straße, Levetzowstraße und zum Tanzlokal »Clou« in der Mauerstraße brachten. Ich kann mich erinnern, daß an diesem Großeinsatz auch Angehörige der uniformierten SS teilnahmen, die die Juden mit Lastwagen zu den Sammelstellen transportierten. Die SS-Leute holten in erster Linie Juden aus Arbeitervierteln ab. Später hörte ich, daß einige Inhaftierte wieder entlassen worden waren, während ein anderer Teil, es handelte sich um mehr als 1000 Juden, nach dem Osten abtransportiert wurde. Warum ein Teil der am Vortage festgenommenen Juden wieder entlassen wurde, weiß ich nicht. Gesprächsweise hörte ich nur, daß aus dem

> Reichssicherheitshauptamt widersprechende Befehle gekommen seien, da dort rivalisierende Machtgruppen säßen.«

Die im Zuge der Fabrik-Aktion zusammengetriebenen Opfer wurden ausnahmslos nach Auschwitz deportiert. Der Transport erfolgte in Güterzügen, die vor allem von den Güterbahnhöfen Quitzowstraße (Putlitzstraße) und Lehrter Bahnhof abgingen.
Nur aufgrund besonderer Umstände überlebten einige dieser verschleppten Opfer. Darunter befand sich auch der Zeuge Otto Fried, der zu dem Kreis der »versehentlich« deportierten Mischehepartner gehört hatte und mit einigen Leidensgenossen nach Berlin zurückgeschafft worden war. Über die Fahrt nach Auschwitz und die Verhältnisse im Konzentrationslager berichtet der Zeuge:

> »Von der Rosenstraße wurden wir zum Bahnhof Putlitzstraße gebracht. Dort stand bereits der Deportationszug unter Dampf. Mit Ausnahme des Wagens für die Begleitmannschaft, die in einem Personenwagen mitfuhr, bestand der Zug nur aus Güterwagen. Ich fand mit weiteren 50 Opfern in einem der Güterwagen unter unmenschlichen Verhältnissen Platz. Wir erhielten noch etwas Brot und Margarine, dann wurden die Wagen verschlossen. In dem Güterwaggon konnten wir nur sitzen – zum Liegen war kein Platz vorhanden –. Die Notdurft mußten wir in einer Wanne verrichten, deren Inhalt nur durch das schmale Fenster entleert werden konnte. Nach 12 oder 15 Stunden Fahrt in dem ungeheizten Zug kamen wir in Auschwitz an.
> Schon während der Fahrt ahnte ich, daß es nach Auschwitz gehen sollte. Diese Befürchtung bestätigte sich dann auch wirklich. Mir war bekannt, daß das Konzentrationslager Auschwitz als sogenanntes Vernichtungslager galt, jedenfalls sprach man davon, daß die Überlebenschance dort im Gegensatz zu dem Getto Theresienstadt sehr gering sei. Wenn ich mich recht erinnere, wurde mein Waggon auf der Rampe als letzter ausgeladen. Zusammen mit meinen 24 anderen Mischehepartnern wurde ich in eine Baracke des Nebenlagers Monowitz geführt. Dort erklärte uns ein SS-Führer – meines Wissens handelte es sich um einen Scharführer – daß wir uns in einem Vernichtungslager befänden und hart zu arbeiten hätten. Nach etwa 2 Tagen wurden wir zu Arbeiten eingeteilt. Unsere Aufgabe bestand darin, am Aufbau der bei Monowitz zu errichtenden IG Farben Zweigwerke mitzuwirken. Insbesondere mußten wir Zement tragen, und zwar bis zu 300 Ztr. pro Tag und Kopf.«

Nach Abschluß der Aktion wurden die Hilfs-Sammellager wieder geschlossen.
Aber auch das Sammellager in der Levetzowstraße war nunmehr »unrationell« geworden.

Zeitungsberichte

Zum Gestapo-Prozeß, Berlin 1969/1971

Berliner Ex-Gestapochef bleibt in Haft

Gegen den wegen Mordes an Juden Angeklagten werden 512 Zeugen aufgeboten

Auf Beschluß des ersten Strafsenats beim Kammergericht Westberlin bleibt der frühere Gestapochef Otto Bovensiepen weiterhin in Haft. Das Schwurgericht, vor dem sich Bovensiepen mit zwei anderen Angeklagten seit Dezember vorigen Jahres wegen Beihilfe zum Mord an mehreren tausend Juden zu verantworten hat, hatte dem heute 65 Jahre alten früheren Obersturmbannführer zunächst Haftverschonung zugebilligt. Die Vollziehung dieses Beschlusses setzte es aber auf Grund einer Beschwerde der Staatsanwaltschaft bis zur Entscheidung des Kammergerichts aus. Bovensiepen hatte 100000 Mark Kaution angeboten, die ihm von seinem Arbeitgeber in Mülheim an der Ruhr zur Verfügung gestellt werden sollten. Dort war Bovensiepen bis zu seiner Inhaftierung im März 1967 Generalbevollmächtiger eines großen Unternehmens.

In dem Prozeß geht es um das Schicksal der Berliner Juden, von denen nur rund 1500 die »Endlösung« überlebten. Im Juni 1933 wohnten in Berlin noch 160564 Juden, bis zum Mai 1939 konnten 85229 auswandern. Der Rest wurde planmäßig ausgerottet. Bovensiepen bestritt, von der systematischen Vernichtung der Juden etwas gewußt zu haben. Er erklärte, er habe nur an eine »Evakuierung nach dem Osten« geglaubt. Bovensiepen war vom Frühjahr 1941 bis Herbst 1942 Chef der Gestapo-Leitstelle Berlin im Range eines Oberregierungsrates und SS-Obersturmbannführers. In dieser Eigenschaft führte er auf Weisung des Reichssicherheitshauptamtes die Deportationen der Berliner Juden aus. Die Opfer wurden mit wenigen Ausnahmen in Massenaktionen getötet.

Die 481 Seiten starke Anklageschrift zeigt nochmals die unvorstellbaren Leiden des jüdischen Volkes auf. Der Prozeß begann am 9. Dezember 1969. An mehr als 60 Verhandlungstagen bemühte sich das Gericht, die Rolle der Angeklagten zu klären. Der 58jährige frühere SS-Sturmbannführer Kurt Venter und der 66jährige ehemalige Kriminalbeamte Max Grautstück sind auf freiem Fuß, während Bovensiepen seit drei Jahren und fünf Monaten in Untersuchungshaft sitzt. 542 Zeugen waren ursprünglich vorgesehen, um die Anklage zu erhärten. 30 sind aber in der Zwischenzeit gestorben. Im September will das Gericht ins Ausland fahren, um dort wohnende Zeugen zu hören.

Die Verteidigung hatte ihren Antrag auf Haftverschonung für Bovensiepen mit der Behauptung begründet, die Beweisaufnahme habe bisher keine konkreten Schuldhinweise ergeben. Sie wies auf den angegriffenen Gesundheitszustand ihres Mandanten hin, der sich in der mehr als dreijährigen Untersuchungshaft verschlechtert habe. Dem widersprach nicht nur die Staatsanwaltschaft, sondern auch der Vertreter von über 40 Nebenklägern, der ehemalige Nürnberger Ankläger Robert Kempner.

Das Schwurgericht gab dem Antrag der Verteidigung zunächst teilweise nach. Es gewährte Bovensiepen Haftverschonung, machte sie jedoch von mehreren Auflagen abhängig: 1. Sollte der Angeklagte die angebotene Kaution in Höhe von 100000 Mark leisten, 2. seinen Personalausweis sowie seinen Reisepaß beim Gericht anliefern, 3. für das Gericht stets erreichbar sein und 4. sich einmal wöchentlich auf dem für ihn zuständigen Polizeirevier melden. Das Gericht anerkannte, daß sich die Fluchtgefahr durch die lange Dauer der bisher erlittenen Untersuchungshaft verringert habe. Der weitergehende Antrag der Verteidigung auf Aufhebung des Haftbefehls, wurde jedoch vom Gericht abgelehnt, weil der dringende Tatverdacht fortbestehe.

Das Kammergericht setzt die Vollziehung dieses Beschlusses jedoch vorerst aus. Wann die endgültige Entscheidung ergeht, steht noch nicht fest. Mindestens bis dahin muß Bovensiepen in Untersuchungshaft bleiben.

(Süddeutsche Zeitung, 22. August 1970)

Freisprüche für Venter und Grautstück im Gestapo-Prozeß

Publikums-Tumult nach der Urteilsverkündung — Revision angekündigt

Tsp. Berlin. Ein West-Berliner Schwurgericht hat gestern den früheren Regierungsrat und SS-Sturmbannführer Dr. Kurt Venter sowie den ehemaligen Kriminalobersekretär Max Grautstück von dem Vorwurf freigesprochen, als Angehörige der Gestapo-Leitstelle Berlin während des Krieges an der Deportation des jüdischen Bevölkerungsteiles mitgewirkt und dadurch Beihilfe zum Mord geleistet zu haben. Die Urteilsverkündung, die am 99. Sitzungstage der am 9. Dezember 1969 begonnenen Hauptverhandlung erfolgte, löste im dichtgefüllten Publikumsraum Proteststürme aus.

Vielstimmige Rufe kennzeichneten das Urteil als „Skandal", „Schande" und „Lumperei" und die Gerichtsmitglieder als „Nazis". Da die tumultartigen Mißfallenskundgebungen zunahmen, ordnete der Vorsitzende, Amtsgerichtsdirektor Falge, die Räumung an. Die Zuhörer brachen in neue Schmährufe aus und gingen dann ohne Widerstand, nachdem sie die Internationale angestimmt hatten.

Zur Einleitung der Urteilsbegründung sagte der Vorsitzende, es sei zu erwarten gewesen, daß die Freisprüche Empörung und Bestürzung hervorrufen würden. Der Zorn darüber, daß die unter dem NS-Regime verübten ungeheuerlichen Verbrechen weitgehend keine Sühne fänden, sei verständlich. Nach der rechtsstaatlichen Idee sei es aber verboten, die Methoden jener Zeit anzuwenden und Verdächtige ohne vollen Schuldnachweis zu verurteilen. Das Gericht habe nicht über die Gestapo zu urteilen gehabt, sondern über zwei einzelne Menschen, die der Gestapo angehört hätten. Es könne nicht davon ausgegangen werden, daß jeder, der zur Gestapo gehört habe, schon deshalb Mordgehilfe gewesen sei. Vielmehr müsse stets der konkrete Schuldnachweis geführt werden. „Und die Beweise zu finden, ist uns in diesem Falle versagt geblieben."

Der Angeklagte Venter, jetzt 59 Jahre alt, war von Dezember 1941 bis November 1943 stellvertretender Chef der Gestapo-Leitstelle Berlin, die im Oktober 1941, also vor seinem Amtsantritt, auf Weisung des Reichssicherheitshauptamtes damit begonnen hatte, die Berliner Juden „nach dem Osten" zu deportieren. Auf die Frage, ob Venter von dem Zweck der Deportationen, der systematischen Ermordung der Opfer, Kenntnis gehabt habe, ging der Vorsitzende nicht ein. Das erschien nicht erforderlich, denn es hätten sich keine **sicheren Feststellungen treffen lassen, daß Venter auch nur einen objektiven Beitrag zur Förderung der Deportationen geleistet habe. Keine Zeugenbekundung, kein Dokument und kein anderes Beweismittel habe den nach wie vor erheblichen Verdacht bestätigt. Das gleiche gelte für Grautstück. Der 67jährige Angeklagte habe zwar zugegeben, als Angehöriger des Judenreferats einmal auftragsgemäß ein älteres jüdisches Ehepaar aus dessen Wohnung ins Sammellager gebracht zu haben. Es sei aber möglich, daß die beiden nicht in ein Vernichtungslager, sondern in das „Alters-Getto" Theresienstadt gekommen seien. Die Beteiligung Grautstücks an weiteren „Abholungen" sei nicht erwiesen, wenn auch gegen ihn der Tatverdacht bleibe.**

Das Verfahren gegen den jetzt 65jährigen ehemaligen Berliner Gestapochef Otto Bovensiepen, der ursprünglich Hauptangeklagter war, ist schon im September 1970 abgetrennt und vorläufig eingestellt worden, nachdem der frühere SS-Standartenführer einen Herzinfarkt erlitten hatte. Prozeßbeobachter waren schon damals der Ansicht, daß die beiden übrigen Angeklagten freigesprochen werden würden. Die Hauptverhandlung, in der fast 250 Zeugen gehört und von Prozeßbeteiligten mehrere Reisen nach den USA und europäischen Ländern unternommen wurden, dauerte aber noch fast sieben Monate fort. Was den Freispruch für Venter betrifft, so wollen der Staatsanwalt, der fünf Jahre Freiheitsstrafe beantragt hatte, und der Nebenklägervertreter Dr. Kempner, von dem zehn Jahre Freiheitsstrafe gefordert worden waren, das Urteil mit der Revision anfechten. Der Freispruch für Grautstück erging auf übereinstimmenden Antrag

(Der Tagesspiegel, 8. April 1971)

5. Ehen im Schatten, Kinder im Schatten
Berichte von Zeitzeuginnen mit ergänzenden Dokumenten

»Ehe im Schatten« war der Titel eines DEFA-Films aus dem Jahre 1947. Der Film handelte vom Schicksal einer – allerdings prominenten – »Mischehe« während der Nazi-Zeit, nämlich von der Ehe des bekannten und beliebten Schauspielers Joachim Gottschalk und seiner Frau Meta Wolff, die jüdischer Herkunft war. Obwohl die Ehe formal sogar als »privilegiert« gelten konnte, erfuhr sie wegen der Bekanntheit Gottschalks die besondere Aufmerksamkeit des Propaganda-Ministeriums. Der Schauspieler widersetzte sich allen »Angeboten« und Repressionen und stand zu seiner Frau und seinem Sohn Michael. Zuletzt soll Goebbels persönlich die Deportation von Meta und Michael Gottschalk angeordnet haben, nachdem er im nachhinein erfahren hatte, daß er ihr, der Jüdin, bei einem Ufa-Empfang unwissentlich die Hand geküßt hatte. In ihrer Verzweiflung töteten die Gottschalks am 6. November 1941, dem Vorabend des Deportationstermins, zuerst ihr Kind und dann sich selbst.

Im folgenden sind vier erzählende Berichte von Zeitzeuginnen wiedergegeben, welche die Geschehnisse in der Rosenstraße bzw. der Großen Hamburger Straße aus sehr verschiedenen Perspektiven zum Gegenstand haben.
Als eindrucksvoller Bericht einer Zeitzeugin muß auch die Rede verstanden werden, die Ruth Gross-Pisarek am 4. März 1999 bei der Einweihung der Informationssäulen in der Rosenstraße gehalten hat (siehe S. 102 ff.).

a) Bericht von Charlotte Freudenthal, vorgetragen am 3. Juni 1990 auf einer Veranstaltung der Volks-Universität zum Thema »Frauen im Widerstand gegen den deutschen Faschismus«

Ich bin Charlotte Freudenthal und in Berlin-Charlottenburg 1910 geboren. Ich freue mich, daß ich heute hier bin – um mich herum so viele junge Leute. Vor so vielen Leuten habe ich noch nie gesprochen. Ich will hauptsächlich davon erzählen, was 1943 in der Rosenstraße passiert ist, weil darüber so wenig gesprochen wird und so wenig bekannt ist.
1933 habe ich geheiratet. Da waren die Nazis schon ein halbes Jahr an der Regierung. Ich sage das, weil mein Mann Jude war. Er hieß Julius Israel und ich nach der Heirat Charlotte Israel. Der Name »Israel« ist ja schon jüdisch. Als aber alle männlichen Juden ab 1. Januar 1939 den zusätzlichen Namen »Israel« tragen mußten – die Frauen den Namen »Sara« –, da hieß mein Mann nun Julius Israel Israel.
Am 27. Februar 1943 ging mein Mann zur Polizei, um sich eine Bescheinigung zu holen, damit er zur Arbeit fahren konnte. Ab 7 km Arbeitsweg bekam man als Jude eine Genehmigung, daß man zur Arbeit fahren durfte. War der Weg kürzer, mußten die Juden laufen. Abgesehen davon, daß mein Mann auch etwas gehbehindert war, konnte er sich diese Genehmigung holen. Jeden Monat neu.
Als mein Mann nun an jenem Sonnabend auf das Polizeirevier kam, wurde ihm nur gesagt: »Nehmen Sie mal Platz!« Die Polizisten auf dem Revier waren übrigens immer sehr nett, auch zu mir. Da saßen nun schon drei Frauen, verschüchtert und ängstlich, auch mit dem Stern. Auch die Frauen konnten nicht sagen, was das zu bedeuten hatte. Irgendwann kam dann aber ein Polizist mit noch zwei weiteren jüdischen Frauen und sagte: »Kommen Sie mit!« Dann wurden sie in die Rosenstraße gefahren. In das Sammellager.
Der 27. Februar 1943 – das war der Tag der Fabrik-Aktion. Goebbels wollte ein »judenfreies« Berlin und hatte sich überlegt, daß man die meisten Juden, die noch in Berlin lebten, an ihren Arbeitsplätzen erwischen könnte. Bei meinem Mann war das nun nicht nötig gewesen. Er war ja in gewisser Weise direkt in die Höhle des Löwen gegangen.
Als er dann stundenlang nicht nach Hause gekommen war, bin ich zu dem Polizeirevier gegangen und habe gefragt, was los wäre. Da hat einer der Polizisten zu mir gesagt: »Gehen Sie mal in die Rosenstraße.« Ich hatte keine Ahnung, wo das war. Er hat es mir noch erklärt. Von Charlottenburg aus war es ja leicht, dorthin zu kommen. Mit der Stadtbahn bis Bahnhof Börse. Dann bin ich also hingefahren. Ich habe noch meinen 13jährigen Bruder mitgenommen. Als wir am Bahnhof ausstiegen, konnte man von Ferne schon Rufen hören, so eine Unruhe, die entsteht, wenn viele Menschen zusammen sind.
Inzwischen war es längst dunkel geworden. Und dann sah ich viele Menschen in der Rosenstraße. Die meisten waren Frauen. Vor dem Gebäude

standen SS-Leute, breitbeinig. Die ließen natürlich niemanden rein. Sie sagten, wir sollten nach Hause gehen. Das haben wir nicht gemacht. Erst später, denn es war kalt. Aber wir haben abgesprochen: »Wir kommen wieder.« Schon am nächsten Morgen.

Wie mir war es vielen ergangen. Die Männer oder Kinder waren nicht nach Hause gekommen, wie sonst von der Arbeit, und irgend jemand hatte sie zur Rosenstraße geschickt.

Am nächsten Tag waren dann in der Rosenstraße noch mehr Menschen. Wir haben immer wieder, immer weiter, jeden Tag geschrien: »Wir wollen unsere Männer wiederhaben!« Wir wußten, was passieren würde, wenn wir sie nicht herausbekämen. Einer von der SS hat gesagt: »Lange geht das nicht gut. Das könnt ihr euch merken.«

Wir haben auch Sachen in das Gebäude gegeben. Mein Mann war doch von unterwegs in die Rosenstraße gebracht worden. Er hatte nichts mit, keine Wäsche, gar nichts. Ich habe ihm also einiges eingepackt.

Wir haben keine Angst gehabt. Ich meine, vielleicht hatten welche Angst. Das ist ja auch normal.

Dann haben wir sie soweit gebracht, daß sie Maschinengewehre aufgestellt haben. Sie haben gesagt: »Wir schießen jetzt! Wenn Sie nicht gehen, schießen wir!« Einige wenige sind weggelaufen. Daß alle bleiben, kann man ja nicht erwarten. Auch zu meinem Bruder habe ich gesagt, er solle wegrennen. Wir anderen haben aber gerufen – ich stand so in der Mitte –: »Nicht zurückgehen! Nicht zurückgehen!«

Dann bin ich nach vorne geschoben worden. Ich stand genau vor einem der Maschinengewehre. Ich sah, wie sie solche Gurte in das Maschinengewehr einzogen. Ich kannte das ja früher alles nicht. Dann schrien sie irgend etwas. Aber wir schrien nur noch lauter: »Ihr Mörder! Ihr Feiglinge!« Ich habe daran gedacht, was werden wird, wenn wir erschossen würden. In der Hauptsache habe ich an meinen Mann gedacht. »Jetzt kann ich ihn überhaupt nicht mehr retten«, habe ich gedacht. »Jetzt ist alles aus.« Es war grauenhaft, wie laut es war, wie laut wir geschrien haben. Dann rief ein SS-Mann etwas, was ich aber nicht verstanden habe. Und da – räumten sie ab. Sie räumten die Maschinengewehre ab. Da wurde es ganz still; es war alles ganz still.

Irgendwann bin ich dann nach Hause gegangen. Mein Bruder hatte meiner Mutter gesagt: »Charlotte ist jetzt bestimmt schon tot.«

Mein Mann kam am 7. März frei. Ich arbeitete damals in einem Milchgeschäft. Und an dem Sonnabend habe ich da auch gearbeitet. Da kam ein Herr rein und gab mir einen Zettel. Darauf stand, daß mein Mann am nächsten Tag entlassen werden würde. Ich weiß nicht, wer dieser Mann war.

Und dann kam mein Mann tatsächlich nach Hause. Er sah nicht sehr gepflegt aus. Aber er hatte sich rasieren lassen. Er hat lachend gesagt: »Ich hätte doch sonst ausgesehen wie ein Jude.«

Wir haben die 12 Jahre durchgestanden. Es waren schreckliche Jahre. Das gebe ich zu. Aber ich hätte meinen Mann niemals verlassen, niemals.

Ergänzung zum Bericht von Charlotte Freudenthal

In der Ausgabe der »Berliner Allgemeinen Wochenzeitung der Juden in Deutschland« vom 18. Februar 1955 findet sich im Berliner Teil in der Rubrik »Das interessiert BERLIN« und der Überschrift »Hinterbliebene bitte melden« u. a. dieser Aufforderung:

»Auch die Teilnehmer des Demonstrationsmarsches der ›arischen‹ Ehefrauen in der Rosenstraße wollen sich bitte beim Berliner Büro für Wiedergutmachung melden.«

Der hier wiedergegebene Brief von einer Charlotte Rosenthal ist eine der Reaktionen auf diese Aufforderung. Er enthält u. a. den Hinweis, daß gegen die Protestierenden mit dem Einsatz von Waffengewalt gedroht worden ist, und ergänzt somit auch den Bericht von Charlotte Freudenthal.

Charlotte Rosenthal
Berlin W 30
Passauer Str. 8/9
Tel. 24 5901

Berlin, den 21. Februar 1955

Betr. Meldung zur Demonstration »Arische Ehefrau« Rosenstr.

Am 27. Februar 1943 wurde mein Mann »Jacques Rosenthal« von seiner damaligen Zwangsarbeitsstelle »Fa. Seidel, Berlin, Triesemerstr.« von der SS abgeholt und zunächst nach dem »Clou« transportiert und von dort am gleichen Abend nach der Rosenstr.

Ich habe an mehreren Tagen an den Demonstrationen mit einer Frau Schwarz, auch Passauer Str. (inzwischen nach Amerika ausgewandert, Adresse kann nachgereicht werden), teilgenommen.

Als der Scharführer »Schneider«, der meinen Mann 1 Jahr zuvor verhaftete und den ich aus eigenen Verhören kannte, gerade einen neuen Transport aus dem »Clou« abnahm, bat ich um Auskunft, ob sich mein Mann in der Rosenstr. befindet. Er wies mich mit den Worten ab, falls ich nicht sofort wegginge, werde ich abgeführt.

Ein anständiger Schupo, der am Eingang Wache hielt, verhalf mir durch einen Trick zur Feststellung, daß mein Mann unter den Verhafteten war (ich verlangte nämlich die Wohnungsschlüssel).

Es haben sich, soweit man sich noch nach 12 Jahren aller Einzelheiten erinnern kann, unglaubliche Szenen abgespielt. Ich erinnere mich noch eines Auftritts: In meiner nächsten Nähe stand eine Frau mit ihrem Bruder, der in Uniform und gerade auf Urlaub war, im übrigen waren mehrere Wehrmachtsangehörige unter uns, auf einen SS-Mann zuging und sagte, wenn mein Schwager nicht freigelassen wird, gehe ich nicht wieder an die Front. Der SS-Mann drängte ihn zurück und drohte mit Abführung. – Die Stullen, die ich täglich meinem Mann hineinschickte, hat er nie bekommen.

An einem Tage während der Inhaftierung in der Rosenstr. nahmen unsere Demonstrationen einen sehr scharfen Höhepunkt an, unsere Sprechchöre ertönten: »Gebt uns unsere Männer frei.« Darauf gab der Lager-Sturmführer Kroll seiner SS den Befehl, gegen die revoltierende Menge mit Waffengewalt vorzugehen. »Straße frei oder es wird geschossen.« Ich war unter dem Teil der Menge, die nach der Spandauer Brücke abgedrängt wurde.

Obigen Bericht habe ich nach bestem Wissen und Gewissen abgegeben.

gez. Charlotte Rosenthal
geb. Malechi

b) Bericht von Wally Grodka, niedergeschrieben am 8. Oktober 1947 (Auszug)

Vorbemerkung

Wally Grodka wurde 1908 in Berlin geboren. Noch kurz vor dem Erlaß der Nürnberger Gesetze heiratete sie einen jüdischen Mann, den sie 1932 kennengelernt hatte. Sie teilte die alltäglichen Diskriminierungen, denen ihr Mann ausgesetzt war. Mit dem Beginn der Wohnungsräumungen von Juden nahmen die Grodkas insgesamt fünf Glaubensgenossen des Mannes als Untermieter auf, darunter auch das Ehepaar Böhm.
Im Mai 1941 wurde ihr Sohn Rainer geboren, der evangelisch getauft wurde, so daß die Ehe nun als privilegiert galt. Für Wally Grodka war der Film »Ehe im Schatten« (siehe S. 63) Anlaß, die Leidensgeschichte ihrer Ehe und ihrer Familie niederzuschreiben.
Der folgende Auszug beginnt im Sommer 1941.

1941

Frau Böhm ist in anderen Umständen, dies wiederum gibt Anlaß zu Bemerkungen.
Am 15. September beginnt die sichtbare Zeichnung der Juden. Wieviel Menschen haben sich zu dieser Zeit das Leben genommen. Am 18. kommt der kleine »Bud« auf die Welt. Böhms mußten ihm den Namen geben, da er jüdisch ist, sonst hätte er den Zusatznamen Israel führen müssen. Frau Böhm bekommt kein Gemüse für den Säugling. Ich helfe, wo ich kann, aber es reicht doch nicht aus, und so kauft sie für das Kind in Gegenden, wo sie unbekannt ist, Suppengrün, um die Mohrrüben fürs Essen zu haben.
Sie wird aber doch dabei erwischt, und dieses Vergehen gilt als Vorstrafe. Die Juden und Polen kriegen kein Weißgebäck und kein Obst. Sehnsüchtig starren die Kinder diese Dinge an, die sie nicht haben dürfen, weil sie eben Juden sind. Wer das gesehen hat und ein Herz im Leibe hat, wird diesen Anblick nie vergessen.
Im November 1941 bekommen wir die Hiobsbotschaft, daß unsere Wohnung zur Räumung vorgesehen ist. Wenn es auch nicht unerwartet kam, so war es, als es Tatsache wurde, ein nicht beschreibbares Gefühl, was über uns kam. Mein Mann nahm sich von seiner jetzigen Firma Herkules-Fußböden frei (er war endlich von der »Spinne« fort) und los ging es zum Planungsamt Speer. Das getaufte Kind ist zunächst ein Grund zur Berücksichtigung und auch, da man sie nicht anderweitig unterbringen kann, die jüdischen Untermieter, fünf an der Zahl. In der Kammer wohnt noch das alte arische Fräulein, die soll ausziehen und man droht ihr mit Einbehaltung der Unterstützung, da die Stadt die Miete nicht an Juden zahlen will. Da sie aber so wunderlich aussieht, will sie kein Mensch haben und gnädigst gestattet man ihr, als sie nachweisen kann, daß sie nichts anderes findet, zu bleiben. Wie leid tat mir die Ärmste und ich denke mit Grauen daran, wie herzlos Menschen sein können, wenn andere ihre Eigentümlichkeiten haben. Möge uns das Schicksal davor bewahren.

Im Februar erhalten wir die Nachricht, daß wir vorerst nicht unter den Räumungszwang fallen, da wir in privilegierter Mischehe leben. Die Verschleppungen haben begonnen. Die ersten Abholungen erfolgen plötzlich. Mitten beim Abendbrot holen die Häscher diese armen Menschen ab. Nichts dürfen sie mitnehmen; wie sie gerade sind, schleppt man sie fort. Eine panikartige Stimmung macht sich bemerkbar. Manche versuchen bei Bekannten unterzukommen, aber auch dort ereilt sie das Schicksal. Die nächsten Transporte werden nunmehr bekanntgegeben und – wie großzügig – dazu die Erlaubnis, daß Gepäck bis zu hundert Pfund mitgenommen werden darf. Jeder bekommt seine Transportnummern, die er auf die Sachen gut sichtbar anbringen muß. Es dürfen sogar Nähmaschinen mitgenommen werden, sowie auch Betten, die in das Sammellager Joachimsthalerstr. gebracht werden müssen. Bei vielen zeigt sich ein Hoffnungsschimmer, weil man diese Sachen mitführen darf. Doch jäh wird diese Hoffnung begraben, da es durchsickert, daß die Waggons mit den Sachen abgehängt werden. Von nun ab nur noch Handgepäck, soviel wie jeder selbst tragen kann.
Wir haben einen Bekannten, der fertigt Rucksäcke an. Wir helfen damit unseren Bekannten und bald spricht es sich herum, so daß täglich viele dieser Menschen zu uns kommen. Wir können gar nicht so viel schaffen und Tag und Nacht sind wir auf den Beinen, um helfen zu können.
Wenn mein Mann noch abends unterwegs ist, sitze ich ängstlich wartend im Fenster, denn er darf ja nach acht Uhr abends nicht mehr auf der Straße sein, und innerlich sage ich mir fortwährend, wenn es bloß gutgeht.
Viele bitten uns, ihr Hab und Gut auf dem Wagen zum Sammellager zu bringen, und wir tun, was in unseren Kräften steht. Wie oft sind wir selber in Gefahr, da die Gestapo uns für unsere Hilfe das »Mitnehmen« androht.
In dem Sammellager Levetzowstr. ist ein Bekannter von uns als Pförtner, auch er hilft, wo er kann. Durch ihn erfahren wir vieles, was sich drinnen abspielt. Durch sein Küchenfenster sehe ich die Menschen, die ein unbekanntes Ziel haben und vorerst getröstet sind, daß sie ihre Familie bei sich haben. Noch wissen sie nicht, daß man sie irgendwo auseinander reißt, daß die Männer ganz woanders hinkommen.
Wieviele Säuglinge beenden wegen Hunger schon hier im Lager ihr kleines, kurzes Leben. Eine Gnade für sie selbst, aber ein unendlicher Schmerz für die Mutter. Wieviele aber kommen auf die Welt, dort wo Jung und Alt, Männer und Kinder wie das Vieh gepfercht auf Strohsäcken liegen und darauf warten, daß sie vielleicht schon morgen den Weg ins Ungewisse antreten müssen.
Mit Krankenwagen bringt man die Ärmsten in die Levetzowstr. Es gibt keinen Halt vor solchen Menschen, sie sind Juden, und da gibt's kein Erbarmen. Vor dem Sammellager stehen die Menschen, die noch »frei« sind, und wollen ihre Lieben wenigstens noch einmal sehen und, wenn es geht, noch einmal winken. Doch das ist zuviel, das muß geahndet werden. Wer nicht flink genug ist, wird gefaßt, der Ausweis wird abgenommen, den er sich in der

Burgstr. abholen kann. Und das bedeutet, daß er sich für den nächsten Transport bereithalten muß. Manche werden so, wie man sie faßt, gleich mit aufgeladen. Wer nicht schnell genug in die Wagen klettert, bekommt entweder einen Schlag oder einen Stoß, daß er kopfüber in die Wagenecke fliegt. Die Wagen sind am Schluß so voll, daß kaum noch die Klappe richtig festgemacht werden kann.
In der Zwischenzeit gehen Gestapobeamte durch die Straßen und kontrollieren die Häuser.
In der Hektorstr. trägt sich folgendes zu: Dem Beamten wird von einer alten Dame geöffnet. Während sie dem Beamten Auskunft erteilt, kommt ihr Mann hinzu, um den es sich handelt. Er ist Jude und ca. 70 Jahre alt. Schwerhörig. Er fragt, um was es gehe. Darauf die Antwort: »Ach, das ist wohl der dreckige Jude?« Der Gestapoheld, ungefähr Anfang Zwanzig, schlägt dem Mann ins Gesicht und schlägt ihm dabei das eine Auge aus. Dieser läuft vor Schmerz und Entsetzen auf den Balkon und stürzt sich vom 4. Stock auf die Straße. Ein Schicksal von vielen.
Am 24. März holt man unsere Untermieter Marcus. Im Hause selbst viele Lücken. In der Levetzowstr.: Großbetrieb. Alles muß antreten »lauf, lauf – marsch, marsch«. Wer nicht mehr kann, wird mit der Seehundpeitsche bearbeitet. Unsere Untermieter Marcus sind seit ca. sechs Wochen weg und der Kleiderschrank ist noch immer versiegelt. Ich schreibe an die maßgebende Stelle, vergesse aber den Namen des Untermieters anzugeben. Am 9. Juli erhalte ich folgendes Schreiben: Urschriftlich an Einsenderin zurück. – Ohne Namensangabe des abgeschobenen Juden ist eine Bearbeitung nicht möglich.
Am 24. Juli wird Frau Böhm in Haft genommen. Erstens hatte sie die Vorstrafe wegen verbotenen Einkaufs von Suppengrün und zweitens traf man sie schwarz arbeitend ohne Stern in einer Gaststätte in der Fasanenstr. an, weil sie zuverdienen mußte. Furchtbar war es mitanzusehen, wie sie ihr Kind noch einmal in die Arme nahm, es herzte und küßte. Am 15. August wurden sie, ihr Mann und das Kind »abgeschoben«. Am 27. Oktober wurde der Mann, der seit 1922 Vaterstelle an uns vertrat, ebenfalls abgeholt. Er kam mit dem siebten Transport weg, der nach Riga gehen sollte. Dieser Transport hat, wie manch anderer, sein Ziel nicht erreicht.
Vierzehn Tage vor Weihnachten, Rainer hat keine Sachen mehr zum Anziehen. Die nächsten Punkte auf der Kleiderkarte sind erst im Januar fällig. Ich sehe in einem Geschäft am Olivaer Platz einen Strickanzug und frage, ob der Herr ihn mir nicht geben kann. Es geht nicht, aber er gibt mir den Rat, zur Kartenstelle zu gehen und um Freigabe der Punkte zu bitten. Der Tag ist zwar ungünstig, da keine »Judenabfertigung« ist. Ich fasse den Entschluß, dennoch zu gehen, es geht um mein Kind. Ich treffe auf dem Flur den Sachbearbeiter und trage ihm mein Anliegen vor. Er ist freundlich und bittet mich, einen Moment zu warten, er will fragen. Während ich auf Bescheid warte, kommt der Leiter der Kartenstelle Blechstein. Er sieht mich

und keift los. Was ich hier zu suchen hätte, heute sei keine Judenabfertigung und ich soll schnellstens die Kartenstelle verlassen. Die Konsequenzen würde mein Mann zu tragen haben. Auf dem Hof mußte ich eine Stunde warten, bis man mir die Karte herausbrachte. Bei der nächsten Kartenausgabe wurde ich nochmals zur Ordnung gerufen und zwar so, daß der beisitzende Beamte von der Gestapo es gut hören konnte.
Blechstein ist ein ganz übler Bursche, er hört sich gerne reden und hat seine Freude daran, die Juden fühlen zu lassen, daß ein Wort genügt, um sie in Schach zu halten.
Bei einer Kartenausgabe folgendes:
Eine lange Reihe immer zu viert. Wir stehen nicht genug in Reih und Glied. Er gibt einem älteren Mann, nach vorangegangener Warnung ordentlich zu stehen, einen Stoß, so daß dieser in die Menge fällt. Als der Mann etwas erwidert, sagte Blechstein: »Sie werden schon sehen.« Er hat gesehen. Ihm wurden die Karten nicht ausgehändigt.
Am gleichen Tage. Eine Jüdin. Sie ist vor mir dran. Blechstein dreht und wendet die Kennkarte, nimmt sie an sich und sagt: »Einen Augenblick.« Geht heraus, kommt angezogen wieder, nimmt die Frau am Arm und sagt: »Mitkommen.« Diese ahnt, was kommt, fleht und bittet um ihre Kinder, die zu Hause auf sie warten. Umsonst. Blechstein liefert sein Opfer der Gestapo aus und kommt zufrieden lächelnd wieder, um seine Arbeit fortzusetzen. Wo er kann, hakt er ein. Auf keiner Kartenstelle solche Experimente wie bei unserer. Er entzieht, wo er kann. Die Haushaltsausweise, schon lange im Gebrauch, müssen jedesmal vorgelegt werden. Nie ist beanstandet worden, daß der Zusatzname Israel fehlt. Da, eines Tages ist es soweit. Die Karten werden einbehalten. Grund: Auf den Haushaltsausweisen fehlt die Bezeichnung »Israel«. Auf keiner anderen Stelle solche Maßnahmen. Er hatte leider nur den Erfolg, uns in eine schreckliche Verfassung zu bringen. Zwar schon genug Qual, aber er wollte anscheinend mehr erreichen. Nach einigen Wochen bekamen wir die Karten wieder.

1943

Anfang 1943 wird auf Befehl der Gestapo durch die Jüdische Gemeinde ein Fragebogen an die Juden herausgegeben, betreff »Registrierung«. Genauestens müssen alle Fragen beantwortet werden – sonst? Man fragt sich, was soll das bedeuten, und wir ahnen nichts Gutes. Ende Februar kommt die Antwort. Schlagartig geht alles vonstatten. Aus den Betrieben holt man die Juden von ihrer Arbeitsstelle weg. Wie sie gehen und stehen, nur mit Schürze bekleidet werden sie auf die Wagen geschleppt.
Ein Massenaufgebot von SS und Autos. Wer nicht aus dem Betrieb geholt wird, wird aus der Wohnung geschleppt. Die Kinder sitzen weinend zu Hause und warten auf die Eltern, die nicht kommen. Am 1. März in der Nähe des Bayerischen Platzes wie folgt. In den Abendstunden will die SS zwei Kinder holen, deren Eltern »erfaßt« sind. Das Jüngere wurde aufs Auto

gestoßen. Das Ältere läuft fort. Es läuft einige Schritte und bleibt schreiend liegen. Ein SS-Häuptling hat ihm in die Knie geschossen, um es am Flüchten zu hindern.
Die einzige und letzte Verwandte meines Mannes nimmt sich am 1. März das Leben. Alle anderen sind bereits abtransportiert worden. Die letzten mußten den Weg zu Fuß gehen, sie durften nicht mehr fahren. Hier noch Verstorbene werden ohne Geleit begraben, da keiner es wagen darf, auf den Friedhof zu gehen, da auch dort die Häscher stehen.

6. März 1943
Der Tag der Lebensmittelkartenausgabe. In der Kartenstelle Knesebeckstraße »dicke Luft«, fremde Gestalten – und die Angestellten gehen den Blick auf die Erde gesenkt an uns vorüber. Es ist neun Uhr. An den Ausgängen postieren sich je zwei Beamte der Gestapo. Es gibt kein Zurück, keiner darf heraus. Die Lebensmittelkarten in der Hand sind sozusagen ein Passierschein. Neben Blechstein sitzt wieder ein Gestapoheld und an der Tür im Zimmer ein weiterer. Wer einen Vermerk in der Kartei hat, Volljude ist ohne arischen Ehepartner, bekommt keine Karten und wird von dem Beamten an der Tür in Empfang genommen und auf den im Hof parkenden Wagen verfrachtet. Es ist furchtbar, dies alles mitanzusehen, ohne helfen zu können, das verzweifelte Weinen und Schreien von den Müttern zu hören, deren Kinder zu Hause warten.
Ich komme an die Reihe. Bangen Herzens übergebe ich Blechstein meinen Ausweis. Meine Karteikarte wird von Blechstein dem Gestapobeamten überreicht, indem er diesen bedeutungsvoll ansieht. Da noch sämtliche Untermieter vermerkt sind, sagt der Beamte: »Alles verjudet, das muß man sich merken.«
Doch man gibt mir die Karten. Ich laufe aufatmend nach Hause zu meinem Mann, der seit vierzehn Tagen wieder krank ist und dadurch dem Schicksal entgangen ist, von der Arbeit geholt zu werden. Schnell gehe ich einholen. Als ich wiederkomme, ist mein Mann auf und sagt mir, daß zwei Beamte da wären, die ihn holen sollen. Ich gab mir große Mühe, tapfer zu sein. Gab Löffel, eine Decke und etwas zu essen mit. Der Abschied war so, daß ich ihn nicht beschreiben kann. Am Morgen erhalte ich die Nachricht, daß mein Mann in der Großen Hamburger Str. ist. Ich fahre sofort dorthin. Den Bub im Wagen gehe ich mit den vielen anderen Frauen immer auf und ab; wir werden auseinandergetrieben. Doch wenige Minuten später sammeln wir uns wieder vor dem Eingang.
Vorsichtig gleitet mein suchender Blick an der Fensterfront entlang und mit einem Male sehe ich ihn hinter Gittern, weil er Jude ist. Nur für Sekunden begegnen sich unsere Blicke, da geschossen wird, wenn sich einer am Fenster zeigt. Stunde für Stunde rinnt dahin. Wenn die Tür aufgeht, hofft man, sich in die Arme fallen zu können. Endlich kommt auch mein Mann und mit dem Zuschlagen der Türe ist meine Beherrschung am Ende. Ich

bekomme sehr schwere Neuralgie, die mir monatelang so schwer zu schaffen macht, daß ich fast kein Essen mehr bei mir behalte und zusehends abmagere. Nach vielen Monaten hilft mir dann ein homöopathischer Arzt. Aber noch heute habe ich zeitweise sehr darunter zu leiden.
Wir versuchen, uns irgendwie etwas abzulenken und fahren in andere Stadtteile, um mal in ein Kino zu gehen, denn in unserer Gegend dürfen wir es nicht. Es ist zu gefährlich, da uns einer sehen könnte, denn es ist verboten. Auch in der fremden Gegend wagen wir uns nicht umzusehen.
Es gibt noch zeitweilig warmes Wasser im Hause; es wurde aber schon im Vorjahr den jüdischen Mietern von der Verwaltung abgesperrt.

Ergänzung zum Bericht von Wally Grodka
Den hier wiedergegebenen Brief hat Alexia Böhm aus dem Lager in der Großen Hamburger Straße an Wally Grodka geschrieben.

Liebe Frau Grodka!
Sie sind ja sicher nicht über alles informiert, was mit uns zusammenhängt. Es war alles erträglich, und ich muss sagen, ich bin von allem, was ich mitgemacht habe, noch ziemlich angenehm enttäuscht. Nun bin ich in der Gr. Hamburgerstr. und warte auf das, was ich unter allen Umständen vermeiden wollte, die Evakuierung. Es ist auch das erträglich, Bübchen und meine »etwas bessere Hälfte« lassen mich alles leichter ertragen. Da der Antrag zur Arisierung von Bübi sowieso abgelehnt worden ist, bin ich ganz froh, dass man noch schnell und schmerzlos gleich evakuiert hat. Wenn ich darauf hätte warten müssen, wäre er mir viel schwerer gefallen. Ich sollte mich nochmal bei Ihnen bedanken, sie werden sich sicher wundern für was. Für die Nacht nämlich, die Sie mit mir in der Küche zugebracht haben, bevor mein Junge geboren wurde. Auch sonst für Ihre Beihilfe, wenn mit dem Kind etwas nicht in Ordnung war.
Nun ist mein kleiner Lümmel Gott sei Dank gut gediehen und ich freue mich schon auf den Moment, wo ich ihn wieder auf meinen Armen tragen kann.
Ich wünsche Ihnen für Rainer alles Gute, grüßen Sie bitte Ihren Mann recht herzlich von mir und seien Sie sowie Ina und Ihre liebe Mutter und Schwester herzlichst gegrüßt
von Ihrer
Alexia Böhm

c) Bericht von Rita Kuhn, vorgetragen am 9. November 1988 vor Schülerinnen und Schülern der Wildmeister- und Liebig-Oberschulen, Berlin-Neukölln

Zu meiner Familie will ich sagen, daß mein Vater Jude war und meine Mutter Christin, evangelisch. Nach der Nazi-Lehre waren mein Bruder und ich »Mischlinge 1. Grades«. Wir mußten ab September 1941 wie auch unser Vater den Stern tragen. Bevor die Nazis an die Macht kamen, hatte die Religion in unserem Familienleben eigentlich gar keine Rolle gespielt. Danach dann aber zwangsläufig. Als ich in der Schule mit anderen jüdischen Kindern in eine bestimmte Ecke gesetzt wurde, habe ich meine Eltern überhaupt erst einmal gefragt, ob ich jüdisch wäre. Das Jüdischsein galt ja nicht als Religionszugehörigkeit, sondern sollte in erster Linie ein Rassenmerkmal sein und mit vielen negativen Charaktereigenschaften verknüpft sein. – Nun will ich aber über die Fabrik-Aktion und die Tage danach erzählen.

1942 wurde ich zur Zwangsarbeit aufgefordert. Ich war 14 Jahre alt geworden. Ich mußte in einer Rüstungsfabrik in Steglitz arbeiten, 11 Stunden am Tag, von 7 bis 18 Uhr. Natürlich auch sonnabends, also sechs Tage in der Woche. In der Fabrik wurden Batterien für militärische Zwecke hergestellt.

Auch an jenem 27. Februar 1943, dem Tag der Fabrik-Aktion, war ich wie immer zur Arbeit gegangen. Um 7.10 Uhr – ich erinnere mich noch genau daran, denn ich hatte automatisch zur großen Uhr des Arbeitssaales geguckt – war die Halle plötzlich voll von SS-Leuten. Befehle wurden gerufen. »Juden raus!« Wir waren an dem Stern leicht zu erkennen. Die nichtjüdischen Arbeiter haben uns teilweise entsetzt angesehen. Aber was sollten sie tun? Der Fabrikbesitzer – er war kein Antisemit – mußte die jüdischen Zwangsarbeiter – Jugendliche wie mich und Männer und Frauen – aus den Räumen holen. Die SS erlaubte uns nicht einmal, unsere Mäntel anzuziehen und unsere Verpflegung einzustecken. Wir wurden vor die Fabrik getrieben und mußten auf Lastwagen steigen. Sie schlossen die Plane, und es ging los.

Heute weiß ich, daß wir zu einer großen und bekannten Vergnügungsstätte Berlins fuhren, zum »Clou«, einem Tanzpalast und einer Konzerthalle, in der Mauerstraße. Heute ist da der Checkpoint Charlie in der Nähe. Als wir ankamen, mußten wir vom Wagen herunterspringen und durch eine Gasse von SS-Leuten ins Gebäude gehen. Männer und Frauen kamen in getrennte Räume. Wir gehörten zu den ersten, die dort ankamen. Ich erinnere mich noch an die Verzweiflung und an die Tränen der Menschen. Niemand von uns glaubte mit dem Leben davonzukommen. Für die meisten traf das ja auch zu. Im Laufe des Tages füllten sich die Räume. Ich erinnere mich noch an dichtes Gedränge.

Der Tag verging. Wir bekamen nichts zu essen und nichts zu trinken. Mich versuchten einige Frauen zu trösten. Am späten Abend wurden Namen aufgerufen. Meiner irgendwann auch. Wir mußten zu einem großen Tisch. Da saßen Beamte oder SS-Leute; das weiß ich nicht mehr so genau. Hinter

Akten. Ich mußte mich an einer langen Reihe anstellen und konnte sehen, daß nach einer kurzen Verhandlung die Leute entweder nach links oder nach rechts gewiesen wurden. Die meisten gingen nach links. Ich ahnte irgendwie, das bedeutete nichts Gutes. Es verging wieder bestimmt eine Stunde, bis ich an der Reihe war. Vor mir wurde auch eine junge Frau nach dem Namen gefragt. Papiere wurden untersucht, Fragen gestellt. Dann wurde ihr gesagt: »Sie können gehen, nach Hause!« Sie sollte nach rechts gehen. Ich dachte mir: Zweimal hintereinander wird das nicht passieren. – Ich wurde nach meinem Namen gefragt und nach allen möglichen Daten. Dann wollte er wissen, ob meine Mutter mit uns in der Wohnung wohnen würde. Wieder schaute er in die Papiere. Auf einmal sagte er, ich könnte nach Hause gehen und ich sollte warten, bis ich wieder zum Arbeitseinsatz aufgefordert werden würde. Als ich nicht sofort ging, hat er noch einmal wiederholt: »Nun gehen Sie schnell!«

Draußen habe ich die junge Frau getroffen, die vor mir gehen durfte. Wir wußten überhaupt nicht, wo wir waren. Es war ja alles stockdunkel – wegen der Verdunkelung. Dann kamen wir an einen U-Bahnhof. Wir wohnten in der Suarezstraße, in einem sogenannten »Judenhaus«, in das wir hatten ziehen müssen.

Ich wußte nicht, was mich zu Hause erwarten würde, was mit meinem Vater und meinem Bruder geschehen war, aber beide waren zu Hause. Mein Bruder war zwei Jahre jünger als ich. Er durfte seit mehr als einem halben Jahr schon nicht mehr zur Schule gehen, weil alle jüdischen Schulen geschlossen worden waren. Von den Nazis. Mein Vater hatte sich krank gefühlt und war nicht zur Arbeit gegangen. Als er mein Klingeln gehört hatte, hatte er befürchtet, in dem Moment auch abgeholt zu werden. Denn die Aktion gegen die Juden in den Fabriken hatte sich schnell herumgesprochen. Und meine Eltern hatten sich um mich natürlich schon große Sorgen gemacht.

In den nächsten Tagen warteten wir darauf, was geschehen würde. Was sollten wir tun? Mein Vater konnte ja nicht wieder zu seiner Arbeitsstelle gehen, und ich sollte abwarten. Wir hatten keine guten Gefühle.

So vergingen einige Tage. Dann sollte meine Mutter in einer Schule in der Nähe die Lebensmittelkarten für uns holen. Wie immer. Aber nun kam sie mit leeren Händen zurück. Es war ihr gesagt worden, mein Vater, mein Bruder und ich sollten selbst kommen. Mein Vater meinte, das würde nichts Gutes bedeuten. Aber was sollten wir tun? Wir gingen also gemeinsam mit meiner Mutter dorthin.

Wir nannten unsere Namen, gaben unsere Ausweise ab, wollten unsere Lebensmittelkarten haben. Da sagte der Mann – er war in Zivil – zu einem Uniformierten: »Nimm sie weg!« Wir drei waren gemeint: mein Vater, mein Bruder und ich. Unsere Mutter war entsetzt. Wir drei wurden in ein Schulzimmer gesperrt. Ab und zu wurde die Tür geöffnet, und weitere Juden wurden reingebracht. Ich weiß nicht mehr, wie lange wir dort eingesperrt waren. Wenn man in Ungewißheit warten muß, erscheint die Zeit immer

lange. Einmal konnten wir eine Frauenstimme hören, die Stimme unserer Mutter: »Sie können doch nicht meine Kinder mitnehmen! Mein Mann! Lassen Sie mich zu meinen Kindern! Ich will sie sehen! Das können Sie doch nicht tun!« Ich hatte unsere Mutter noch nie so verzweifelt gehört.
Als wir dann aus der Schule geführt wurden, sah ich sie an dem Wagen, auf den wir geladen wurden. Ein Lastwagen ohne Plane. Sie weinte fürchterlich. Sie konnte nur ein wenig ihre Hand heben, als wir abfuhren. Neben uns brach eine Frau ohnmächtig zusammen. Sie war die Tochter einer Bekannten. Ich erinnere mich genau daran, daß der Soldat, der uns bewachte – ein ganz junger Mann –, Tränen in den Augen hatte. Das alles ging ihm wohl zu Herzen.
Zuerst fuhren wir zu dem Lager, das die Nazis in der Synagoge in der Lützowstraße eingerichtet hatten. Diese Synagoge kannte ich. Da gab es dieselbe Prozedur. Die einen mußten nach links, die anderen nach rechts. Mein Vater, mein Bruder und ich kamen zusammen mit einigen anderen wieder auf einen Lastwagen. Wir fuhren längere Zeit durch Berlin. Zur Rosenstraße. Dort hatten die Nazis ein Sonderlager eingerichtet, für Menschen wie uns, für »arisch Versippte« und für »Mischlinge«.
Wir wurden getrennt. Eigentlich auseinandergerissen. Das sagt sich so einfach: »Getrennt.« – Ich war nicht einmal 15 Jahre alt. Und als ich weggeführt wurde, habe ich nur geweint. Ich wußte ja nicht, ob ich jemals meinen Vater oder meinen Bruder wiedersehen würde und ob ich nicht meine Mutter überhaupt schon zum letzten Mal gesehen hätte. Und wie würde es wohl mir ergehen? Ich war fast noch ein Kind. Ich kann die Gefühle, die ich hatte, gar nicht beschreiben.
Ich kam in einen Raum, in dem nur vier Frauen waren. Auf der Erde lagen schmutzige Matratzen. Die eine Frau war schon seit dem Tag der Fabrik-Aktion in dem Gebäude gefangen, also fast eine Woche, denn es war Freitag. Das habe ich wohl noch nicht erwähnt. Die anderen waren erst am Anfang der Woche eingeliefert worden. Sie erzählten von den Demonstrationen, die es in der Rosenstraße gegeben hätte.
Ich blieb eine Nacht im Lager. Am Morgen danach wurde ich wieder zu den Beamten gerufen. Die hatten jedenfalls keine Uniform an. Sie stellten wieder die Frage nach meiner Mutter. Dann kamen auch mein Vater und mein Bruder. Die hatten zusammenbleiben können. Wir erhielten Entlassungsscheine. Als wir das Gebäude verließen, sahen wir an den Häusern gegenüber einige Leute, die uns zuwinkten. Ein Mann rief etwas, woran ich mich aber nicht mehr erinnere. Meine Mutter hatte nicht erwartet, daß sie uns je wiedersehen würde.
Mein Vater und ich haben dann bis zum Kriegsende wieder Zwangsarbeit geleistet, auch mein Bruder, nachdem der 14 Jahre alt geworden war. Ich gehörte zu den Arbeiterinnen, die die Züge, die Soldaten nach dem Osten transportierten und wieder zurück, reinigen mußten. Außen und innen. Eine fürchterliche Arbeit. Bei Wind und Wetter. Bei Hitze oder Frost. Mit uns arbeiteten auch russische Zwangsarbeiter. Dadurch habe ich etwas Russisch gelernt.

Bis zum letzten Tag des Krieges haben wir den Stern getragen. In aller Öffentlichkeit in Berlin. Jeden Tag konnte man auch noch andere Sternträger sehen. – Die ersten russischen Soldaten, die ich traf, haben nicht geglaubt, daß ich eine Jüdin wäre. Der eine sprach deutsch. Alle Juden wären umgebracht worden, sagte er. Er hätte erlebt, daß sich Nazis mit einem Stern zu tarnen versucht hätten. Ich sollte beweisen, daß ich Jüdin wäre. Ich habe ihnen meinen Ausweis mit dem »J« gezeigt. Da haben sie mir schon ein bißchen geglaubt. Dann aber habe ich das jüdische Glaubensbekenntnis aufgesagt.

Ergänzung zum Bericht von Rita Kuhn

Schreiben, mit dem die jüdischen Eltern über die Schließung der jüdischen Schulen am 29. Juni 1942 unterrichtet worden sind

Berlin, den 29. Juni 1942

An die Eltern unserer Schüler!

Am heutigen Tage hat zum letzten Male Unterricht in unseren jüdischen Schulen stattgefunden, die anordnungsgemäß nunmehr zu schließen sind. Die Beschulung jüdischer Kinder durch besoldete oder unbesoldete Lehrer ist nach Schließung der jüdischen Schulen unzulässig. Dies gilt auch für den Unterricht in privaten Schulzirkeln. Die Unterweisung der Kinder durch Familienangehörige bleibt hiervon unberührt.
Soweit Schulkinder bisher zum Zwecke des Schulbesuchs außerhalb des Wohnorts ihrer Eltern oder Angehörigen untergebracht waren, ist die sofortige Rückkehr der Kinder zu den Eltern oder Angehörigen zu veranlassen.
Soweit sich Schüler noch im Besitze von Erlaubnisscheinen zur Benutzung öffentlicher Verkehrsmittel befinden, sind diese gemäß der Anweisung der Schule zurückzugeben, da wir unsererseits verpflichtet sind, die Erlaubnisscheine der ausstellenden Behörde zurückzugeben.
Eine Meldung der Schüler beim Arbeitsamt zur Vermittelung in den Arbeitseinsatz ist, wie bereits mitgeteilt, unzulässig. Die Schüler werden nach Maßgabe des Bedürfnisses zu Hilfsarbeiten in jüdischen Einrichtungen herangezogen werden. Hierüber werden noch Nachrichten ergehen.
Den Eltern und sonstigen Angehörigen der Erziehungsberechtigten obliegt die Pflicht, für eine ordnungsmäßige erzieherische Betreuung der Kinder zu sorgen. Wir werden unsererseits diejenigen Vorkehrungen treffen, die nötig sind, um die Kinder, insbesondere die jüngeren, in Heimen, Horten oder sonstigen Einrichtungen im Rahmen der gegebenen Möglichkeiten zu beschäftigen oder zu betreuen. Nachrichten hierüber gehen Ihnen von der Wohlfahrts- und Jugendpflegestelle der Kultusvereinigung (Abt. Jugendfürsorge, Leiterin Fräulein Silbermann) zu.
Das Schulgeld ist für die Zeit bis einschließlich 30. Juni zu entrichten. Etwa geleistete Vorauszahlungen an Schulgeld oder Schulpatenschaften können weisungsgemäß nicht erstattet werden.
Gleichzeitig mit dieser Benachrichtigung für die Eltern erhalten die Schüler ein Schulabgangs-Zeugnis. Wir hoffen, daß die Schulausbildung, die unseren Kindern bisher zuteil werden konnte, ihnen als Grundlage der Erziehung in ihrem künftigen Leben erhalten bleiben wird.

Jüdische Kultusvereinigung zu Berlin e. V.

Der Vorstand — *Die Schulverwaltung*

(Moritz Israel Henschel) — *(Richard Joseph Israel Schaefer)*

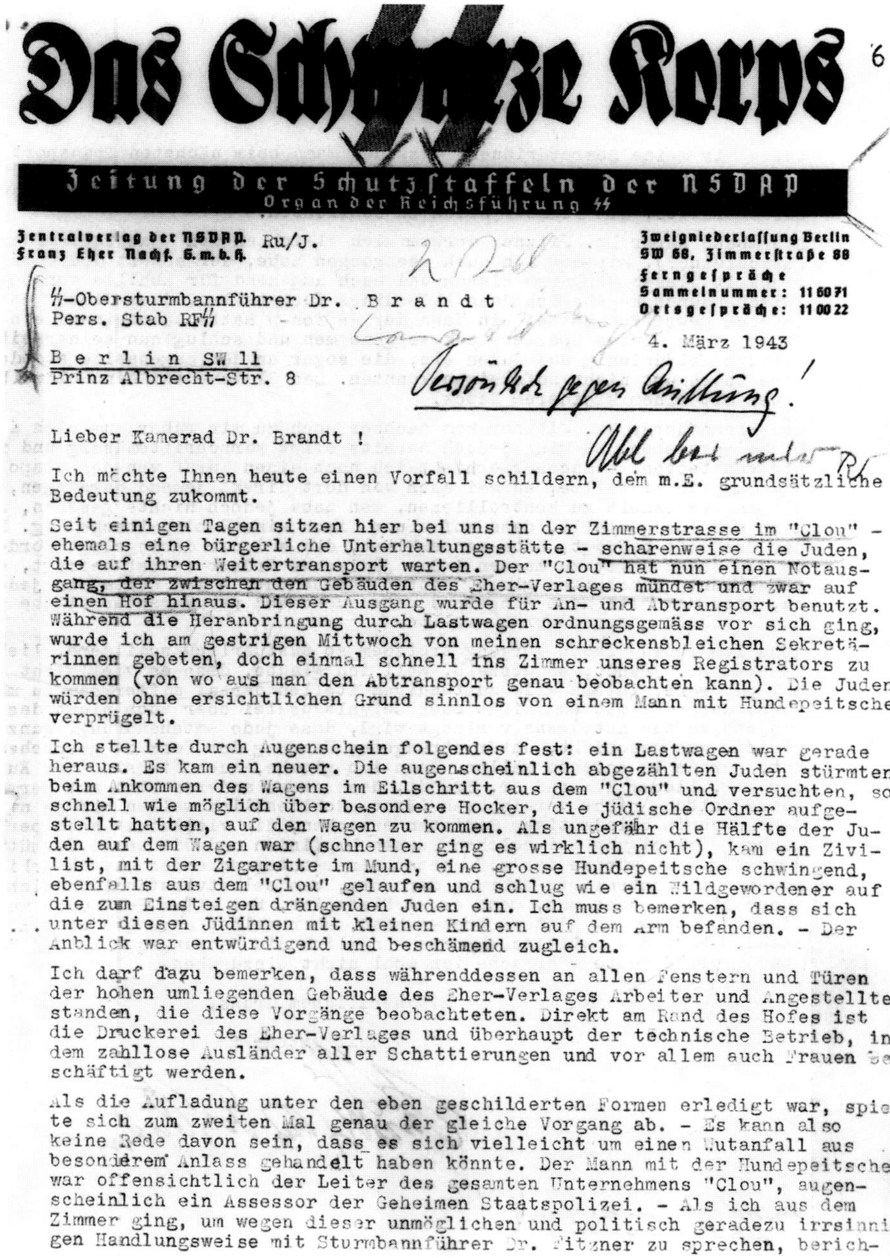

Das Schwarze Korps

Zeitung der Schutzstaffeln der NSDAP
Organ der Reichsführung SS

Zentralverlag der NSDAP. Franz Eher Nachf. G.m.b.H.

Zweigniederlassung Berlin SW 68, Zimmerstraße 88
Ferngespräche
Sammelnummer: 11 60 71
Ortsgespräche: 11 00 22

Ru/J.

SS-Obersturmbannführer Dr. Brandt
Pers. Stab RFSS
Berlin SW 11
Prinz Albrecht-Str. 8

4. März 1943

Lieber Kamerad Dr. Brandt!

Ich möchte Ihnen heute einen Vorfall schildern, dem m.E. grundsätzliche Bedeutung zukommt.

Seit einigen Tagen sitzen hier bei uns in der Zimmerstrasse im "Clou" – ehemals eine bürgerliche Unterhaltungsstätte – scharenweise die Juden, die auf ihren Weitertransport warten. Der "Clou" hat nun einen Notausgang, der zwischen den Gebäuden des Eher-Verlages mündet und zwar auf einen Hof hinaus. Dieser Ausgang wurde für An- und Abtransport benutzt. Während die Heranbringung durch Lastwagen ordnungsgemäss vor sich ging, wurde ich am gestrigen Mittwoch von meinen schreckensbleichen Sekretärinnen gebeten, doch einmal schnell ins Zimmer unseres Registrators zu kommen (von wo aus man den Abtransport genau beobachten kann). Die Juden würden ohne ersichtlichen Grund sinnlos von einem Mann mit Hundepeitsche verprügelt.

Ich stellte durch Augenschein folgendes fest: ein Lastwagen war gerade heraus. Es kam ein neuer. Die augenscheinlich abgezählten Juden stürmten beim Ankommen des Wagens im Eilschritt aus dem "Clou" und versuchten, so schnell wie möglich über besondere Hocker, die jüdische Ordner aufgestellt hatten, auf den Wagen zu kommen. Als ungefähr die Hälfte der Juden auf dem Wagen war (schneller ging es wirklich nicht), kam ein Zivilist, mit der Zigarette im Mund, eine grosse Hundepeitsche schwingend, ebenfalls aus dem "Clou" gelaufen und schlug wie ein Wildgewordener auf die zum Einsteigen drängenden Juden ein. Ich muss bemerken, dass sich unter diesen Jüdinnen mit kleinen Kindern auf dem Arm befanden. – Der Anblick war entwürdigend und beschämend zugleich.

Ich darf dazu bemerken, dass währenddessen an allen Fenstern und Türen der hohen umliegenden Gebäude des Eher-Verlages Arbeiter und Angestellte standen, die diese Vorgänge beobachteten. Direkt am Rand des Hofes ist die Druckerei des Eher-Verlages und überhaupt der technische Betrieb, in dem zahllose Ausländer aller Schattierungen und vor allem auch Frauen beschäftigt werden.

Als die Aufladung unter den eben geschilderten Formen erledigt war, spielte sich zum zweiten Mal genau der gleiche Vorgang ab. – Es kann also keine Rede davon sein, dass es sich vielleicht um einen Wutanfall aus besonderem Anlass gehandelt haben könnte. Der Mann mit der Hundepeitsche war offensichtlich der Leiter des gesamten Unternehmens "Clou", augenscheinlich ein Assessor der Geheimen Staatspolizei. – Als ich aus dem Zimmer ging, um wegen dieser unmöglichen und politisch geradezu irrsinnigen Handlungsweise mit Sturmbannführer Dr. Fitzner zu sprechen, berich-

Faksimile des Briefes, den der Redakteur der SS-Zeitschrift »Das Schwarze Korps« am 4. März 1943 an seinen Vorgesetzten in der Prinz-Albrecht-Straße geschrieben hat. Er beinhaltet Beobachtungen, die der Schreiber aus seinen Diensträumen in der Zimmerstraße 88 gemacht hatte. Von dort aus konnte man nämlich in den Hof des »Clou«, eines der Sammellager während der »Fabrik-Aktion«, schauen. Der Text ist auf den beiden folgenden Seiten wiedergegeben. (Bundesarchiv Koblenz, NS 19/3492 [Handakte Pers. Ref. RFSS, Dr. R. Brandt])

SS-Obersturmbannführer Dr. B r a n d t
Pers. Stab RFSS

B e r l i n SW 11
Prinz Albrecht-Str. 8

Persönlich gegen Quittung!

4. März 1943

Lieber Kamerad Dr. Brandt!

Ich möchte Ihnen heute einen Vorfall schildern, dem m. E. grundsätzliche Bedeutung zukommt.
Seit einigen Tagen sitzen hier bei uns in der Zimmerstraße im »Clou« – ehemals eine bürgerliche Unterhaltungsstätte – scharenweise die Juden, die auf ihren Weitertransport warten. Der »Clou« hat nur einen Notausgang, der zwischen den Gebäuden des Eher-Verlages mündet und zwar auf einen Hof hinaus. Dieser Ausgang wurde für An- und Abtransport benutzt. Während die Heranbringung durch Lastwagen ordnungsgemäß vor sich ging, wurde ich am gestrigen Mittwoch von meinen schreckensbleichen Sekretärinnen gebeten, doch einmal schnell ins Zimmer unseres Registrators zu kommen (von wo aus man den Abtransport genau beobachten kann). Die Juden würden ohne ersichtlichen Grund sinnlos von einem Mann mit Hundepeitsche verprügelt.
Ich stellte durch Augenschein folgendes fest: ein Lastwagen war gerade heraus. Es kam ein neuer. Die augenscheinlich abgezählten Juden stürmten beim Ankommen des Wagens im Eilschritt aus dem »Clou« und versuchten, so schnell wie möglich über besondere Hocker, die jüdische Ordner aufgestellt hatten, auf den Wagen zu kommen. Als ungefähr die Hälfte der Juden auf dem Wagen war (schneller ging es wirklich nicht), kam ein Zivilist, mit der Zigarette im Mund, eine große Hundepeitsche schwingend, ebenfalls aus dem »Clou« gelaufen und schlug wie ein Wildgewordener auf die zum Einsteigen drängenden Juden ein. Ich muß bemerken, daß sich unter diesen Jüdinnen mit kleinen Kindern auf dem Arm befanden. – Der Anblick war entwürdigend und beschämend zugleich.
Ich darf dazu bemerken, daß währenddessen an allen Fenstern und Türen der hohen umliegenden Gebäude des Eher-Verlages Arbeiter und Angestellte standen, die diese Vorgänge beobachteten. Direkt am Rand des Hofes ist die Druckerei des Eher-Verlages und überhaupt der technische Betrieb, in dem zahllose Ausländer aller Schattierungen und vor allem auch Frauen beschäftigt werden.
Als die Aufladung unter den eben geschilderten Formen erledigt war, spielte sich zum zweiten Mal genau der gleiche Vorgang ab. – Es kann also keine Rede davon sein, daß es sich vielleicht um einen Wutanfall aus besonderem Anlaß gehandelt haben könnte. Der Mann mit der Hundepeitsche war offensichtlich der Leiter des gesamten Unternehmens »Clou«, augenscheinlich ein Assessor der Geheimen Staatspolizei. – Als ich aus dem Zimmer ging, um wegen dieser unmöglichen und politisch geradezu irrsinnigen Handlungsweise mit Sturmbannführer Dr. Fitzner zu sprechen, berichteten mir meine Sekretärinnen, daß der Mann beim nächsten Transport wiederum und vor allem auf Frauen eingeschlagen hätte und zwar so, daß es ein großes Geschrei gab, worauf der Mann zu den umliegenden Häusern heraufbrüllte, die Fenster seien zu schließen.

Sturmbannführer Dr. Fitzner verwies mich an den Hauptsturmführer Fälschlein(?), mit dem ich auch gesprochen habe, der sofort die Unmöglichkeit dieses Vorgangs einsah und auch umgehend für Abhilfe sorgte. Zwischendurch konnte ich dann allerdings feststellen, daß diese Methode um sich gegriffen hatte: ein Mann der Waffen-SS hatte anscheinend einem Juden einen dicken Spazierstock weggenommen und schlug nun seinerseits genau so blödsinnig auf Juden ein, die sogar an der Wagenseite standen, also überhaupt nicht aufsteigen konnten. Das Gleiche tat ein Polizeibeamter mit einem kleineren Stock.
Sturmbannführer Dr. Fitzner kam nachher noch zu mir rüber, um sich die Sache anzusehen. Da ging jedoch bereits alles vorschriftsmäßig und ruhig vonstatten. – Nachher erhielt ich noch einen Anruf von der Stapo, in dem man mir mitteilte, es sei auch von dort direkt jemand dagewesen, um die Angelegenheit zu kontrollieren, man habe jedoch nichts gesehen, sondern nur festgestellt, daß auf einem Tisch eine Hundepeitsche lag. Nach der Herkunft befragt, habe man erklärt, die sei nur dahingelegt worden, um den Juden Angst zu machen! Die jüdischen Ordner selbst befragt, ob alles ruhig vonstatten ginge, hätten das bejaht. – Man sagte mir jedoch zu, daß der Fall noch eingehend untersucht und der Verantwortliche zur Rechenschaft gezogen werden sollte.
Wenn ich Ihnen diesen Vorgang trotzdem so ausführlich schildere, lieber Kamerad Dr. Brandt, so deshalb, weil ich glaube, daß es vielleicht einmal gut wäre, intern alle zuständigen Stellen darauf aufmerksam zu machen, daß das mit Humanität oder Gefühlsduselei aber auch nicht das Geringste zu tun hat, wenn verlangt wird, daß jede Amtshandlung, ganz gleich, was geschieht, unter strengster Wahrung der Form zu geschehen hat, gerade in solchen Fällen. Denn ich glaube, auch Sie sind der Auffassung, lieber Kamerad Dr. Brandt, daß etwas anderes sich mit germanischer Haltung nicht vereinbaren läßt. Schließlich wollen wir ja nicht den Anschein blindwütiger Sadisten erwecken, die vielleicht noch persönliche Befriedigung bei solchen Szenen empfinden, und die beste Verhütung derartiger Auswüchse ist m. E. neben einer entsprechenden charakterlichen Auslese die unbedingte Wahrung der Form, was selbstverständlich nicht ausschließt, das man, wenn es am Platz ist, bei aller Form auch mal einen Juden in den Hintern treten kann, aber selbst dazu gehört m. E. Anstand. – Auf die politische Seite – nämlich die Nahrungsquelle für übelste Greuelberichte – brauche ich wohl nicht einzugehen.

Mit herzlichem Gruß
Heil Hitler

Rudolf von der Ruthen
SS-Hauptsturmführer

d) Bericht von Renate Lemke, niedergeschrieben 1993

Es war Donnerstag, der 4. März 1943. Am Sonntag, den 7. März, sollte meine Einsegnung sein. Mutter hatte schon ein Jahr lang beim Fleischer Fleischmarken gutschreiben lassen, immer Marken für 100 g abgegeben und nichts dafür bekommen, damit sie am Einsegnungstag ein größeres Stück Fleisch auf den Tisch bringen konnte, vielleicht 2 oder 3 kg, denn wir würden doch auch Gäste haben.

Mein Einsegnungskleid hatte sie schon genäht. Sehr lange mußte sie auf den Stoff warten, denn ich wünschte mir ein Samtkleid. Auch die Schuhe gab es auf Bezugschein, und endlich fanden wir schwarze Pumps mit flachem Absatz. Drei Tage vor der Einsegnung hatte Mutter also unendlich viel zu tun.

Vater arbeitete im Büro in einer nahegelegenen chemischen Fabrik. Mein kleiner Bruder wurde vormittags im evangelischen Kindergarten betreut. Meine jüngere Schwester und ich besuchten die Volksschule, aber in verschiedenen Gebäuden, die einige Straßen voneinander entfernt waren.

Um halb Eins kam ich meistens nach Hause und hatte Hunger. Ich weiß nicht mehr, wer mir die Tür aufgemacht hat, vielleicht meine Schwester, denn sie hatte weniger Stunden als ich. Mein Bruder mußte auch schon da gewesen sein. Ich ging in die Küche. Auf dem Küchentisch lag ein Zettel: »Bin abgeholt von Soldaten.«

Was war geschehen? Ich erinnere mich daran, wie es uns Mutter später erzählt hat: Ein Mann in Militäruniform (SS?) betrat die Wohnung. »Sind Sie Frau N.? Sind Sie alleine hier?« – »Ja, die Kinder sind in der Schule, die sind weg.« – »Nehmen Sie die nötigsten Sachen mit, Toilettenpapier. Nehmen Sie eine Decke mit.« – Dieser Satz – »Nehmen Sie eine Decke mit!« –, der bedeutete für unsere Mutter einen Abschied für immer. Sie durfte den Wohnungsschlüssel noch bei den Leuten im 1. Stock abgeben.

Vielleicht hat sie noch gesagt: »Geben Sie meinem Mann Bescheid.« Dies tat dann eine andere couragierte Nachbarin. Der Uniformierte: »Gehen Sie etwas vor!« – Mutter: »Ich habe nichts verbrochen.« Am Ende der Straße stand ein Lastauto, in der Nähe der Schule.

Als Mutter oben war, sagte eine Frau: »Wir kommen wieder, wir kommen wieder. Wir werden nur registriert.« – Der Lastwagen fuhr durch Berlin, und er füllte sich. Es war auch ein Bulgare dabei, mit viel Geld, der konnte flüchten. – Nun stellte sich bei vielen ein menschliches Bedürfnis ein. Es wurde gehalten. Der Uniformierte klingelte an einer Wohnung, die im Erdgeschoß lag, und die Hausfrau mußte viele der ihr völlig fremden Personen auf ihre Toilette lassen. Ob Mutter dort eine Nachricht hinterlassen hat oder etwas sagen konnte, das wissen wir nicht mehr.

Ich war allein in der Wohnung mit den Geschwistern. Wie sollte ich es ihnen erklären? Niemand durfte dieses schlimme, schicksalhafte Wort »Jude« hören. »Kommt unter den Tisch!« Da hockten wir drei eng zusammen. »Es gibt Menschen, die unsere Mutter nicht leiden können.« Meine Schwester, 10 Jahre alt, war fassungslos. Sie konnte es sich nicht vorstellen, daß jemand unsere gute, liebe Mutter nicht leiden konnte. – »Wißt ihr, wie Juden aussehen?» – »Ja, sie haben dicke Finger und krumme Nasen und schwarzes Haar.« – »Nein, das stimmt nicht. Juden sehen aus wie unsere Mutter. Mama ist jüdisch.« – Der Kleine, 6 Jahre alt, schien das alles nicht zu verstehen. Aber er fühlte die Bedrückung.

Wie sich meine Schwester Juden vorstellte, das rührte daher, daß eine Klassenkameradin von ihr, mit der wir uns bei Fliegeralarm auch im Luftschutzkeller aufhielten, so kleine Heftchen besaß und sie uns zeigte. Da waren Juden so abgebildet. Und beim Fleischer mit der krummen Nase krochen viele Fliegen über das Fleisch. Der Vater des Mädchens war SS-Mann.

Die Nachbarin klingelte und brachte uns Mohrrübeneintopf. Später kam unser Vater. Er sah verweint aus, und sein Gesicht wirkte noch schmaler. Wir saßen im Wohnzimmer um den Eßtisch herum. Vater holte ein Kerze, stellte sie in die Mitte des Tisches, band einen Trauerflor darum und zündete sie an.

Wir gedachten unserer Mutter. Welche Gedanken mochte Vater in seinem Kopf bewegen? Er sagte: »Wir werden unsere Mutter nie wiedersehen. Sie kommt weit weg. Und wir, ihr Kinder und ich, wir kommen in die Pripjetsümpfe. Dort sind wir ganz allein auf uns gestellt und müssen mit Hacke und Spaten alles selber bauen und anbauen.« – Einen Spaten hatten wir. Das war tröstlich. Und Vater konnte sowieso alles. – Wie wir nachts geschlafen haben, das weiß ich nicht mehr.

Freitag, der 5. März 1943. Ich bin zur Schule gegangen, wie mir vor kurzem nochmal eine Mitschülerin erzählt hat. Ich hätte geweint, weil meine Mutter abgeholt worden wäre. Die Lehrerin soll gesagt haben: »Du nimmst jetzt deine Mappe und gehst nach Hause und kommst erst wieder, wenn deine Mutter wieder da ist.«« – Daran habe ich aber keine Erinnerung mehr.

Die Lehrerin war katholisch und hatte mir zum 1. April eine Pflichtjahrstelle bei einer katholischen Familie vermittelt. Ich schlich durch die Wohnung, tat dies und das, vielleicht habe ich Strümpfe gewaschen. Eine Frau, die drei Häuser weiter wohnte, brachte uns einen Eintopf. Wir drei Kinder aßen.

Vater war unterwegs, schickte Telegramme an Goebbels, in denen er sich beschwerte, daß man seine Frau weggeholt habe. Einfach so. Er hatte herausgefunden, daß Mutter in Berlin-Mitte in der Großen Hamburger Straße war. Er brachte ihr Stullenpakete, vielleicht auch Taschentücher. Hatte er sie gesehen, gesprochen? Er hatte die Brotscheiben einem Ordner gegeben.

Mutter hatte nun auch die erste Nacht in dem ehemaligen jüdischen Altersheim verbracht. Hatte sie schlafen können? Es lagen wohl Matratzen auf dem Boden. Tausend Gedanken überschlugen sich in ihrem Kopf. Mit hundert Schicksalen wurde sie konfrontiert. Neben ihr eine Frau mit einem kleinen lockenköpfigen Sohn. Es wurden Menschen ausgesondert, weggebracht. Ordner sollen gesagt haben, man würde sie erschießen, weil sie zu viel wüßten.

Meine Schwester meint, Mutter hätte später erzählt, daß man alte Menschen, die nicht schnell genug die Treppen heruntergehen konnten, aus dem 1. Stock auf die Lastwagen geworfen hätte. – Mir ist aber in Erinnerung, daß die SS-Leute die Alten angetrieben hätten und daß Mutter gedacht, aber nicht gesagt hätte: »Edel sei der Mensch, hilfreich und gut.«
Vater hat für 30,– Reichsmark Telegramme an Goebbels geschickt. Ob das was nützen würde?
Wir Konfirmandinnen hatten noch ein letztes Mal Unterricht, eine Besprechung mit dem Pfarrer über die Sitzordnung, wer mit wem nach vorne zum Altar geht und wann die Urkunden überreicht werden.
Zwei Schulfreundinnen sagten auf dem Rückweg: »Komm doch mal darüber auf die andere Straßenseite, da gehen wir in die Telefonzelle.« Es war etwas eng. »Deine Mutter ist Jüdin?« Ich empfand es als fürchterlich peinlich. Weiter: »Herzliches Beileid. Jetzt wird sie vergast.« Inge reichte mir die Hand. Die andere wünschte mir ebenfalls herzliches Beileid. Sie hätte einen Onkel, der hätte einen Kameraden, und dieser hätte einen Vetter, der hätte so etwas erzählt.
Ich weiß nicht mehr, wie dieser Tag zu Ende gegangen ist. Hatte ich Vater von dem Vorfall erzählt?
Vater hatte inzwischen Mutters Freundin informiert. Sie wohnte am Kaiserdamm. Wahrscheinlich war er mit dem Fahrrad unterwegs. Ein Telefon besaß ja fast niemand. Es war nun schon die zweite Nacht nach der Gefangennahme von Mutter. Sie war 38 Jahre alt.
Sonnabend, der 6. März 1943. Nur noch ein Tag bis zur Konfirmation. Die sollte selbstverständlich stattfinden. Es mußte Kuchen gebacken werden. Ein junger Offizier, der verlobt war, sollte mir den Maiglöckchenstrauß schenken. Er wohnte bei seinen Eltern bei uns im Haus und hatte wohl Genesungsurlaub.
Es klingelte. Ich öffnete. Es war Mutter! »Kind, du bist ja so mager geworden.« Wir lagen uns in den Armen. Nach und nach erzählte sie etwas von dem Erlebten. Unter den Abgeholten hätten sich auch Offiziersfrauen befunden, deren Männer höheren Orts protestiert hätten. War es nicht Bismarck gewesen, der gesagt hatte, daß ein preußischer Offizier und eine jüdische Ehefrau eine angenehme Verbindung wären? Dabei hatte er wohl an die finanzielle Versorgung gedacht.
Freunde und Nachbarn besorgten das Kuchenbacken; die Fleischermeisterin brachte den fertigen Braten. Mutter packte ihre Einkaufstasche aus, in der sie das Nötigste mitgenommen hatte. Es waren noch die Brotschnitten darin, eingewickelt in Papier, die ihr Vater zur Großen Hamburger Straße gebracht hatte. Mutter war zu Tode erschrocken. Sie hatte vergessen, diese Schnitten jemandem zu geben, dem kleinen Jungen oder sonst wem. – Wenn ich heute Stullen schmiere, denke ich fast immer daran. Und ich glaube auch meine Kinder, denen ich das alles erzählt habe.
Der Sonntag war da. Eine einsame Glocke läutete. Die anderen beiden waren für Kriegszwecke eingeschmolzen worden. Ging ich zwischen Vater und

Mutter zur Kirche? Ich glaube ja. Vielleicht gingen die Geschwister neben den Eltern, aneinander angefaßt. Wir waren ein Stück Öffentlichkeit. Alle wußten schließlich, was geschehen war.
Ich stand vor dem Altar. Der alte Pfarrer, der mir in seiner Größe wie ein Prophet erschien, legte die Hand auf meinen Kopf und sprach etwas von dem Grashalm in der Wüste. Als wir die Kirche verließen, standen draußen viele Menschen aus der Nachbarschaft, die mir Blumen schenkten. Das war ihre Antwort auf die Judenverfolgung. Sie drückten damit aber auch ihre Freude über Mutters Rückkehr aus.
Meine Patentante stand mit einem Kinderwagen da. Sie hatte einen kleinen Sohn bekommen und war mit der S-Bahn von Karlshorst nach Haselhorst gefahren. Das freute mich besonders, denn seit ihrer Heirat vor einem Jahr hatte sich der Kontakt etwas verloren.
Zu Hause begingen wir ein besonderes Fest: Mutters Wiedergeburt. Von dem, was sie berichtete, erfuhren die meisten Gäste zum ersten Mal. – Ich hatte viele Glückwünsche zu meiner Konfirmation erhalten und ging mit meinem Maiglöckchenstrauß runter, um mich bei den Nachbarn zu bedanken.

III. Wege des Erinnerns

1. Einleitung

Im folgenden soll die öffentliche Wahrnehmung der Geschehnisse in der Rosenstraße und der Großen Hamburger Straße seit den 80er Jahren des vergangenen Jahrhunderts in einem Überblick skizziert und teilweise dokumentiert werden.
Anfänglich lag die Aufmerksamkeit, die den Ereignissen in der Rosenstraße gewidmet wurde, bei sehr wenigen Menschen mit unterschiedlichen Interessen. Um bei der Chronologie zu bleiben: Mein Interesse stand zunächst in Verbindung mit der Aufarbeitung von historischen Beispielen für die gewaltfreie bzw. gewaltlose Konfliktaustragung (siehe S. 107). Ähnlich verhielt es sich bei dem US-amerikanischen Historiker Nathan Stoltzfus, einem akademischen Schüler von Gene Sharp, der Ende 1984 nach (West-)Berlin kam und mit seinen Untersuchungen über die Geschehnisse begann. Als einen journalistisch gestalteten Zwischenbericht darf man seinen Aufsatz »Jemand war für mich da« in der Wochenzeitung »DIE ZEIT« vom 21. Juli 1989 ansehen. Sein Buch »Resistance of Hearts« erschien 1996 in den USA, die deutschsprachige Ausgabe »Widerstand des Herzens« 1999 im Hanser Verlag, München.
Denkwürdigerweise zeitlich parallel hierzu, also Mitte der 80er Jahre, fand das Geschehen in der Rosenstraße auch im Ostteil Berlins Aufmerksamkeit. Der Schriftsteller Heinz Knobloch verwies 1985 in seinem Buch »Meine liebste Mathilde«, der Lebens- und Leidensgeschichte der Sekretärin von Rosa Luxemburg, erstmals in der DDR auf das Ereignis. Unter anderem schrieb er in diesem Zusammenhang:
»Warum gibt es für diesen Widerstand keine Erinnerungstafel? Es muß doch den Nachkommen mitgeteilt werden. Besser noch durch ein Denkmal. Es ist Platz genug. Solch ein Ereignis, wenn sie davon erfährt, geht einer Bildhauerin doch sofort in die Fingerspitzen.«
Gänzlich unabhängig von diesem Hinweis Knoblochs jedoch stieß die Bildhauerin Ingeborg Hunzinger auf die Thematik. Diese Künstlerin jüdischer Herkunft, deren Großvater Philipp Franck zu den Berliner Sezessionisten zählt, hatte häufig dafür plädiert, in der DDR und namentlich in deren Hauptstadt mehr Stätten zu schaffen, die dem Gedenken aller Menschen gewidmet sein sollten, die zu Opfern des Nazi-Terrors geworden waren – egal welcher Herkunft, welcher Überzeugung, welchen Glaubens sie gewesen waren. Als sie Mitte der 80er von einem jüdischen Verwandten zur Rosenstraße geführt wurde und von den Ereignissen des Jahres 1943 hörte, faßte sie den Plan zu einem Denkmal. Die Kraft der Liebe und des Zivilen Ungehorsams waren es, die sie an jenem Geschehen faszinierte. Der Weg der Verwirklichung ihres Planes war

verschlungen; der Durchbruch kam 1988. Dann allerdings geriet das Projekt zunächst in die Unwägbarkeiten der Nachwendezeit.
Als der 50. Jahrestag der Geschehnisse nahte, wurde deutlich, daß die Kenntnisse über die Geschehnisse in der Rosenstraße 1943 bereits eine gewisse Verbreitung und Anerkennung gefunden hatten. Mithin gab es am 28. Februar 1993 auf jenem Areal, auf dem heute in der Rosenstraße das Denkmal von Ingeborg Hunzinger steht, eine erste große Gedenkveranstaltung. In jenen Wochen waren auch erste Filmproduktionen zu dem Thema zu sehen, ein von »arte« gesendeter 60minütiger Beitrag von Daniela Schmidt und der Dokumentarfilm »Befreiung aus der Rosenstraße« von Michael Muschner.
Es gab in den Folgejahren weitere Anlässe, welche die Erinnerung an die Geschehnisse in der Rosenstraße wachhielten bzw. belebten. Da war endlich die Einweihung des Denkmals von Ingeborg Hunzinger am 18. Oktober 1995. Mit ihrem Werk ist sinnfällig geworden, wie sehr ein Kunstwerk dazu beizutragen vermag, einem städtebaulich vernachlässigten Raum Bedeutung und Würde zugleich neu zu verleihen.
Zu jenem Zeitpunkt – 1995 also – war zudem damit begonnen worden, das Gewerbegebäude Rosenstraße 1, dessen Südfassade an der Heidereutergasse dem Gebäude der Sozialverwaltung der Jüdischen Gemeinde gegenübergelegen und das auf der westlichen Seite der Rosenstraße als einziges den Krieg unversehrt überstanden hatte, zu einem Hotel, dem »Alexander Plaza Berlin«, umzubauen. Der Raum der Einmündung der früheren Heidereutergasse in die Rosenstraße wurde allerdings durch einen modernen Anbau an das historische Gebäude bebaut. Da sich der Investor des Projekts, Wolfgang Loock, dem historischen Raum verpflichtet fühlt, verweist heute eine 1998 in Anwesenheit der damaligen Bundestagspräsidentin Rita Süssmuth eingeweihte Gedenktafel auf den Verlauf der Heidereutergasse, auf die Alte Synagoge sowie auf den Frauenprotest 1943. Im Hotel selbst befindet sich eine allgemein zugängliche Ausstellung zur Geschichte der Rosenstraße, zu der eine umfängliche Informationsbroschüre erstellt wurde.
Schließlich verdient ein Element des Erinnerns Erwähnung, das in gewisser Weise aus dem historischen Stadtbild abgeleitet worden ist. Die in diesem Buch verwendete (und im übrigen einzige) historische Aufnahme des Gebäudes Rosenstraße 2–4 (siehe S. 13) zeigt das Vorhandensein von zwei Litfaßsäulen in diesem Raum.
Eine Litfaßsäule war es, mit der das Erinnern an die Geschehnissse in der Rosenstraße im öffentlichen Raum überhaupt einsetzte. Im März 1992, anläßlich des 49. Jahrestages der »Fabrik-Aktion« und des Protestes in der Rosenstraße, stand dort eine Woche lang eine seinerzeit in der Berlinwerbung genutzte historisierte Litfaßsäule mit Informationen über das Ereignis. Studentinnen und Studenten der Fachhochschule für Sozialarbeit hatten sich den Protest zu einem Arbeitsthema gemacht und mit der Litfaßsäule eine Form gefunden, Arbeitsergebnisse zu präsentieren.

Zu den verwendeten Materialien gehörten auch Fotos des jüdischen Fotografen Abraham Pisarek. Pisarek, der als staatenlos galt, hatte ebenfalls in einer sogenannten »Mischehe« gelebt. Ihm war von der Gestapo gestattet gewesen, weiterhin als Fotograf tätig sein zu dürfen, denn für die verschiedensten bürokratischen Zwecke benötigten Juden Fotos. Und Abraham Pisarek war selbst Gefangener in der Rosenstraße gewesen.
Die Litfaßsäule war 1992 etwa dort aufgestellt worden, wo eingangs der Rosenstraße eine kleine Verkehrsinsel existiert hatte und das historische Foto das Vorhandensein einer Litfaßsäulse ausweist. Wie eben dieses Foto auch zeigt, gab es unweit von dieser Säule eine weitere, und zwar vor dem Gebäude der Sozialverwaltung an der Ecke Rosenstraße/Heidereutergasse. Dies war der Standort, den die studentische Gruppe ein Jahr später anläßlich der Veranstaltung zum 50. Jahrestag der Geschehnisse für eine überarbeitete Fassung der Informationssäule auswählte. Zusätzlich wurde ein Straßenschild aufgestellt, das auf die Ecksituation im historischen Stadtgrundriß verwies.
In den Folgejahren, namentlich nach der Einweihung des Denkmals von Ingeborg Hunzinger, wurde zunehmend die Notwendigkeit einer dauerhaften Form der Information über die Geschehnisse des Jahres 1943 deutlich. Die Stiftung »Topographie des Terrors« löste das Problem, indem sie in diesem Raum zwei thematisch identische und historisch authentische Litfaßsäulen errichtete. Die eine fand ihren Platz vor dem Hotel »Alexander Plaza Berlin«, etwa an der Stelle, wo auf dem historischen Foto ein Bücherkarren am Straßenrand steht, die andere an dem Durchgang von der Karl-Liebknecht-Straße zur Rosenstraße.
Die Einweihung der beiden Säulen wurde mit einer Veranstaltung verknüpft, in deren Rahmen Ruth Gross, die Tochter von Abraham Pisarek, als Zeitzeugin sprach; denn sie war als Mädchen mit ihrer Mutter und ihrem älteren Bruder im Februar/März 1943 täglich zu diesem Ort gekommen, um vor dem Gebäude zu verweilen, in dem ihr Vater gefangen war.
Zu der gewachsenen öffentlichen Wahrnehmung des Frauenprotestes in der Rosenstraße darf schließlich die Tatsache gerechnet werden, daß mittlerweile in schulischen Geschichtsbüchern der Verlage Buchner und Schroedel das Geschehen thematisiert wird und daß am LOT-Theater Braunschweig im April 1999 eine dokumentarische Aufführung von Gilbert Holzgang unter dem Titel »Rosenstraße '43« Premiere hatte, die im September jenes Jahres auch in Berlin gezeigt wurde.

2. Gedenkveranstaltung am 28. Februar 1993 zum 50. Jahrestag der Ereignisse in der Rosenstraße

Rede des Vorsitzenden der Jüdischen Gemeinde zu Berlin Jerzy Kanal

Meine sehr verehrten Damen und Herren,

während der zwölf Jahre von 1933 bis 1945, in denen dieses Land selbst in Barbarei versunken ist und darüber hinaus diese Barbarei in andere Länder hinausgetragen hat, haben sich viel zu viele Anlässe angesammelt, die wir heute als schmerzhafte Gedenktage zu begehen haben. Verglichen mit den meisten davon gibt der Grund, der uns heute und hier zusammenbrachte, auch ein kleines Stück Hoffnung. Hier an dieser Stelle fing vor genau 50 Jahren das einzige Kapitel des Mutes und der Solidarität innerhalb einer grauenvollen Geschichte an.
Es fing alles mit der sogenannten »Fabrik-Aktion« an. Dieser Name steht für einen der Akte des Unrechts während des Nazi-Regimes. Heute vor 50 Jahren wurden etwa 10 000 jüdische Zwangsarbeiter völlig ohne Haftbefehl in einer Tat der Willkür abgeholt. Das Besondere an dieser Aktion war, daß es nicht jeweils zu Hause geschah, sondern an den Arbeitsplätzen überwiegend in den Betrieben der Rüstungsindustrie. Weil diese Aktion auffällig viele Zeugen hatte, blieb auch nicht verborgen, wohin die Inhaftierten verschleppt worden sind. Diejenigen unter den jüdischen Zwangsarbeitern, die – wie es damals in der amtlichen und unmenschlichen Sprache hieß – »arisch versippt« waren, die also mit nichtjüdischen Ehepartnern verheiratet waren, brachte man in ein Haus, das damals auf diesem Gelände stand und das Sozialverwaltungshaus der Jüdischen Gemeinde gewesen ist, in das Haus Rosenstraße 2–4, neben der Synagoge Heidereutergasse.
Was dann geschah, war anfangs einfach eine Regung der natürlichen Menschlichkeit, die dann mit einer Eigendynamik und mit bewundernswertem Mut der beteiligten Menschen zu einer einmaligen Demonstration der Zivilcourage im »Dritten Reich« wurde. Hunderte von nichtjüdischen Partnerinnen und anderen Verwandten – zu der Gruppe gehörten sogar uniformierte Soldaten der Wehrmacht – der inhaftierten jüdischen Zwangsarbeiter kamen vor das Gebäude in der Rosenstraße mit dem Verlangen, ihren Angehörigen beizustehen. Tagelang verharrte die trotzige Gruppe mit wechselnder Besatzung auf dem Bürgersteig. Am 4. März wurden von den SS-Bewachern gegen die wartende Menge, die vorwiegend aus Frauen und zum Teil auch aus Kindern bestand, sogar Maschinengewehre aufgestellt. Die Familienangehörigen der Inhaftierten ließen sich aber selbst damit nicht ein-

schüchtern. Und dann geschah das Unglaubliche: das Regime gab nach, und die Inhaftierten in der Rosenstraße wurden freigelassen.

Was lehrt uns heute die Geschichte von der Rosenstraße? Zunächst einmal widerlegt sie die weitverbreitete Legende, daß Widerstand im NS-Staat nicht möglich war. Es war offensichtlich möglich, sich offen aufzulehnen, vorausgesetzt, daß es sich um eine Auflehnung einer unübersehbaren Gruppe von Menschen handelte, eine Auflehnung im Zeichen der Solidarität. Das ist die Aussage im Hinblick auf die Vergangenheit. Die Lehre für die Zukunft lautet, daß es sich lohnt, Zivilcourage zu zeigen, nicht nur als eine Geste zur Bewahrung der eigenen Würde, sondern auch wegen einer möglichen Aussicht auf realen Erfolg.

Und die Lehre für unsere Gegenwart möchte ich gerne konkretisieren. Wir leben – Gott sei Dank! – in einem Staat, dem gegenüber man keine Zivilcourage anzuwenden braucht, um gefährdete Menschenleben zu retten. Es gibt aber auch heute konkrete Situationen, in denen wir uns die Frauen aus der Rosenstraße als Beispiel nehmen können. Wenn wir Zeugen werden beispielsweise von Gewalt jugendlicher Randalierer gegen Minderheiten, dann erweisen wir nicht nur ihnen und der eigenen Würde, sondern auch unserem Gemeinwesen einen Dienst, indem wir dieses Beispiel befolgen. Es zu befolgen bedeutet aber, der spontanen menschlichen Regung gegen das Unrecht und nicht dem momentanen Gefühl der Angst nachzugeben und solidarisch zu handeln.

Aus unserer Sicht gehört auch die Verpflichtung, die unheilvolle Vergangenheit nicht in Vergessenheit geraten zu lassen, zu den Schritten, mit denen das friedvolle Zusammenleben in einem demokratischen Gemeinwesen geschützt werden sollte. Auch deswegen wollen wir, daß dieses Gelände nicht nur in diesen Tagen der Erinnerung erkenntlich bleibt. Wir wollen es kennzeichnen zum einen durch das Mahnmal von Frau Hunzinger, das auf dieser Stelle errichtet wird, und zum anderen dadurch, daß an der Stelle des abgerissenen Gebäudes ein neues Haus der Jüdischen Gemeinde gebaut werden soll, das einem angemessenen Zweck dienen wird. Ich würde uns allen wünschen, daß uns auch die heutige Gedenkstunde dabei hilft, die Lehre der Frauen aus der Rosenstraße über die Vergangenheit, in der Gegenwart und für die Zukunft zu beherzigen.

Ansprache der Bürgermeisterin von Berlin und Senatorin für Arbeit und Frauen Dr. Christine Bergmann

Sehr geehrter Herr Kanal,
meine sehr geehrten Damen und Herren,

vor genau 50 Jahren haben an diesem Ort Frauen gegen die nationalsozialistische Schreckensherrschaft Widerstand geleistet. Tage- und nächtelang haben sie zusammen mit ihren Kindern und Verwandten gegen die Deportation ihrer jüdischen Ehemänner und Kinder protestiert. Selbst die Angst vor den Maschinengewehren der Gestapo konnte den Mut und die Liebe dieser Frauen nicht brechen. Und eine Woche später geschah das Einmalige: Die Gestapo entließ 1500 jüdische Menschen aus ihrer Gewalt.
Der heutige Tag gilt der Erinnerung an diesen beispielhaften Akt des zivilen Ungehorsams. Doch ist dies nicht allein ein Tag des Zurückblickens. Auch heute haben Menschen wieder Angst in Deutschland, Angst vor rassistischen und antisemitischen Gewaltakten. Wir dürfen unsere Augen vor diesen rechtsextremen Tendenzen in unserer Gesellschaft nicht verschließen. Der couragierte Einsatz der Frauen von damals macht uns Mut und sollte uns ein Beispiel für die Gegenwart sein.
Es darf uns nicht beruhigen, daß Hundertausende auf die Straßen gehen und mit Lichterketten für ein friedliches und buntes Zusammenleben demonstrieren. Aber diese Aktionen zeigen uns doch, daß die überwältigende Mehrheit der Menschen in unserem Lande nicht bereit ist, solche Ausschreitungen gegen unsere Mitbürgerinnen und Mitbürger zu dulden. Doch auch der Staat ist gefordert, alle vorhandenen Rechtsmittel einzusetzen, gegen Gewalt vorzugehen und unsere Demokratie zu verteidigen.

Meine Damen und Herren,
nur wenige wissen von dem Widerstand der Frauen in der Rosenstraße. Kaum ein Geschichtsbuch schreibt darüber. Nicht einmal eine Gedenktafel erinnert an diesen bedeutenden Akt des zivilen Ungehorsams und macht das Ereignis zur Gegenwart. Und auch nur wenige wissen, daß sich hier – im Herzen Berlins – ein Zentrum jüdischen Lebens befand. Wo früher die älteste Synagoge Berlins und die Sozialverwaltung der Jüdischen Gemeinde standen, ist jetzt ein städtebauliches Loch.
Aber das soll anders werden. Bald wird Ingeborg Hunzinger ihr Denkmal, an dem sie schon seit mehreren Jahren arbeitet, vollenden. Dieses mahnende Kunstwerk findet hier seinen Platz. Ich denke, es ist von größter Bedeutung, immer wieder die Erinnerung wachzurufen. Viele Spuren der Vergangenheit scheinen verwischt, und es liegt in unser aller Verantwortung, sie wieder zurück ans Licht zu holen. Jetzt werden endlich auch die vielen Schicksale, die mit diesem Ort verknüpft sind, eine Würdigung erfahren. Doch neben

der Erinnerung soll hier auch wieder jüdisches Leben einziehen. Die Jüdische Gemeinde plant, auf ihrem alten Grundstück Neues zu bauen, und wird das Denkmal in diesen Neubau integrieren.

Meine Damen und Herren,
die Frauen von der Rosenstraße haben sich nicht als Widerstandskämpferinnen begriffen. Sie haben das getan, was für sie schon jahrelang selbstverständlich war und wofür sie angefeindet und verfemt wurden: Sie haben sich als nichtjüdische Deutsche zu ihren jüdischen Männern, Familien und Freunden bekannt. Und gerade das macht sie zu Heldinnen; denn sie haben mit ihrem spontanen Kampf ihr eigenes Leben eingesetzt, um das Leben ihrer Angehörigen zu retten. Mit der ungeheuren Kraft ihres zivilen Ungehorsams, ihrer Weigerung, einen Unterschied zwischen deutsch und jüdisch zuzulassen, haben sie der nationalsozialistischen Diktatur die Stirn geboten.
Die Frauen haben es nicht zugelassen, daß ihre Familien durch Graben des Hasses zerstört werden. Und wenn wir uns die Wirklichkeit im heutigen Europa anschauen, dann ist dies von erschreckender Aktualität. Nationalismus und Rassismus sind immer noch Nährboden für Krieg und Zerstörung. Nur anderthalb Flugstunden von hier entfernt tobt ein entsetzlicher Krieg, wie wir ihn auf europäischem Boden nicht mehr für möglich gehalten haben. Deshalb dürfen wir nicht aufhören, uns immer wieder für ein friedliches Miteinander, für Toleranz anstelle von Ausgrenzung, für Verständigung und Vielfalt einzusetzen. Diese Botschaft wird hier in der Rosenstraße manifest.

Rede von Cynthia Klein (Präsidiumsmitglied Wizo* Deutschland)

Februar 1943 – Protest in der Rosenstraße
Februar 1993 – Nur Gedenken in der Rosenstraße?

Vor fast genau 50 Jahren ereignete sich hier an dieser Stelle etwas Ungewöhnliches. Erst waren es einige nicht-jüdische Frauen, die an diesem Ort demonstrierten. Bald jedoch wurden es täglich mehr, die für die Freilassung ihrer jüdischen Angehörigen gewaltlos demonstrierten. Berlin war zu diesem Zeitpunkt fast »judenfrei«, Stalingrad gefallen, Depression lag in der Luft. Jedes öffentliche Ärgernis war den Machthabern ein Dorn im Auge, deshalb wagten sie es auch nicht, den Widerstand dieser Frauen zu brechen.
Das Unmögliche wurde wahr, alle Inhaftierten wurden freigelassen.
Heute, 50 Jahre danach, stehen wir an dieser Stelle und wollen dieses Ereignisses, das den einzigen öffentlichen Widerstand gegen das NS-Regime darstellte, gedenken. Auf Initiative der Wizo kam es zu dieser Veranstaltung. Warum ergriff gerade Wizo gemeinsam mit der Volkshochschule der Jüdischen Gemeinde zu Berlin die Initiative, ein Ereignis zu würdigen, das so wenig im Bewußtsein der Bevölkerung verankert ist?
Hierzu muß man wissen, daß Wizo eine apolitische Frauenbewegung ist. Frauen waren es, die damals in der Rosenstraße widerstanden.
Wenn wir zurück in die Vergangenheit blicken, sei es zu biblischen Zeiten, aber auch in der jüngeren Vergangenheit, so waren es immer wieder Frauen und Mütter, die den Mut fanden, sich aufzulehnen: Ein Beispiel hierfür mögen die Schweigemärsche der argentinischen Frauen und Mütter sein, die letztendlich auch dazu beitrugen, daß die Militärdiktatur gestürzt wurde.
Was bewegt Frauen zu widerstehen?
Liebe allein kann kaum etwas bewirken. Liebe aber macht mutig und stark. Stärke und Mut jedoch brauchen wir auch heute in großem Maße, wenn wir den fatalen Strömungen in unserer Gesellschaft entgegenwirken wollen.
Deshalb kann und soll unser heutiges Zusammentreffen hier nicht nur ein Gedenken an die mutigen Frauen von damals sein. Vielmehr wollen wir als Wizo heute alle Frauen dazu aufrufen, Widerstand gegen Antisemitismus, Rassismus und Ausländerhaß zu leisten, denn gemeinsam sind wir stark.

---

* WIZO = Women's International Zionist Organization

3. Das Denkmal von Ingeborg Hunzinger, eingeweiht am 18. Oktober 1995

Als am 28. Februar 1993 anläßlich des 50 Jahrestages der »Fabrik-Aktion« und des Protestes in der Rosenstraße eben dort eine Gedenkveranstaltung stattfand, verlor sich auf dem Gelände eine kleine schmale Skulptur, 145 cm hoch: eine Frau, ein Mann, einander umarmend. Es handelte sich um ein Element eines Mahnmals, das die Bildhauerin Ingeborg Hunzinger geschaffen hatte, das zu jenem Zeitpunkt aber noch im Garten ihres Atelierhauses in Berlin-Rahnsdorf stand. Erst am 18. Oktober 1995 konnte das Denkmal in der Rosenstraße eingeweiht werden (siehe Abb. S. 94/95).

Das Gestein stammt aus einem im Wald südlich vom sächsischen Rochlitz gelegenen Porphyrbruch. Purpurfarben. Kein tiefer, sondern ein gebrochener Farbton. Vulkangestein. »Gefrorene Asche«, sagt die Künstlerin. Ihre plastische Idee war es, eine »bewegte Wand« zu gestalten. Da sind zunächst drei Blöcke, 2,30 Meter hoch, etwa ebenso breit, 80 cm tief. Zwei dieser Blöcke – äußerlich auseinandergerissen – fügen sich zu einem Element des Denkmals zusammen. In den einen Block ist eine Gruppe gefangener Männer gehauen.

Aus dem Gefängnis löst sich eine männliche Figur, ein Befreiter. Der Mann strebt auf die Frau zu, die aus dem nahen – bei diesem Standort des Betrachters rechten – zweiten Block herausragt. In die einander zugewandten Schmalseiten der Blöcke sind Bruchstellen gehauen, Bruchstellen, die sich ineinanderfügen ließen. Eben eine auseinandergerissene Wand.

Die Blöcke nehmen noch weitere Szenen und Figuren auf, das gewalttätige Grauen versinnlichend und das Schicksal der Verfolgung widerspiegelnd. Für die vielen, die in den Tod getrieben wurden, steht ein altes Paar. Wir sehen Verstummte und einen Fliehenden.

Denkt man sich diese beiden Blöcke, die nur ein schmaler Spalt trennt, auf der Linie eines Kreises, so steht der dritte Block auf der Fortsetzung der Kreislinie ihnen gegenüber: der Block der Frauen. Eine Gruppe Frauen, dicht beieinanderstehend. Nicht ohne Furcht, aber bestärkt durch das gemeinsame Leid und Leiden – voller Entschlossenheit. Kinder schmiegen sich an ihre Mütter, sind beinahe Teil derer Körper. Links von der Gruppe, unten, eine hockende Figur, im Relief: der Philosoph, Symbol der Weisheit. Und auf der Rückseite dieses Blockes, in einer langgezogenen flachen Nische – nun endgültig an diesem Ort – das einander umarmende Paar: Das Wiedersehen.

Daneben ein Relief: »Die böse Gewalt«. Große, krallige Hände, das Paar auseinanderreißend. Die Predella: ein sich dagegenstemmendes Kind, von der Bildhauerkollegin Franziska Schwarzbach geschaffen.

In dem Raum, den diese drei Quader umschließen, steht die Skulptur zweier Frauen, lebensgroß. Einander zugewandt. Die eine zusammensinkend, findet Halt bei der anderen.

Alle Blöcke faßt ein Sturz ein, etwa einen halben Meter breit. Er soll jenen Druck versinnlichen, der auf den Menschen während der Nazi-Zeit gelastet hat. Die Sprache der Figuren und Symbole wird ergänzt durch Worte, welche die »Fabrik-Aktion« und den Protest in der Rosenstraße betreffen bzw. interpretieren:

»Die Kraft des Zivilen Ungehorsams und die Kraft der Liebe bezwingen die Gewalt der Diktatur.«

Worte, die die Künstlerin als immer gültigen Aufruf und als Ermutigung für die Menschen versteht.
Und da ist ein letzter Block. Die Höhe: zwei Meter. Die Grundfläche quadratisch. Eine dominierende Figur: ein Geiger mit zerbrochenem Instrument. Symbol für das durch die Nazis 1933 zerstörte Mitwirken deutscher Juden an der Kultur.
Auf zwei Seiten dieses Steines sind Reliefs. Ihr Thema: die erste große erzwungene Emigration der Juden nach Babylonien. »Sie saßen unter den Weiden und weinten.« Daniel, ihr Führer, mit dem Buch der Weisheit in einer Nische.
Abgerückt vom Ensemble des Denkmals steht eine Bank. Darauf ein Mann, ein Jude. Ein freier Platz neben ihm lädt geradezu zum Hinsetzen ein. Gab es doch Zeiten in Deutschland und gerade in dieser Stadt Berlin, da war es jüdischen Menschen verwehrt, auf öffentlichen Bänken zu sitzen.

Gesamtansicht des Denkmals von Ingeborg Hunzinger in der Rosenstraße

GEBT UNS UNSER
MÄNNER
WIEDER
FRAUEN
STANDEN
HIER
600
MÄNNER
FREI

4. Einweihung der Gedenktafel am Anbau des Hotels »Alexander Plaza Berlin« am 9. September 1998

Text der Gedenktafel Alexander Plaza Hotel Berlin Rosenstraße 1

An dieser Stelle Ecke Rosenstraße/Heidereutergasse stand bis zu seiner Zerstörung in den letzten Kriegstagen 1945 das Gebäude der Sozial-Verwaltung der Jüdischen Gemeinde Berlins, Rosenstraße 2–4. Es war nach der Fabrik-Aktion der Nationalsozialisten vom 27./28. Februar 1943 Gefängnis für viele hundert jüdische Ehepartner und Kinder in sogenannten Mischehen. Vor dem Haus protestierten tage- und nächtelang Hunderte von Menschen, überwiegend Frauen, gegen eine drohende Deportation ihrer Angehörigen nach Auschwitz. Nach einer Woche gewaltlosen Protestes kamen die meisten Gefangenen frei.
Das benachbarte Denkmal der Berliner Künstlerin Ingeborg Hunzinger ist diesem Ereignis gewidmet.
Hinter dem Gebäude befand sich in der Heidereutergasse die älteste Synagoge Berlins. 1714 eingeweiht, wurde 1942 in ihr der letzte Gottesdienst abgehalten vor der Zerstörung 1945.

Rita Süssmuth, Baron Löwenstein de Witt, Ignatz Bubis

Rede der Präsidentin des Deutschen Bundestages Frau Prof. Dr. Rita Süssmuth anläßlich der Gedenkstunde* im Hotel »Alexander Plaza Berlin«

Sehr geehrter Herr Loock, Frau Hasskerl, Herr Bubis, Herr Löwenstein, liebe Autoren, verehrte Anwesende,

Städte haben Gesichter. An ihnen kann man die Entwicklung ablesen, die Stadtviertel und Straßen in den unterschiedlichen Zeiten genommen haben. Es ist Stein gewordene Geschichte, die unsere Gegenwart prägt – und uns überdauern wird. Dabei sind die städtebaulichen Planungen und die Gestaltungen von Vierteln nicht nur Ausdruck des jeweiligen Zeitgeistes in Politik, Wirtschaft und Kultur, sondern die Architektur von Straßen und Häusern erzählen auch die Biographien der Menschen, die hier gelebt und gearbeitet haben. Das gilt für Berlin insgesamt mit seiner wechselvollen Geschichte, besonders aber für das Marienviertel hier, dem Herzen Berlins. Ich nenne nur das Rote Rathaus, die Garnison- und die Marienkirche, die Hackeschen Höfe, die Rosenstraße. All dieses sind Orte spezifischer Berliner Tradition und vielseitigen urbanen Lebens. Sie bieten auch in den aktuellen Modernisierungen und Rekonstruktionen vielfältige Gelegenheit, Berliner Vergangenheit als Teil der Gegenwart zu entdecken. Zu dieser gehört vor allem auch die Geschichte der Juden in Berlin. Die beiden Autoren dieser Broschüre haben in informativer und zugleich spannender Weise die Entwicklung des Marienviertels und insbesondere der Rosenstraße nachgezeichnet. Sie, Herr Loock, haben dazu die Anregung gegeben und den Druck ermöglicht. Mit dem Dank an Sie und die Autoren verbinde ich die Hoffnung, daß die Broschüre eine weite Verbreitung findet, auch über Berlin hinaus.
Denn diese Broschüre beschreibt nicht nur die historische Entwicklung des Marienviertels unter städtebaulicher und denkmalpflegerischer Perspektive, sondern erzählt auch von dem Verhalten mutiger Menschen in der Zeit der nationalsozialistischen Diktatur. In diesem Viertel befand sich die Blindenwerkstatt Otto Weidts, der jüdische Blinde und Taubstumme beschäftigte, sie vor den Deportationen durch die Nazis zu sichern suchte und mehreren das Leben rettete. Hier arbeitete der Polizist Wilhelm Krützfeld, der in einer Haltung aus Solidarität und Anstand jüdische Bürger warnte und schützte. Es war gerade das widerständige Verhalten der sogenannten kleinen Leute, das wir besonders in diesem Viertel finden. Es bewahrte für Juden und andere Verfolgte Schutzräume gegenüber denjenigen, die Recht und Menschlichkeit mit Füßen traten. Trotz aller Propaganda hat Hitler in Berlin nie so viel Massenanhang gefunden

* Auf dieser Veranstaltung wurden die Gedenktafel eingeweiht und eine Broschüre »Rosenstraße. Gestern, heute« von Gernot Jochheim und Johannes Rösler vorgestellt, gleichzeitig die Dauerausstellung zur Geschichte der Rosenstraße im Hotel eröffnet.

wie in anderen Städten. Auch Hannah Arendt, die hier selbst als Jüdin verfolgt wurde und nach Gestapohaft emigrieren mußte, hat darauf hingewiesen, daß die Berliner resistenter gegenüber den Verlockungen nationalsozialistischer Ideologie und den Verrohungen der braunen Truppen gewesen sind. Die meisten Geretteten gab es hier in Berlin, wo über 4 000 jüdische Bürger von ihren Mitbürgern versteckt wurden und so mit dem Leben davonkamen.

In diesem Umfeld konnte deshalb auch das gelingen, was anderswo vielleicht keine Chance gehabt hätte und deshalb in Deutschland nach 1933 als massenhafte, demonstrationsartige Widerstandshandlung einmalig blieb: der öffentlich sichtbare Protest der Frauen in der Rosenstraße gegen die Deportation ihrer jüdischen Ehepartner und Kinder nach Auschwitz. Diese Aktion war ein widerständiges Handeln gegen einen übermächtig erscheinenden nationalsozialistischen Unrechts- und Terrorstaat. Es war ein »Widerstand des Herzens« von Frauen, die sich zum spontanen Protest zusammenfanden, geeint in dem Ruf: »Gebt uns unsere Männer wieder.« Diese Frauen waren wütend und verzweifelt zugleich, sie standen mit großer Angst auf der Straße. Aber sie fanden zugleich zu einer Haltung, die mutig auf Recht und Menschlichkeit beharrte. Sie traten gewaltlos (es flog nicht ein einziger Stein) und nur mit der Macht ihrer Worte gegen die organisierte Gewalt an, hielten auch angesichts drohender Gewehre stand. Und sie waren in ihrem Willen beharrlich, kamen eine Woche lang jeden Tag wieder neu. Mit ihrem Protest, ihrer Zivilcourage erreichten sie schließlich die Freilassung fast aller ihrer Männer. Dies war wie ein Wunder in einer Zeit, in der der nationalsozialistische Terror auf dem Höhepunkt stand und Deportationen jüdischer Bürger immer unverhohlener durchgeführt wurden. Zivilcourage machte etwas möglich, was unmöglich schien. Ob wiederholter Massenprotest die Vernichtung der deutschen Juden hätte stoppen oder zumindest verlangsamen können, muß eine offene Frage bleiben. Aber breiteres widerständiges Verhalten hätte zumindest mehr Menschen das Leben retten können. Und es wäre ein Signal gewesen gegenüber der schleichenden Gewöhnung an die Ausgrenzungen jüdischer Bürger, die seit 1933 schikaniert, im Alltag vielfältigen Diskriminierungen ausgesetzt und Stück um Stück entrechtet wurden. Am Ende standen dann die Deportationen in die Todeslager – wie bei der von den Nazis verharmlosend genannten »Fabrik-Aktion«, bei der auch jüdische Zwangsarbeiter, die in sogenannten »Mischehen« lebten, gefangengenommen und in die Sammelstelle in der Rosenstraße gebracht wurden. Damals lebten in Berlin noch etwa 27 000 von ehemals 160 000 jüdischen Bürgern. Über 55 000 waren in die Konzentrationslager verschleppt, manche waren in den Gestapo-Kellern zu Tode gefoltert, viele zur Emigration gezwungen worden, einige wählten den Freitod. Wer sich dieses vor Augen führt, kann erst die große Bedeutung dessen ermessen, daß es in Berlin heute wieder vielfältiges jüdisches Leben gibt, die Jüdische Gemeinde an Mitgliedern wächst und daß die jüdische Kultur, die immer eine große Bereicherung dargestellt hat, wieder in Berlin gegenwärtig ist.

Zwei Gedanken sind mir in diesem Zusammenhang wichtig:
Erstens: Es gibt viele in unserem Land, die sagen: Laßt doch die Vergangenheit ruhen, setzen wir endlich einen Schlußstrich! Doch die das sagen, verkennen den Wert und die Notwendigkeit der Erinnerung. Denn – individuelle und kollektive – Erinnerung bedeutet Gerechtigkeit für die Opfer und Orientierung für die jetzt und künftig Lebenden. Richtiges Urteilen, Bewerten und Konsequenzen ziehen für das eigene Tun setzt Erinnerung voraus.
Wir haben gegenüber den Opfern der nationalsozialistischen Diktatur eine kollektive Verantwortung. In bezug auf diejenigen, die gelitten haben, haben wir die Pflicht der Erinnerung und die Schuldigkeit, das Unrecht so weit es geht auszugleichen. Wie schwer wir uns damit auch über fünfzig Jahre danach damit tun, zeigen die Auseinandersetzungen um die Entschädigungen für die damaligen Zwangsarbeiter, aber auch die Diskussionen um das hier geplante Holocaust-Mahnmal. Ich hätte mir gewünscht, wir hätten schneller die Entscheidung getroffen. Doch ich denke, daß diese nun an den Deutschen Bundestag gegeben worden ist, bedeutet auch eine neue Chance der Prüfung und der Selbstvergewisserung an dem Ort, an den das deutsche Volk als Souverän die Legitimität der Entscheidung gelegt hat.
Zugleich ist es unsere Aufgabe, die Erinnerung auch an diejenigen wachzuhalten, die sich der nationalsozialistischen Barbarei unter persönlichen Risiken, bis zum Einsatz ihres Lebens, entgegengestemmt haben. Viele Deutsche waren Mitläufer, standen dem Widerstand mit Unverständnis gegenüber. Aber an vielen Orten in Deutschland gab es mutige Menschen, die sich auch in der Zeit der Entrechtung und Verfolgung der Mitmenschlichkeit moralisch verpflichtet gefühlt haben. Diese verkörperten das »andere Deutschland«, das dem menschenverachtenden braunen Terror mit der Stimme des Gewissens, der Haltung des Anstands und dem Mut zu Tat und Hilfe entgegentrat. Vor kurzem haben wir der Frauen und Männer des 20. Juli 1944 gedacht. Wir wissen auch um die Handlungen einer Reihe anderer, die sich zu Gruppen zusammengeschlossen hatten, um Widerstand zu leisten. Aber es gab auch viele der »stillen Helden«, Frauen und Männer, die sich individuell den Maßnahmen und Anordnungen der Nazis widersetzten, jüdischen Mitbürgern ihr Schicksal erleichterten oder sie retteten. Ich bin froh darüber, daß wir in Deutschland inzwischen über 30 000 Gedenkstätten, Mahnmale und Mahntafeln haben, die die Opfer nationalsozialistischer Willkürherrschaft nicht vergessen lassen und damit immer wieder neu Anstöße geben. Aber noch immer gibt es zu wenig Erinnerungen an die, die Widerstand geleistet, die sich widersetzt haben. Die Unkenntnis darüber ist groß. Das Beispiel der Frauen in der Rosenstraße zeigt, wie die Erinnerung an diese Geschehnisse jahrzehntelang verschüttet geblieben ist. Die Gedenktafel, die wir gleich enthüllen, ist deshalb der richtige und wichtige Versuch, für uns heute wie für die Zukunft das mutige Handeln der Frauen gegenüber der Nazi-Diktatur als Beispiel für Zivilcourage in unserem Gedächtnis zu behalten. Aber schmerzlich muß uns dabei bewußt sein, daß sie auch zu spät kommt. Einige Jahre

früher hätten diese tapferen Frauen den Tag ihrer Würdigung noch erlebt. Es gibt nur noch ganz wenige Zeitzeugen, die uns wie heute in diesem Raum authentisch darüber berichten können. Ich hoffe deswegen, daß diese Gedenktafel ein Anstoß des Nachdenkens ist für Gäste, Vorübergehende, Touristen. Und ich wünsche mir, daß Schulklassen und Jugendvereine hierherkommen, vor Ort Spurensuche betreiben, eigene Auseinandersetzungsmöglichkeiten gewinnen und dadurch einen persönlichen Bezug finden zu den Menschen in der Zeit der nationalsozialistischen Willkürherrschaft. Wenn diese Jugendlichen dann fragen, wie es in einem Land mit hochstehender Kultur zu dieser menschenverachtenden Barbarei kommen konnte, warum das, was geschah, niemand verhindert hat, warum so viele zugeschaut haben, aber auch, wie es kam, daß sich einige widersetzt und geholfen haben, dann werden sie Antworten finden, die sie in ihrem eigenen Leben vielleicht ein Stück resistenter machen gegenüber den Angeboten des Rechtsextremismus und der Ausländerfeindlichkeit.
Und damit bin ich bei meinem zweiten Gedanken. Aus welchen Antrieben wurde widerständiges Verhalten in der nationalsozialistischen Diktatur gezeigt und was bedeutet das für unsere Demokratie heute? Sicher waren die Motive vielfältig und wurden auch von den jeweiligen persönlichen Lebensumständen geprägt. Aber zweierlei Antriebe tauchen immer wieder auf. Da ist zum einen das persönliche Gewissen, mit dem sich die vielfältigen Menschenrechtsverletzungen bis hin zu dem Morden nicht vereinbaren ließen. Da ist zum anderen die im alltäglichen Umgang verwurzelte Haltung des Anstands und der Rechtschaffenheit, die zu Anteilnahme, spontaner Hilfe und Mitmenschlichkeit zu den ausgegrenzten Menschen führte. Beides ermöglichte es, daß Menschen persönliche Verantwortung in der Diktatur übernahmen, trotz des damit verbundenen erheblichen Risikos. Ich denke, daß wir davon für unsere Gesellschaft heute lernen können. Denn auch bei uns gibt es viele, die gedankenlos mitlaufen, die sich scheuen, persönliche Verantwortung zu übernehmen, obwohl dieses in einer Demokratie viel leichter fallen sollte. Auch wir Heutigen haben nicht die Gefahr der Ausgrenzung überwunden. Und wir sollten antisemitischen Einstellungen, braunem Denken und brauner Gewalt oder dem Entstehen sogenannter ausländerfreier Zonen nicht verharmlosend gegenüberstehen. Wie schnell autoritäre, ausgrenzende, letztlich menschenverachtende Verhaltensweisen wieder Raum gewinnen können, darüber haben uns nicht nur wissenschaftliche Experimente (»Milgram-Experiment«*, »Die Welle«**) belehrt. Wir erleben sie selbst in der aktuellen Situation des wirtschaftlichen und sozialen Umbruchs und der Versuchungen des Populismus im Zeitalter der Massenmedien. Um so wichtiger wird die Bedeutung von Bürgermut und Zivilcourage im Rahmen einer deutschen (und europäischen) Bürgergesellschaft. Unsere Aufgabe ist es deswegen, nicht nur Weichenstellungen für die richtige Ausbildung junger Menschen in der modernen Wissens- und Informationsgesellschaft vorzunehmen. Wir haben auch Sorge dafür zu tragen, daß

ebenso der Charakter gebildet wird und sich eigenständige Urteilskraft wie Haltungen des Anstands, der sittlichen Verpflichtung, des Gefühls für das Grundsätzliche, des Respekts, der Anteilnahme, der Fürsorge und Solidarität gegenüber dem Mitmenschen entwickeln. Die Zukunft unserer freiheitlichen, demokratischen Republik wird von einem davon geprägten Handeln mit entscheidend abhängen.

Die Frauen in der Rosenstraße haben uns mit ihrem Protest im Angesicht der nationalsozialistischen Verbrechensherrschaft ein Beispiel für gelebte Zivilcourage gegeben. Ihr Mut war Ausdruck von Entschlossenheit, Standhaftigkeit und Würde unter äußerem Druck. Daß dieser Protest in der breiten Öffentlichkeit in Deutschland bis heute kaum bekannt geworden ist, zeigt die Notwendigkeit einer Erinnerungskultur, die das Andenken der Opfer ebenso bewahrt wie das derjenigen, die im widerständigen Verhalten gegenüber der Nazi-Diktatur zu trotzen gesucht haben. Aus dieser Erinnerung können wir Kräfte dafür gewinnen, um Bürgersinn, engagierte Teilnahme und Zivilcourage zu alltäglichen Gewohnheiten zu machen. Dieses hilft zugleich, die Normen zivilen Umgangs miteinander auch in schwierigen Situationen zu bewahren. Freiheit und Gerechtigkeit als Fundamente unseres bürgerschaftlichen Zusammenlebens bedürfen auch der Stimme des Gewissens und der Ausbildung von Haltungen des Anstands. Deswegen kann die Auseinandersetzung mit den Geschehnissen in der Rosenstraße ein wichtiger Anstoß sein, unseren Grundwerten nicht gleichgültig gegenüberzustehen, sondern aus Einsicht die Grundlagen freiheitlicher, rechtsstaatlicher Demokratie zu bejahen und aktiv dafür einzutreten.

---

* Das »Milgram-Experiment« – benannt nach dem amerikanischen Sozialpsychologen Stanley Milgram – hat die Bereitschaft von Menschen belegt, andere Menschen in Situationen, in denen sie eine Verantwortung für ihr Handeln an eine als Autorität empfundene Person gleichsam »abtreten« können, zu foltern und gegebenenfalls sogar deren Tod in Kauf zu nehmen.

** Das Buch »Die Welle« von Morton Rhue beruht auf einer wirklichen Begebenheit an einer amerikanischen High School. Ein junger Lehrer entschließt sich zu einem ungewöhnlichen Experiment. Er möchte seinen Schülern, die ihr Unverständnis über die Geschehnisse in Nazi-Deutschland äußern, beweisen, daß immer und überall Menschen für faschistoides Denken und Handeln anfällig sein können. Unter anderem wird deutlich, wie leicht Menschen kollektive Symbole (hier in Analogie zum »Hakenkreuz« eine stilisierte »Welle«) zur Stabilisierung ihrer eigenen Identität und zur Ausgrenzung von anderen nutzen können. – Der gleichnamige Film entspricht im übrigen der Qualität des Buches in keiner Weise.

5. Einweihung der Litfaßsäulen in der Rosenstraße und an der Karl-Liebknecht-Straße am 4. März 1999

Rede von Dr. Ruth Gross-Pisarek auf der Veranstaltung der »Topographie des Terrors«:

Obwohl die Ereignisse dieses Ortes, deretwegen wir heute hier sind, 56 Jahre zurückliegen, kann ich nicht ohne Beklommenheit hier stehen. Manche Gefühle und Erlebnisse verblassen nicht.

An jenem Sonnabend, dem 27. Februar 1943, kam auch unser Vater, Abraham Pisarek, nicht von der Fabrik in der Frankfurter Allee, in der er als Heizer Zwangsarbeit leistete, nach Hause. Von dem Vater meiner Freundin Erika Hecht, der als Kriegsversehrter des 1. Weltkriegs noch nicht deportiert worden war, erfuhren wir, daß die Männer aus den Mischehen möglicherweise im Haus der Jüdischen Gemeinde, Rosenstraße 2–4, eingesperrt wären. Tatsächlich war mein Vater am frühen Morgen auf einem offenen Lastwagen mit allen anderen jüdischen Zwangsarbeitern der Fabrik zunächst ins »Clou« und dann hierher gebracht worden. Hier, vor dem Haus Rosenstraße Ecke Heidereutergasse trafen wir am Abend desselben Tages die ersten Schicksalsgenossen, wir, das waren unsere Mutter Berta Pisarek, mein damals 13jähriger Bruder Georg und ich, ein 11jähriges Kind.

Vor der Tür stand ein Mann in Zivil, offenbar ein jüdischer Ordner, der uns den Eintritt verwehrte, dem wir aber später am Abend ein Stullenpäckchen mit dem Namen aufdrängen konnten.

Die Litfaßsäule, die damals hier stand, wurde für 1 Woche mein strategisch wertvoller Stammplatz. Schon am Sonntag hatte ich hinter der Fensterscheibe im 3. Stock meinen Vater entdeckt, er winkte hinter der Scheibe vorsichtig mit der Hand, in der er ein kleines weißes Zettelchen hielt, d. h. er hatte unser Stullenpäckchen erhalten, in das wir ein Liebesbriefchen hereingelegt hatten. Natürlich war dieser Platz am Fenster begehrt, die Männer, die eingezwängt in den Zimmern standen, hofften ja alle, ihre Frauen draußen zu entdecken. Ich stand schon deshalb oft und lange da unten, um ihm jeden Tag wenigstens einmal zuwinken zu können.

Die Litfaßsäule war zudem ein besonders günstiger Platz für mich, weil ich bei den Versuchen der Polizei, die Frauen zu vertreiben, nur langsam um die Litfaßsäule herumzugehen brauchte, um nicht beachtet zu werden. Die Polizei kam nie mit einem großen Aufgebot. Die Frauen wichen widerstrebend in die umliegenden Straßen aus, um nach kurzer Zeit wieder zu erscheinen und ihren Posten einzunehmen.

Wann immer wir kamen, trafen wir auf Frauen, die einzeln oder in kleineren oder größeren Gruppen in einigem Abstand vor dem Haus standen oder auf- und abgingen, Tag und Nacht. In der Nacht vom 1. auf den 2. März gab es

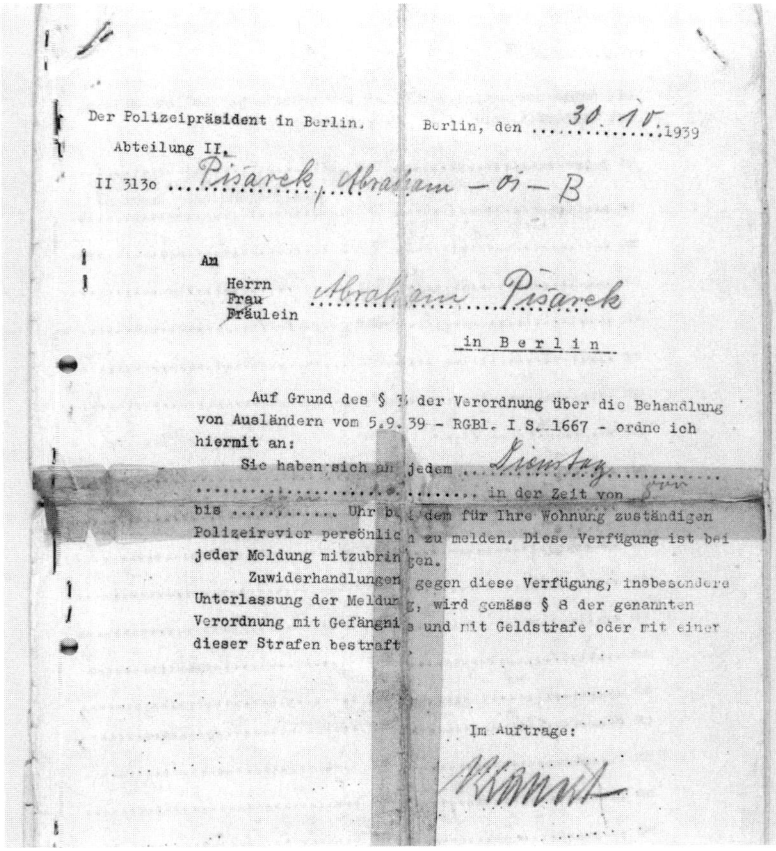

Der Polizeipräsident in Berlin. Berlin, den 30. 10. 1939

Abteilung II.

II 3130 Pisarek, Abraham – 01 – B

An

Herrn
~~Frau~~
~~Fräulein~~ Abraham Pisarek

in Berlin

Auf Grund des § 3 der Verordnung über die Behandlung von Ausländern vom 5.9.39 – RGBl. I S. 1667 – ordne ich hiermit an:

Sie haben sich an jedem Dienstag .... in der Zeit von 8 bis .... Uhr bei dem für Ihre Wohnung zuständigen Polizeirevier persönlich zu melden. Diese Verfügung ist bei jeder Meldung mitzubringen.

Zuwiderhandlungen gegen diese Verfügung, insbesondere Unterlassung der Meldung, wird gemäss § 8 der genannten Verordnung mit Gefängnis und mit Geldstrafe oder mit einer dieser Strafen bestraft.

Im Auftrage:

am 9.2.43 – 9 Uhr

am 16.2.43 – 9 05 Uhr Henke

am 23.2.43 10 00 Uhr Henke

am 29

am 6

am 13

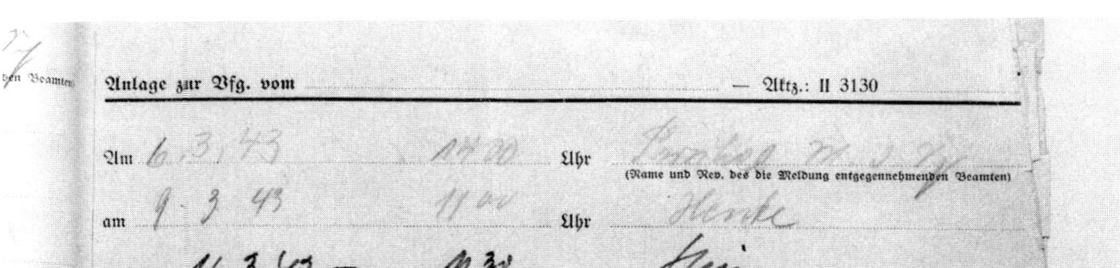

Anlage zur Vfg. vom — Aktz.: II 3130

Am 6.3.43 14 30 Uhr
(Name und Rev. des die Meldung entgegennehmenden Beamten)

am 9.3.43 11 00 Uhr Henke

am 16.3.43 – 11 30 Uhr

Auszüge aus dem Meldebuch von Abraham Pisarek: Zu erkennen sind die Lücke für Dienstag, den 2. März 1943 und der Eintrag vom 6. März, dem Tag seiner Entlassung aus dem Sammellager in der Rosenstraße, als er, um die bürokratischen Auflagen zu erfüllen, umgehend das Polizeirevier aufgesucht hat.

einen Luftangriff, bei dem große Teile der Innenstadt getroffen wurden. Als wir durch die Oranienburger Straße, in der wir wohnten, unter dem Bahnhof Börse hindurch hierher liefen, war der nächtliche Himmel über uns und um uns herum von vielen Feuern erleuchtet. Die Stadt brannte, doch das Gefängnis-Gebäude fanden wir dunkel und still, unversehrt. Die Frauen, die wie wir nach der Entwarnung hierher geeilt waren, flüsterten untereinander von Sodom und Gomorra und einem Gottesgericht. Wir da auf der nächtlichen Straße, die wir wußten, daß in dem scheinbar friedlichen Haus in jedem Stockwerk Hunderte von schlaflosen Menschen saßen und standen, gequält von Hunger und Enge, waren wie sie umklammert von der tödlichen Angst vor dem nächsten Tag.
Am frühen Morgen des 6. März, wieder ein Sonnabend, kam unser Vater tatsächlich nach Hause, mit einem Entlassungszettelchen, völlig erschöpft, hungrig, müde, stoppelbärtig. Um 14 Uhr Vorstellung bei der örtlichen Polizei, am Sonntag Abordnung zu einem sog. Himmelfahrtskommando, d. h. Möbelräumung aus Häusern, in denen Blindgänger lagen. Am Dienstag wieder Polizei. (Er mußte sich von Sept. 39 an jedem Dienstag auf unserem Polizeirevier melden. Die Liste habe ich noch. Dienstag der 2. März 43 fehlt, dafür ist Sonnabend, der 6. März und Dienstag der 9. März eingetragen. Die letzte Meldung erfolgte am Dienstag, dem 17. April 45.) Dann zurück zur Zwangsarbeit in die Fabrik, noch einmal Vorladung zur Gestapo in der Burgstraße – möglicherweise nach einer Denunziation durch eine Hausbewohnerin – weiter Zwangsarbeit, aber in Berlin, keine Deportation.
Meine Eltern heirateten 1928. Meine Mutter liebte natürlich meinen Vater, sie liebte auch die biblische Gestalt der Ruth und die Worte, die sie zu ihrer Schwiegermutter Naomi sagte. Wo du hingehst, will ich hingehen... Deshalb nannte sie mich Ruth und deshalb hat sie mir oft in meiner Kindheit diese biblische Geschichte erzählt.
Aber 1928 konnte sie, bei allem politischen Gespür, das ihr eigen war, nicht ahnen, was dieses Versprechen, das sie zu ihrem eigenen gemacht hatte, ihr abverlangen würde.
Die Woche vom 27. Februar bis zum 6. März 1943 war für meine Mutter und alle diese Frauen und Männer aus den sog. Mischehen, die sich hier unverabredet zusammenfanden, fraglos ein außerordentliches Ereignis, schon weil sie hier zum ersten und einzigen Mal in großer Zahl gemeinsam und öffentlich auftraten, es war dennoch nur 1 Woche in 12 Jahren, in denen sie jeden Tag von Anbeginn tapfer und standhaft sein mußten, jeden Tag und jede Nacht.
Sie mußten, um ihre Familien zu retten, das zum Gesetz erhobene Unrecht unterlaufen. Dazu brauchten sie nicht nur Mut, sondern die Courage auch zu Verstellung, Lüge und Betrug, Kaltschnäuzigkeit, Tricks und Winkelzügen, Camouflage.
Sie wurden öffentlich und privat diffamiert als »Judenhuren«, »Rasseschänder« und »Volksverräter«, und sie wurden bedrängt, sich scheiden zu lassen. Dabei versuchte die Gestapo mit der ihr eigenen Infamie, den Frauen weis-

zumachen, mit einer Scheidung würden sie nicht nur sich, sondern vor allem ihre Kinder retten und ihnen ein normales unangefochtenes Leben sichern. Sie hätten entfliehen können. Eine Tür stand offen, aber nur sehr wenige sind durch sie hindurchgegangen.
Vielmehr versuchten sie ihre Männer und Kinder zu schützen und sie vor dem Schlimmsten, der Deportation zu bewahren, indem sie sich vor und neben sie stellten, in dieser Woche der unermüdlichen Patrouillen um das zum Gefängnis gewordene Haus herum, im wörtlichen Sinn einen Schutzwall um sie herum bildeten, und indem sie lautstark auf ihren Status als sog. Arierinnen, als deutsche Volksgenossen, als Ehefrauen pochten. Sie wußten wie alles entscheidend ihre Präsenz war, ihr kluges und selbstsicheres Auftreten.
Ich erinnere mich an einen Abend zu Hause, nach einem dieser schrecklichen Luftangriffe, als meine Mutter plötzlich anfing zu schreien, keine Worte, sie schrie einfach, laut, unartikuliert wie ein gequältes Tier. Sie schien völlig am Ende, weil die Tage und Nächte der Angst und Verzweiflung kein Ende zu nehmen schienen. Aber sie hat sich wieder gefaßt und sie hat durchgehalten bis zum Ende, das dann doch kam: bis zur Befreiung durch die Rote Armee im Mai 1945.
Im September 1945 eröffnete die Deutsche Oper ihre Nachkriegs-Spielzeit mit der Beethoven-Oper Fidelio, in der Leonore, die ihren Mann aus dem Kerker rettet, besungen wird.
Die Frauen und Männer, die hier in diesen Tagen zu jener Zeit demonstrierten und protestierten, haben einige tausend jüdischer Männer und Kinder davor bewahrt, deportiert und ermordet zu werden.
Sie haben uns etwas Kostbares hinterlassen, nämlich den Beweis dafür, daß Mut und Treue lebbar sind, Treue nicht nur zu geliebten Menschen, sondern auch zum eigenen Wort, zu Anstand und Würde.
Sie haben die Worte, die die Moabiterin Ruth einst gesagt haben soll, in gelebtes Leben verwandelt:

Rede mir nicht ein, daß ich dich verlassen und von dir umkehren soll,
denn wo du hingehst, will ich hingehen.
Wo du weilst, will ich weilen.
Dein Volk ist mein Volk und Dein Gott mein Gott.
Wo Du stirbst, will auch ich sterben und da will ich begraben sein.
Allein der Tod wird mich und Dich scheiden.

Waldesluft
verträgt nicht Judenduft

HANS GROSSMANNS GESCHICHTE

Zum Entstehen der Geschichte von Hans Grossmann

Als ich Anfang der 80er Jahre an einem populärwissenschaftlichen Buch über die gewaltfreie Konfliktaustragung arbeitete, das dann 1984 unter dem Titel »Die gewaltfreie Aktion. Idee und Methoden, Vorbilder und Wirkungen« erschien, wollte ich die Ereignisse in der Rosenstraße aus dem Jahre 1943 nicht unerwähnt lassen. Ich begann Zeitzeuginnen und Zeitzeugen zu suchen und fand auch einige. Schon Jahre zuvor hatte ich in der amerikanischen Gewaltfreiheitsliteratur, nämlich in dem Werk von Gene Sharp »The Politics of Nonviolent Action» (Boston 1973), eine Erwähnung jenes Geschehens gefunden. Sharp bezog sich denkwürdigerweise auf Heinz Ullsteins Erinnerungen »Spielplatz meines Lebens« aus dem Jahre 1961 (siehe S. 36).

Anläßlich des 50. Jahrestages der Pogromnacht vom 10. November 1938 konnte ich drei Zeitzeugen dafür gewinnen, meinen fünfzehn- bis siebzehnjährigen Schülern über ihr Leben und ihre Erfahrungen zu erzählen. Dabei kam mir die Idee, im wesentlichen auf der Grundlage dieser Berichte eine erzählende autobiographisch konzipierte Dokumentation zu gestalten, in deren Mittelpunkt die Leidensgeschichte der Berliner Juden und die Ereignisse in der Rosenstraße stehen sollten. Die erste Fassung meiner Darstellung erschien 1990 als Jugendbuch unter dem Titel »Protest in der Rosenstraße« im Hoch-Verlag, Stuttgart, eine überarbeitete und erweiterte Fassung 1993 unter dem Titel »Frauenprotest in der Rosenstraße« in der Edition Hentrich, Berlin.

Was Hans Grossmann erzählt, ist authentisch. Es gibt den Mann, der als Jugendlicher all das erlebt hat. Ich habe allerdings – u. a. unter Verwendung weiterer mündlicher und schriftlicher autobiographischer Zeugnisse – die Familiensituation insoweit verändert, daß eine eher typische »Mischehe«-Familie, also eine Ehe zwischen einem jüdischen (männlichen) und einem nichtjüdischen (weiblichen), in der Regel christlichen Ehepartner, entstanden ist. Trotz einer Vielzahl von Bezügen zu mündlichen und schriftlichen Darstellungen von Betroffenen und anderen Zeitzeugen habe ich die Personen frei gezeichnet und auch ihre Namen geändert. Alle äußeren Geschehnisse in der Geschichte von Hans Grossmann haben sich jedoch tatsächlich ereignet.

In die Darstellung sind somit Erlebnisse und Erfahrungen eingeflossen, die mir die folgenden Personen in Gesprächen vermittelt haben: Hans-Oskar

Baron Löwenstein de Witt und – zeitlich mehrere Jahre zurückliegend – seine Mutter sowie Charlotte Freudenthal, Dr. Ruth Gross, Dr. Rita Kuhn, Vera Breitwieser, Gad Beck, Kurt Blaustein und Hans Kuhn. Die Erlebnisse von Lili Grossmann orientieren sich, was die Deportationszeit betrifft, an dem schriftlichen Bericht der namentlich nicht mehr identifizierbaren Krankenschwester, der sich im Centre de Documentation Juive Contemporaine in Paris befindet und den Titel trägt »Das Leben der Juden in Berlin in den Jahren 1940 bis 43« (siehe S. 40 ff.). Ich habe außerdem auf die bekannte Darstellung von Hildegard Henschel »Aus der Arbeit der Jüdischen Gemeinde Berlin während der Jahre 1941–1943. Gemeindearbeit und Evakuierung von Berlin (16. Oktober 1941 – 16. Juni 1943)« zurückgegriffen (In: Zeitschrift für die Geschichte des Judentums, Tel Aviv, 9. Jg. [1972], No. 1/2, S. 33–53).
Auch die Beschreibung der illegalen Aktivitäten der jüdischen Jugendlichen und jungen Männer hat aus wirklichen Geschehnissen ihre Anregungen gezogen. Hierzu seien als Literatur genannt: Leon Brandt: Menschen ohne Schatten. Juden zwischen Untergang und Untergrund. Berlin 1984, sowie Jizchak Schwersenz und Edith Wolff: Jüdische Jugend im Untergrund. Eine zionistische Gruppe in Deutschland während des Zweiten Weltkrieges. In: Bulletin des Leo Baeck Instituts. 12. Jg., No. 45. Tel Aviv 1969, teilweise auch in dem 1988 im Wichern-Verlag erschienenen Buch von J. Schwersenz »Die versteckte Gruppe« publiziert.
Zur Sicherung bestimmter geschichtlicher Tatsachen, welche die Judenverfolgung insbesondere in Berlin betreffen, habe ich die Arbeiten von Wolfgang Scheffler und Wolfgang Wippermann verwendet. Schließlich war für mich hinsichtlich der Überprüfung und Interpretation bestimmter Vorgänge der Judenverfolgung in Berlin der Katalog zur Ausstellung »Juden in Berlin 1938–1945« (Hrsg. von Hermann Simon und Beate Meyer. Berlin 2000) außerordentlich hilfreich.
Entgegen der wissenschaftlichen Verfahrensweise wurden in Quellentexten Rechtschreibungs- und Grammatikfehler nicht kenntlich gemacht, sondern verbessert.

Teil 1
Das unsichtbare Ghetto

Leben im Abseits

...15 und 16 Jahre alt seid ihr also. Da brauche ich nicht lange zu überlegen, um mich zu erinnern, wie es mir erging, als ich etwa so alt war wie ihr. Das war 1942/43. In Berlin. Ein jüdischer Junge in Berlin, wo seit 10 Jahren die Nazis herrschten. Im vierten Kriegsjahr.

Ihr werdet es vielleicht nicht glauben: Lange Zeit war es für mich das Schönste, zur Schule gehen zu dürfen. In eine jüdische Schule, denn am staatlichen Gymnasium war ich abgewiesen worden. »Aus rassischen Gründen«. Die Schule – das war damals noch das letzte Normale in meinem Leben, auch wenn wir kaum Bücher oder Papier und Schreibzeug hatten. Ich fühlte mich in der Schule richtig geborgen und war froh über den Kontakt zu Gleichaltrigen. Denn sonst war das Leben schlimm für uns.

Die Nazis hatten sich nach und nach Hunderte – wirklich Hunderte! – Maßnahmen und Schikanen ausgedacht, um uns Juden in Deutschland das Leben zur Hölle zu machen. Wer irgendeine dieser Vorschriften nicht beachtete, wurde gefangengenommen und in ein Konzentrationslager verschleppt. Juden war es verboten, Gaststätten, Theater, Konzerte, Vorträge, Ausstellungen, Kinos oder Badeanstalten zu besuchen. Sie durften keine Grünanlagen oder Wälder betreten. Ihre Telefonanschlüsse waren unterbrochen worden, öffentliche Telefone durften sie nicht benutzen. Es war Juden nicht erlaubt, Zeitschriften oder Zeitungen zu kaufen. Oder Blumen. Sie durften nur jüdische Friseure aufsuchen. Nur noch ganz wenigen jüdischen Ärzten oder Rechtsanwälten war es gestattet, ihren Beruf auszuüben. Denen war es aber nicht mehr erlaubt, sich auch so zu bezeichnen. Sie mußten sich »Krankenbehandler« oder »Konsulenten« [bedeutet »Berater«] nennen.

Die jüdische Bevölkerung hatte, ohne jede Entschädigung selbstverständlich, viele Gegenstände abliefern müssen: elektrische Haushaltsgeräte, Radios, Fotoapparate, Ferngläser, Fahrräder, Schreibmaschinen, Pelze und Wollsachen. Natürlich durften Juden keine Autos mehr benutzen. Das traf allerdings nicht allzu viele, denn ein Auto war damals ein Luxusgegenstand. Führerscheine wurden den Juden abgenommen.

Juden durften weder Fleisch noch Fisch, weder Weißbrot noch Obst, weder Süßwaren noch Milch kaufen. Von Tabak und Zigaretten ganz zu schweigen. Neue Kleidung gab es überhaupt nicht. Juden durften nur zu bestimmten Zeiten am Tage einkaufen, am späten Nachmittag von 16.00–17.00 Uhr, wenn viele Waren schon ausverkauft waren. Vom Abend bis zum Morgen war für

Nazi-Lied: »... und Juda – den Tod.«

Volk ans Gewehr!
Viele Jahre zogen dahin,
Geknechtet das Volk und betrogen.
Verräter und Juden hatten den Gewinn,
sie fordern Opfer Legionen.
Im Volke geboren, erstand uns ein Führer,
gab Glanz und Hoffnung an Deutschland uns wieder.
Volk ans Gewehr!

Wir Jungen und Alten, Mann für Mann,
Umklammern das Hakenkreuzbanner;
ob Bauer, ob Bürger, ob Arbeitsmann,
sie schwingen das Schwert und den Hammer;
sie kämpfen für Hitler, für Arbeit und Brot,
Deutschland erwache! und Juda – den Tod.
Volk ans Gewehr!

(Aus: Völkischer Beobachter, 28. März 1933)

Juden ein Ausgangsverbot angeordnet. Schließlich wurde es Juden untersagt, Haustiere zu halten. Die Nazis erließen sogar eine Verordnung, nach der blinde Juden keine entsprechende Armbinde mehr tragen durften.

Juden wurden vom Mieterschutz ausgeschlossen. Sie wurden in bestimmte Häuser – sogenannte »Judenhäuser« – und in die Wohnngen anderer Juden eingewiesen. In unserer Wohnung lebten 1942 sechs fremde Juden, die uns die Behörden zwangsweise zugewiesen hatten. Uns wurde auch die Warmwasserzufuhr abgestellt. An dem Aufzug in unserem Haus stand eines Tages »Für Juden verboten!« Noch heute habe ich ganz deutlich das Schild an der Rolltreppe des S-Bahnhofs Friedrichstraße vor meinen Augen: »Hunden und Juden ist das Benutzen der Rolltreppe verboten!« Alle Juden mußten ab dem 14. Lebensjahr Zwangsarbeit leisten.

Mädchen und Jungen. Ich habe zum Beispiel vom Dezember 1941 ab in der Deutschen Waffen- und Munitionsfabrik am Eichborndamm gearbeitet. Unter unmenschlichen Bedingungen in einer speziellen Judenabteilung. Solche Abteilungen gab es auch in anderen Fabriken, zum Beispiel bei Siemens. Es wurde streng darauf geachtet, daß Juden keine Kontakte zu den sogenannten »arischen« Arbeitern hatten oder zu den ausländischen Fremdarbeitern, die zu Millionen in Deutschland zwangsweise arbeiteten und die auch in unmenschlicher Weise ausgebeutet wurden.

Juden durften bestimmte Straßen und Gebiete in den Städten nicht betreten. In Berlin zum Beispiel nicht das Regierungsviertel. Das war vielleicht nicht so schlimm, denn bei der Nazi-Regierung hatte ein Jude nun wirklich nichts verloren. Schlimmer war, daß es Juden verboten wurde, öffentliche Verkehrsmittel zu benutzen. Mit einer Ausnahme: Wenn der Arbeitsplatz weiter als 7 km von der Wohnung entfernt war. Dann durfte ein Jude aber in dem Verkehrsmittel auch nicht sitzen, sondern mußte stehen und konnte auch nur bestimmte Teile in der Bahn benutzen. Busse überhaupt nicht. Es war Juden nicht erlaubt, sich auf Bahnhöfen und in Wärmehallen aufzuhalten, auch in den bitterkalten Kriegswintern nicht. Und in den Luftschutzräumen mußten Juden getrennt von den anderen Hausbewohnern verweilen.

Das ist übrigens sehr wichtig: Zu all dem, was ich aufgezählt habe, kam noch hinzu, daß die Juden ebenso wie die übrige Bevölkerung von den Kriegsauswirkungen und besonders von den Luftangriffen betroffen waren. 1940 begannen die ersten Angriffe auf Berlin, und in den letzten Kriegsjahren verbrachten die Menschen oft Nacht für Nacht in den Luftschutzkellern, Juden in abgesonderten Teilen. Unter den Hunderten und Tausenden Berlinern, die bei solchen Bombardements ums Leben kamen, waren viele Juden. Auch meine Schwester ist bei einem Luftangriff ums Leben gekommen.

Juden waren übrigens »wehrunwürdig«. Sie durften nicht Soldat werden. Das war in diesem Fall nicht als Vergünstigung gedacht, sondern war ein Zeichen für das Ausgeschlossensein aus der »Volksgemeinschaft«.

Außerdem durften Juden nur noch »jüdische« Vornamen haben. Jedenfalls, was die Nazis als solche ansahen. Wenn man zufällig einen solchen Namen

nicht hatte – das war bei den meisten der Fall –, mußten Frauen und Mädchen zu ihren Namen »Sara«, Männer und Jungen den Namen »Israel« setzen. So hieß ich dann seit dem 1. Januar 1939 »Hans Israel Grossmann«.
Durch all diese Schikanen wurden die deutschen Juden im Laufe der Zeit völlig isoliert. Sie lebten in einem unsichtbaren Ghetto. In den ursprünglichen Ghettos, den jüdischen Wohnbezirken der mittelalterlichen Städte, hatten die Juden immerhin untereinander Kontakte, aber in Nazi-Deutschland war es für sie schwierig und oft unmöglich geworden, ihre Verwandten und Freunde zu sehen. Neue Freundschaften zu schließen war so gut wie unmöglich.
Wir haben oft darüber nachgedacht, welche Absicht die Nazis mit ihrer Politik wohl verfolgen mochten. Lange Zeit glaubten wir, daß sie die Juden aus Deutschland vertreiben wollten. Tatsächlich ist mehr als die Hälfte der deutschen Juden ausgewandert. Aber dann – im Oktober 1941 – änderten sie ihre Politik. Das Auswandern wurde verboten.

Ein geheimes Rundschreiben von Martin Bormann: »Von besonderer Bedeutung ist ein erst vor wenigen Tagen ergangener Erlaß des Reichsführers SS...«

Der Stellvertreter des Führers — *München 33, den 30. Okt. 1939*
Stabsleiter — *Braunes Haus*

Der Reichsführer SS und Chef der Deutschen Polizei hat im Verlauf der letzten Wochen mehrere Anordnungen erlassen, durch die das Leben der Juden im Reich verschiedenen weiteren Einschränkungen unterworfen ist.
Allen Juden ist für die Zeit ab 20 Uhr ein allgemeines Ausgehverbot auferlegt worden.
Die im Besitz von Juden befindlichen Rundfunkapparate wurden eingezogen und den zuständigen Stellen zur anderweitigen gemeinnützigen Verwendung zur Verfügung gestellt.
Für den Einkauf des lebensnotwendigen Bedarfs wurden den Juden ursprünglich bestimmte Geschäfte zugewiesen, während ihnen der Einkauf in den übrigen Geschäften verboten wurde. Diese Maßnahme führte zu einer Benachteiligung der Geschäftsinhaber, die hiernach verpflichtet waren, an Juden zu verkaufen. Es wurde daher unter Aufwendung dieser Anordnung bestimmt, daß den Juden in den einzelnen Geschäften lediglich bestimmte Geschäftsstunden vorbehalten bleiben sollten...
Von besonderer Bedeutung ist ein erst vor wenigen Tagen ergangener Erlaß des Reichsführers SS und Chefs der Deutschen Polizei, in welchem angeordnet worden ist, daß alle Juden, die irgendwelchen Anordnungen nicht sofort Folge leisten oder sonst ein staatsabträgliches Verhalten an den Tag legen, sofort festzunehmen und in ein Konzentrationslager einzuliefern sind. Eine strenge Durchführung dieses Erlasses wird besser als jede andere Maßnahme geeignet sein, die Juden zu zwingen, ein ihnen angemessenes Verhalten an den Tag zu legen.

(Geheimes Rundschreiben Bormanns 206/39 in: Verfügungen, Anordnungen, Bekanntgaben. Herausgegeben von der Parteikanzlei München o.J., Bd. II, S. 130)

Sportfest jüdischer Schulen auf dem Sportplatz Grunewald am 3. September 1936

Was war nur an uns Juden anders?

Gerade für uns Kinder war das alles mit furchtbaren Gefühlen verbunden. Wir durchschauten ja doch vieles nicht. Selbstverständlich versuchten meine Eltern – wie die Eltern anderer jüdischer Kinder auch –, manches von uns fernzuhalten, so daß wir wenigstens einen Hauch kindlicher Unbeschwertheit erleben durften. Aber das war gar nicht möglich. Unsicherheit, Ratlosigkeit, Verzweiflung, Wut, Verbitterung, Ausgeliefertsein, die Tränen, der Schmerz, das Ohnmächtigsein, wirklich »ohne Macht zu sein« gegen all diese Willkür und Brutalität – das war das Bestimmende in unserem Leben.

Schon als Schulkinder wurden wir zu Außenseitern gestempelt. »Wer ist Jude?« fragte die Lehrerin gleich an meinem ersten Schultag, 1934. Wir waren vier jüdische Kinder und saßen ab sofort in der hinteren Ecke. Ich habe übrigens zu Hause meine Eltern nochmal gefragt, ob ich auch wirklich ein jüdisches Kind wäre, denn ganz sicher war ich mir nicht. Dann vergaß ich es aber nicht mehr.

Bald danach wurde den jüdischen Kindern während der Pause ein bestimmter Teil des Schulhofes zugewiesen. Oft wurden wir von anderen Kindern schikaniert; die Lehrer unternahmen nichts dagegen. Im Unterricht hörte ich, wie minderwertig und schlecht Juden wären. Am liebsten hätte ich mich verkrochen, denn ich war doch auch ein Jude.

Zu der Zeit bot die jüdische Gemeinde in verstärktem Umfang Veranstaltungen für Kinder und Jugendliche an. Es gab Sport, Bastel- und Musiknachmittage, und auch Bücherstuben wurden eingerichtet. So kam es, daß wir bald nur noch Kontakte zu jüdischen Kindern hatten. Ich und andere wurden aus diesem Grunde viel stärker mit dem Gemeindeleben verbunden, als das vermutlich sonst der Fall gewesen wäre.

Eigentlich konnte ich froh sein, daß der Direktor des Gymnasiums, das ich 1938 besuchen sollte, ein strammer Nazi war. Seine Schule sollte »judenrein« sein, erklärte er meinen Eltern. So kam ich auf die jüdische Joseph-Lehmann-Schule. Nach der sogenannten Reichskristallnacht vom 9. auf den 10. November 1938 wurde dann allen jüdischen Kindern der Besuch staatlicher Schulen verboten.

Durch meine Erfahrungen in der Grundschule lernte ich früh, mit Ängsten zu leben, später auch mit Todesängsten. Überall war zu spüren: Ich gehörte offenbar zu einer Art von Menschen, gegen die die anderen etwas hatten, zu einer Art von Menschen, die anscheinend charakterlich schlechter waren als die anderen, die vielen.

Auch meine Eltern sprachen oft mit meiner Schwester über dieses Thema. Viel verstand ich davon nicht. Die anderen seien im Unrecht, sagten sie, sie würden bestimmte Dinge falsch sehen und beurteilen. Und überhaupt sei das eine alte Geschichte.

Allmählich bekam ich mit, daß über die Menschen, zu denen ich gehörte, auch Zeitungen berichteten. Es gab eine Zeitung, deren Name ich bald gut kannte, obwohl ich gerade erst zur Schule gekommen war: »Der Stürmer«. Viele Menschen lasen den »Stürmer« in der Bahn oder auf einer Parkbank. Bald wußte ich auch: Auf der Titelseite des »Stürmers« stand unten in der ganzen Breite ein Satz: »Die Juden sind unser Unglück.«
Aus dem Rundfunk kannte ich die schreienden Stimmen der Nazi-Redner. Hitler, Goebbels, Göring, Streicher und wie sie alle hießen. Dazu der Jubel der Menschen, die ihnen zuhörten. Nie mehr habe ich diese drohenden Stimmen vergessen können. Besonders bedrohlich aber klangen sie, wenn bestimmte Wörter fielen: Jude – Judentum – Juda – Weltjudentum... Reden von Hitler oder den anderen Nazi-Größen wurden sogar durch große Lautsprecher auf Straßen und Plätzen übertragen, denn damals konnten sich nicht alle Leute ein Radio leisten. Angst machten mir auch die Marschkolonnen der SA. Viele junge Männer. Die Braunhemden. Sie grölten Lieder mit barbarischen Texten. Immer wieder skandierten sie einen Ruf: »Deutschland, erwache! – Juda, verrecke!«
Manchmal wurde mein Vater so richtig wütend, wenn Hitler oder andere behaupteten, die Juden seien keine richtigen und guten Deutschen. Dann wies er auf ein Foto, das ihn als Soldaten zeigt. Mit Orden. Damals, 1914, sei er sofort eingezogen worden. Vier Jahre sei er im Krieg gewesen. Ohne Wenn und Aber hätten die Juden ihre Wehrpflicht erfüllt. Viele – sogar der größere Teil – hätten sich freiwillig gemeldet. Oft wiederholte er: 100 000 jüdische Männer seien im Weltkrieg für Deutschland als Soldaten in den Krieg gegangen. Ein Sechstel der damaligen deutschen jüdischen Bevölkerung. Keine jüdische Familie habe es gegeben, in der nicht der Ehemann oder ein Sohn Soldat gewesen seien. 12 000 hätten im Krieg ihr Leben gelassen, noch mehr seien verwundet worden.

Nazi-Lied: »... zu jedem Massenmord bereit.«

Wetzt die langen Messer
Auf dem Bürgersteig!
Laßt die Messer flutschen
In den Judenleib!
:/: Blut muß fließen knüppelhageldick,
Wir scheißen auf die Freiheit der Judenrepublik.
Kommt einst die Stunde der Vergeltung,
Sind wir zu jedem Massenmord bereit. :/

(Zitiert nach: Leben im Dritten Reich. Hrsg. von der Bundeszentrale für politische Bildung. Bonn o. J., S. 25.
Mit der »Judenrepublik« ist der demokratische Staat in Deutschland vor 1933 gemeint.)

Meine Familie

Durch meinen Vater wurde das Schicksal meiner Familie bestimmt. Er war Jude. Einige Jahre nach seiner Geburt – die war 1891 – zogen seine Eltern, meine Großeltern also, von Berlin-Mitte nach Charlottenburg. Charlottenburg war damals noch eine selbständige Stadtgemeinde vor den Toren Berlins. Damals entstand im Umkreis des Kurfürstendamms und der Tauentzienstraße ein neues Zentrum mit Kaufhäusern, Geschäften, Restaurants, Cafés, Vergnügungsstätten und nicht zuletzt mit repräsentativen Wohnhäusern. Da konnten sich arme Leute keine Wohnungen leisten. Der Vater meines Großvaters war Straßenhändler gewesen, damals keine Seltenheit. Man sprach vom »fliegenden Gewerbe«. Eigentlich hätte es »schiebendes Gewerbe« heißen müssen, denn die Straßenhändler hatten meistens zweirädrige Karren, große Schubkarren etwa, die sie selbst zogen und auf denen sie ihre Waren anboten. Mein Urgroßvater handelte mit Kurzwaren. In vielen Jahren hatte er einiges gespart und richtete meinem Großvater damals ein kleines Wäschegeschäft ein. Im »Neuen Westen«, an der Ecke Waitzstraße/Sybelstraße. Die Tür genau auf der Ecke. Rechts und links ein Schaufenster, und darüber war auf die Hauswand gemalt: BETTEN GROSSMANN. Zu dem Laden gehörte auch eine Wohnung, die sich an den Verkaufsraum und den Lagerraum anschloß.

In diesem Geschäft wurde mein Vater groß, und es war selbtverständlich, daß er es eines Tages übernehmen würde. Dann kam der August 1914, der Krieg. Mein Vater kämpfte zuerst im Osten, dann an der Westfront, wo er den grausamen Stellungskrieg erlebte. Aber er überlebte.

Die Familie meines Vaters gehörte nicht zu den strenggläubigen Juden. Mein Vater wollte in erster Linie ein guter Bürger sein, der sich von den anderen Deutschen lediglich durch seine Religion unterschied, so wie sich auch Katholiken und Protestanten unterscheiden. Diese Einstellung hatten die meisten deutschen Juden, deren Familien schon lange Zeit, oft seit Generationen, in Deutschland lebten.

Es gab deshalb in der Familie meines Vaters auch keine großen Schwierigkeiten, als er 1919 eine Christin heiraten wollte. Im Unterschied zu vielen anderen jungen Männern zu der Zeit hatte mein Vater durch das elterliche Wäschegeschäft eine Existenzgrundlage. Er gehörte nicht zu der »verlorenen Generation« des Krieges, also zu jenen zahllosen jungen Männern, die nach der Niederlage von 1918 ohne Beruf und Arbeit dastanden. Viele von ihnen fanden erst in den Schlägertrupps der Nazis wieder eine Heimat.

In der Familie meiner Mutter aber gab es einen großen Krach, als die Tochter Clara einen Juden heiraten wollte. Ihr Vater war deutschnational eingestellt. Er sah die Juden schon damals als Feinde an und bekannte sich offen zu seinem Antisemitismus. Ich habe ihn und auch seine Frau nie kennengelernt. Denn nach ihrer Heirat mit einem Juden haben die Großeltern zu meiner

Mutter alle Kontakte abgebrochen. Meine Mutter hat sich nur noch mit ihrer älteren Schwester Luise getroffen. Tante Luise wohnte in Lankwitz. Nach ihrer Heirat haben meine Eltern gemeinsam mit den Eltern meines Vaters eine größere Wohnung in der Mommsenstraße, nur einige hundert Meter vom Geschäft entfernt, gemietet. Die Wohnung dort war oft ein richtiges Warenlager. Das Geschäft meiner Großeltern ging in den 20er Jahren nicht schlecht. Es lag in einer wohlhabenden Gegend, in die auch viele Juden gezogen waren: Geschäftsleute, Rechtsanwälte, Ärzte, Künstler, Journalisten, Lehrer, Ingenieure, Professoren.

Nun darf man aber nicht den Eindruck bekommen, als hätte es unter den Juden keine armen Leute gegeben. Die gab es sehr wohl in Berlin. Viele wohnten im Berliner Osten, nördlich vom Alexanderplatz, im »Scheunenviertel«. Hier lebten Zehntausende von Juden aus den Ostgebieten des Deutschen Reiches, darunter auch einige tausend Juden polnischer Herkunft. Einen polnischen Staat gab es vor 1919 ja nicht. Gerade während des Ersten Weltkrieges, als männliche deutsche Arbeitskräfte knapp waren, hatte man den Zuzug der sogenannten »Ostjuden« nach Berlin gefördert. Sie waren willkommene und billige Arbeitskräfte für die Kriegswirtschaft. Diese Juden blieben fast alle nach dem Krieg Lohnarbeiter, entweder im Handwerk oder in der Landwirtschaft in der nahen Umgebung der Stadt.

Wie viele Juden haben 1933, als die Nazis an die Macht kamen, in Deutschland gelebt? Stellt man diese Frage Leuten, die nicht genauer über die Bevölkerungsentwicklung in Deutschland informiert sind, dann kommen meistens phantastische Zahlen heraus: Zwei, drei, vier, fünf, zehn, fünfzehn oder sogar noch mehr Millionen. Die richtige Zahl ist 503 000. Diese Zahl machte nicht einmal ein Prozent der Gesamtbevölkerung aus, genau 0,76 Prozent. Die meisten deutschen Juden lebten in Großstädten, etwa ein Drittel in Berlin. Und Berlin hatte insgesamt 4,2 Millionen Einwohner.

Zu der großen jüdischen Gemeinde gehörte auch meine Familie. 1920 war meine Schwester Lili geboren worden. Im jüdischen Krankenhaus – das lag im Wedding an der Iranischen und an der Schulstraße – wurde sie zur Krankenschwester ausgebildet. 1927, am 3. Dezember, kam ich zur Welt. Daß wir Mitglieder der jüdischen Gemeinde wurden, hätte nicht zwangsläufig so sein müssen. Es gab viele Fälle, in denen die Kinder aus Ehen, in denen der eine Elternteil Jude, der andere Nichtjude war – meistens Christ oder Christin –, getauft wurden. Dieser Unterschied wurde bei den Nazis lebenswichtig, denn solche Mischehen hießen bei den Nazis »privilegiert«. Da wurde der jüdische Ehepartner zunächst nicht verfolgt und mußte auch keinen »Judenstern« tragen.

Ehen zwischen Juden und Nichtjuden hießen übrigens schon vor der Nazizeit Mischehen. Mischehen waren zumindest in Berlin keine Seltenheit. Mitte der 20er Jahre heiratete etwa ein Fünftel aller Juden nichtjüdische Ehepartner. Dabei war es doppelt so häufig, daß ein jüdischer Mann eine nichtjüdische Frau heiratete, wie umgekehrt. Die Ehe meiner Eltern war also eine »typische« Mischehe.

Der Rassenwahn

Meine Eltern hatten recht: Die Feindschaft gegen Juden hatte eine lange Geschichte. Nachdem die Nationalsozialisten 1933 an die Macht gekommen waren, geschah allerdings etwas, was es davor nicht gegeben hatte: Die Regierung bekämpfte die Juden. Es wurden Gesetze und Verordnungen erlassen, die sich direkt gegen Juden richteten. Juden konnten keine Beamten mehr sein, Juden durften nur noch Juden heiraten. Die Nazis wollten die Juden isolieren und aus dem gesellschaftlichen Leben verdrängen. Möglichst viele Juden sollten Deutschland verlassen. Heute wissen wir, daß die Nazis tatsächlich beschlossen hatten, alle Juden umzubringen. Das war für jeden von uns eine völlig unglaubliche Vorstellung. Die meisten Juden haben lange, lange gebraucht, um sich diese Wahrheit einzugestehen.

Was die Maßnahmen der Nazi-Regierung gegen die Juden betraf, so ist es sicher auch so gewesen, daß die meisten Deutschen – genauer: die meisten der anderen Deutschen, denn wir Juden waren und sind ja auch Deutsche – nichts gegen diese antijüdische Politik hatten. Selbstverständlich wollten nicht alle, daß die Juden umgebracht würden. Aber viele, sehr viele waren eben stillschweigend oder auch ganz offen damit einverstanden, daß die Juden gesellschaftlich und wirtschaftlich geächtet wurden. Die politischen Ideen der Nazis hatten ihre Wirkung eben nicht verfehlt.

Vielleicht ist das Geheimnis des ungeheuren Erfolges der Nazis gewesen, daß ihre politische Lehre schrecklich einfach, ja geradezu primitiv war. Hitler hatte diese Lehre ja in seinem 1925 erschienenen Buch »Mein Kampf« dargelegt. Dabei hat Hitler viele Ideen aufgegriffen und zusammengefügt, die zu seiner Zeit, aber auch bereits davor in der Gesellschaft diskutiert wurden.

Nach Hitlers Meinung zerfällt die Menschheit in Rassen, und zwar in gute und schlechte, höherwertige und minderwertige. Es gebe das Naturgesetz, daß zwischen den menschlichen Rassen ein ständiger Kampf um das Überleben herrsche, insbesondere um Lebensraum. Die höchste und schöpferischste Rasse seien die »Arier«, die »nordische Rasse«, die aus verschiedenen Völkern bestehe: aus Deutschen, Österreichern, Engländern, Dänen, Holländern und so weiter. Zu den minderwertigen Rassen würden alle Farbigen zählen sowie die Slawen, zu denen beispielsweise Russen und Polen gehören würden. Die minderwertigste Rasse aber sollten die Juden sein, die angeblich überall auf der Welt einen zersetzenden Einfluß ausübten, um den Niedergang der höherwertigen Rassen zu bewirken. Die Juden seien daher zwangsläufig die Todfeinde der Arier.

Es ist wenig tröstlich zu wissen, daß das alles völliger Unsinn ist. Es gibt beispielsweise überhaupt keine »arische Rasse«, und schon gar nicht stellen »die« Juden eine Rasse dar. Ursprünglich – und das heißt in diesem Fall bis vor beinahe zweitausend Jahren, bis nämlich die Israeliten aus Palästina vertrieben wurden und sich überall in Europa und sogar in Afrika ansiedelten – kann man davon sprechen, daß die Juden Teil jener menschlichen Großgruppe waren, die auf der Arabischen Halbinsel, im Zweistromland und in Nordafrika lebte. Die Forschung nennt diese Menschen »Orientalide«. Den Begriff »semitisch« hat vor gut 200 Jahren ein Sprachforscher geprägt, um eine Sprachfamilie zu kennzeichnen, zu der auch das Hebräische, die Sprache des Volkes Israel, gehört. Diese Begriffe wurden dann immer ungenauer und immer propagandistischer verwendet. Das passiert ja mit vielen Begriffen. Jedenfalls sprach man irgendwann von »Semiten« – schon vor den Nazis – und meinte damit die Juden.

Aus religiösen Gründen wurden die Juden häufig in den Gesellschaften, in denen sie Aufnahme gefunden hatten, isoliert. Jahrhundertelang konnten sie oft nur innerhalb ihrer eigenen Gruppe heiraten. Das brachte es mit sich, daß bei Juden bis in die Neuzeit hinein bestimmte äußere Merkmale, nämlich Merkmale der Orientaliden, erhalten geblieben sind, wie zum Beispiel der mittelgroße grazile Wuchs, ein schmales, ovales Gesicht, eine große, leicht gebogene Nase, dunkle Augen, dunkle Haare. Sobald sich die Juden mit der übrigen Bevölkerung vermischten, verschwanden diese Äußerlichkeiten bei den Nachkommen natürlich allmählich.

Um all das ging es den Nazis und den anderen Judenfeinden aber gar nicht! Sie behaupteten vielmehr, daß die Juden – »rassisch bedingt« – bestimmte Charaktermängel in ihrem Erbgut hätten und diese schlechten Charakterzüge vererben würden. Ein Jude oder eine Jüdin sollten eben von Natur aus hinterlistig, verlogen, zersetzend, lüstern, geldgierig, gefühllos sein.

Das negative Bild von den Juden ist aber keinesfalls eine Erfindung Hitlers gewesen. Dieses Bild hat schon eine lange Tradition. In sehr bekannten, vielgelesenen deutschen Romanen des 19. Jahrhunderts ist ein Jude häufig der Antiheld, ein gemeiner Widerling, ohne positive Charakterzüge, nur auf seinen materiellen Vorteil bedacht. Auch bei Karl May oder in den Zeichengeschichten bei Wilhelm Busch sind die wenig sympathischen Personen oft Juden.

Dieses herkömmliche negative Judenbild veränderten die Nazis noch. Sie verglichen die Juden mit Schädlingen aus der Tierwelt, mit Ratten, Flöhen, Kartoffelkäfern oder allgemein mit Ungeziefer. Damit wurde gedanklich die Idee der Vernichtung der Juden naheglegt. Das war raffiniert gemacht.

Hitler selbst hatte bereits sehr früh, nämlich bald nach dem Ersten Weltkrieg, von der »Entfernung« der Juden gesprochen, und in seinem Buch »Mein Kampf« hatte er bedauert, daß man Juden nicht rechtzeitig vergast habe. Er gab ihnen die Schuld an der Kriegsniederlage Deutschlands. Das taten aber auch viele andere Leute.

Das Bild der Juden in der Literatur

Beispiel: Gustav Freytag: Soll und Haben (1855)

Vorbemerkung: Der Roman »Soll und Haben« ist eines der erfolgreichsten Bücher der deutschen Literatur. Sein Hauptthema. Der strebsame Aufstieg des jungen Anton Wohlfahrt aus dem Kleinbürgertum zum Mitinhaber einer großen Handelsfirma. Der Antiheld ist wie im »Hungerpastor« von Wilhelm Raabe (1864) ein Jude: Veitel Itzig – ein Name, der zum negativ belegten Inbegriff eines jüdischen Kaufmanns überhaupt wurde.

»Noch immer besaß Veitel Itzig seine Schlafstelle in der stillen Karawanserei, wo er sich am Tage seiner Ankunft einquartiert hatte. Wenn nach den Behauptungen der Polizei jeder Mensch irgendwo zu Hause sein muß und nach der Ansicht aller verständigen Frauen vorzugsweise da zu Hause ist, wo sein Bett steht, so war Veitel merkwürdig wenig zu Hause. Sooft er aus dem Geschäft des Herrn Ehrenthal entschlüpfen konnte, trieb er sich auf den Straßen umher, sah lauersam auf jeden jungen Herrn, welcher ihm geneigt schien, etwas zu kaufen oder zu verkaufen, und wußte aus der Haltung des Vorübergehenden genau zu erkennen, ob derselbe für die Reize eines kleinen Handels empfänglich sei oder nicht. Stets hatte er einige Paradetaler in der Tasche, mit welchen er in anmutiger Nachlässigkeit so lockend zu klappern verstand, daß nur ein fühlloser Mensch gleichgültig gegen diese Zahlungsfähigkeit sein konnte. Er wußte mit einem einzigen schnellen Blick die geheimsten Fehler eines Rockes oder einer Weste zu erkennen, er hatte für seine Kunden eine bezaubernde Fülle von verbindlichen Redensarten, er sprach aus Grundsatz zu keinem halbwüchsigen Primaner anders als: ›Wenn der gnädige Herr mir allergnädigst erlauben‹, er verstand, was ewig für das Höchste in diesem Geschäft gelten wird, seiner Untertänigkeit einen skurrilen Anstrich zu geben, und war Meister darin, die allerabgeschmacktesten Bücklinge zu machen. Er besaß die Wissenschaft, altes Messing durch Katzensilber blendend zu machen und altem Silber den allerhöchsten Glanz zu geben…«

(Zitiert nach: Die Bibliothek deutscher Klassiker. Band 48. Vollständiger Text nach der Erstausgabe 1855. München 1981, S. 105)

Hitler (1933): Giftgas für hebräische Volksverderber

Die Schuld an der Kriegsniederlage des Deutschen Reiches 1918 schrieb Hitler – wie hätte es anders sein können – den Juden zu. Der kaiserlichen deutschen Regierung warf er folgendes Versäumnis vor:

»…Hätte man zu Kriegsbeginn und während des Krieges einmal zwölf- oder fünfzehntausend dieser hebräischen Volksverderber so unter Giftgas gehalten, wie hunderttausend unserer allerbesten deutschen Arbeiter aus allen Schichten und Berufen es im Felde erdulden mußten, dann wäre das Millionenopfer der Front nicht vergeblich gewesen. Im Gegenteil: Zwölftausend Schurken zur rechten Zeit beseitigt, hätte vielleicht einer Million ordentlicher, für die Zukunft wertvoller Deutschen das Leben gerettet…«

(A. Hitler: Mein Kampf. München 1933, S. 772)

Judenfeindschaft – eine geistige Krücke

Es nutzt wenig, den Kopf über diese Mischung aus Dummheit und Brutalität zu schütteln. Wichtig zu wissen ist, warum die Ideen Hitlers auf so viele Menschen eine derart große Wirkung gehabt haben. Ich sehe zwei wesentliche Gründe.

Zum einen lieferte dieser antijüdische Rassismus eine einfache und damit für jeden verständliche Erklärung für alles, was in der Welt nicht in Ordnung war oder als nicht in Ordnung empfunden wurde. Auch das war nicht neu. Schon im Mittelalter waren Juden – neben den angeblichen Hexen und Zauberern – die Sündenböcke für Seuchen, Unglücke oder Naturkatastrophen. Und damit man ihrer immer habhaft werden konnte, mußten Juden in bestimmten Gassen – Judengassen – wohnen und oft auch ein äußeres Zeichen, zum Beispiel den sogenannten »Judenhut«, tragen.

Mit dem Beginn des Ersten Weltkrieges vollzogen sich in Deutschland und in ganz Europa große politische und gesellschaftliche Veränderungen, ja, Umwälzungen. Die Menschen erlebten den bis dahin grausamsten Krieg in der Weltgeschichte. »Die letzten Tage der Menschheit« – so der Titel eines gewaltigen Dramas von Karl Kraus aus jener Zeit – schienen angebrochen zu sein. In Rußland hatten 1917 die Bolschewisten die Macht an sich gerissen. Dann war 1918 das deutsche Kaiserreich untergegangen, das österreichisch-ungarische Kaiserreich zerstört. In Deutschland herrschte lange Zeit Bürgerkriegsstimmung. Eine ungeheure Geldentwertung – eine Folge der Kriegswirtschaft – ruinierte Millionen Sparer. Großunternehmen und Kaufhäuser bedrohten die Existenz von Handwerkern und von kleinen Geschäftsleuten. Dann, am Ende der 20er Jahre, eine bis dahin einmalige internationale Wirtschaftskrise! In allen Industrieländern, auch in Deutschland, gab es Millionen Arbeitslose. Drohte eine kommunistische Revolution? Und wer hatte wohl an all dem schuld? Natürlich die Juden. So einfach war das!

Ein anderer Grund für die große Wirkung der Rassenlehre Hitlers dürfte darin gelegen haben, daß sie den Menschen in Deutschland – später auch in Österreich, das sich 1938 mit Hitler-Deutschland zusammenschloß – ein außerordentliches Selbstwertgefühl vermittelte. Hitler und die Nazis verkündeten: »Wir Deutsche gehören zu der großartigsten Rasse, die es überhanpt gibt! Wir sind Arier! Herrenmenschen!« Das hörten viele Leute eben gern, verständlicherweise. Nicht nur kleine Leute wie unser Hauswart damals, über den ich noch erzählen muß, nein, auch viele Beamte, Professoren, Lehrer, Handwerker oder Gewerbetreibende. Das Selbstbewußtsein vieler Deutschen war schließlich an die Vorstellung von der Größe der deutschen Nation gebunden. »Am deutschen Wesen soll die Welt genesen«, so hatte es schon im Kaiserreich geheißen. Und diese Größe hatte mit der Kriegsniederlage 1918 und ihren Folgen für viele Deutsche in unerträglicher Weise gelitten.

Der Untermensch – ... tiefer stehend als jedes Tier.

»... So wie die Nacht aufsteht gegen den Tag, wie sich Licht und Schatten ewig feind sind – so ist der größte Feind des erdebeherrschenden Menschen der Mensch selbst.
Der Untermensch – jene biologisch scheinbar völlig gleichgeartete Naturschöpfung mit Händen, Füßen und einer Art von Gehirn, mit Augen und Mund, ist doch eine ganz andere, eine furchtbare Kreatur, ist nur ein Wurf zum Menschen hin, mit menschenähnlichen Gesichtszügen – geistig, seelisch jedoch tiefer stehend als jedes Tier. Im Innern dieses Menschen ein grausames Chaos wilder hemmungsloser Leidenschaften: namenloser Zerstörungswille, primitivste Begierde, unverhüllteste Gemeinheit. Untermensch – sonst nichts!
Denn es ist nicht alles gleich, was Menschenantlitz trägt. – Wehe dem, der das vergißt!
Nie wahrte der Untermensch Frieden, nie gab er Ruhe.
Denn er brauchte das Halbdunkel, das Chaos.
Er scheute das Licht des kulturellen Fortschritts.
Er brauchte zur Selbsterhaltung den Sumpf, die Hölle, nicht aber die Sonne. –
Und diese Unterwelt der Untermenschen fand ihren Führer: – den ewigen Juden! ...«

(SS-Hauptamt: Der Untermensch, Berlin 1935. Zitiert bei L. Poliakov/J. Wulf: Das Dritte Reich und die Juden. Dokumente und Aufsätze. Berlin 1955, S. 217)

Goebbels: Aber der Floh ist auch ein Tier...

»Gewiß ist der Jude auch ein Mensch. Noch nie hat das jemand von uns bezweifelt. Aber der Floh ist auch ein Tier – nur kein angenehmes. Und da der Floh kein angenehmes Tier ist, haben wir vor uns und unserem Gewissen nicht die Pflicht, ihn zu hüten und zu beschützen, ihn gedeihen zu lassen, damit er uns sticht und peinigt und quält, sondern ihn unschädlich zu machen.
Gleich so mit dem Juden.«

(J. Goebbels: Der Nazi – Sozi. München 1932, S. 12)

»Nahe liegt ein Vergleich der Juden mit Tuberkelbazillen.«

... »Einzeller und Menschen, die nicht zur Gemeinschaftsbildung geschritten sind, bewahren ihr Leben nur dadurch, daß sie sich als Parasiten von Gemeinschaftswesen erhalten. Dies gilt von den Bakterien wie von den Juden. Nahe liegt ein Vergleich der Juden mit Tuberkelbazillen. Fast alle Menschen beherbergen Tuberkelbazillen, fast alle Völker der Erde Juden; eine chronische, schwer heilbare Infektion. So wenig der menschliche Körper die Tuberkelbazillen in die Organisation seiner Gemeinschaft aufnimmt, so wenig nimmt eine natürliche, artgleiche Volksgemeinschaft Juden in ihren organischen Verband auf; sie werden im besten Falle als Parasiten ertragen. Überall in der Natur ist der Wirt von Parasiten scharf unterschieden. Der Wirt muß, damit er leben kann, der Stärkere sein. Ist der Parasit stärker, dann gehen oft beide, immer aber der Wirt zugrunde. Der Tuberkulose erliegen schwache Menschen eher als kräftige, die jüdische Infektion befällt nur rassisch schwache Völker...«

(Oberfeldarzt Dr. Peltret in: Deutsches Ärzteblatt, Juni 1935; zit. nach Jüdische Rundschau, 40. Jahrg. Nr. 49 [18. Juni 1935])

Über Juden und Judentum

Und dann diese absurde Idee der Nazis von einer »jüdischen Weltverschwörung« gegen die »höherwertigen« Rassen! Ich weiß nicht genau, wie viele Juden 1920 oder 1930 auf der Erde gelebt haben. Heute sind es 14, vielleicht 15 Millionen. Damals waren es einige Millionen mehr.
All diese Juden aber haben und hatten zunächst nichts anderes gemeinsam als die Zugehörigkeit zur selben Religion. Das bedeutet so viel Gemeinsamkeiten und Unterschiede, wie sie auch im Christentum oder unter Muslimen oder innerhalb jeder anderen Glaubensgemeinschaft bestehen. Wieviel Gemeinsamkeiten gibt es zum Beispiel zwischen einem protestantischen Lehrer in Berlin und einem katholischen Landarbeiter auf den Philippinen – mit Ausnahme der Tatsache, daß beide Christen sind? So ist das auch mit den Juden. Es gibt auf der Erde weiße, braune und gelbe jüdische Gemeinden, es gibt strenggläubige und liberale Richtungen im Judentum. Wir – mein Vater, meine Schwester und ich – gehörten zum Beispiel zu einer liberalen Richtung, der Reformgemeinde. Zu den liberalen Richtungen des Judentums bekennt sich heute der weitaus größte Teil der Juden in den USA.
In Deutschland – wie auch anderswo – gab es Juden in allen gesellschaftlichen Schichten und in allen politischen Lagern. Politiker und berühmte Unternehmer waren Juden. Am bekanntesten ist für euch aus dem Geschichtsunterricht vielleicht Walter Rathenau. Er hat die deutsche Kriegswirtschaft im Ersten Weltkrieg organisiert, war der erste Außenminister der Weimarer Republik und wurde 1922 von Rechtsradikalen ermordet. Sein Vater Emil Rathenau hatte die AEG gegründet. Viele Arbeiterführer und Arbeiterführerinnen waren Juden oder stammten aus jüdischen Familien. Denkt nur an Rosa Luxemburg oder Karl Marx. Unter den Ärzten Berlins gab es viele Juden, interessanterweise besonders unter den Armenärzten. Berühmte deutsche Künstler und Kritiker vor 1933 waren Juden. Es gab und gibt selbstverständlich wohlhabende Juden, allerdings auch Millionen von Juden in aller Welt, die in großer Armut lebten und leben. All diese Juden – mit ihren verschiedenartigen sozialen Stellungen, mit ihren unterschiedlichen Interessen, mit ihren verschiedenen Bildungsniveaus, mit den voneinander abweichenden religiösen Einstellungen und Lebensweisen – all diese Juden sollten nun, wenn auch selbstverständlich insgeheim und ohne daß sie es selbst wußten, ein gemeinsames Ziel haben: die angeblich »höherwertigen Rassen« zu zersetzen und letztlich zu vernichten. Es ist sicher aus heutiger Sicht unverständlich, daß so wenige Menschen sich getraut haben, diesem Unsinn der Nazis zu widersprechen.
Habt ihr eigentlich schon einmal in der Schule über das Judentum, die jüdische Religion, gesprochen? Sicher doch. Dann wißt ihr wahrscheinlich, daß das Christentum seine Wurzeln in der jüdischen Religion hat. Jesus Christus war Jude. Er war das Kind jüdischer Eltern. Er war Rabbiner. All seine Jün-

ger waren Juden. Er hat die hebräische Sprache gesprochen. Er hat die Heilige Schrift der Juden, die Thora, ausgelegt, die die Christen später »Altes Testament« nannten. Der Gott, zu dem er betete und den er seinen »Vater« nannte, dieser Gott war und ist der Gott der Juden und der Gott der Christen und übrigens auch der Gott der Muslime.
Den Christen ist es oft nicht bewußt, wie viele Gemeinsamkeiten es zwischen Christen- und Judentum gibt: der Glaube an den einzigen Gott, der der Schöpfer der Welt ist. Die Vorstellung, daß Gott gütig und barmherzig ist. Das Gebot der Nächstenliebe. Die Zehn Gebote. Die Verpflichtung für die Gläubigen, sich für Gerechtigkeit und Frieden einzusetzen.
Was Juden und Christen glaubensmäßig trennt, ist Jesus Christus. Seine ersten Anhänger – auch das waren Juden – haben in ihm den Messias, den göttlichen Heilsbringer und Erlöser, den Sohn Gottes, gesehen, der in der Thora verheißen wird. Mit diesem Glauben zogen sie, Jesus' Auftrag befolgend, in die Welt und verbreiteten ihn. Seine Anhänger nannten sich bald Christen.
Die Mehrzahl der Juden erkannte Jesus Christus nicht als Messias an. Bis heute warten die Juden auf den Messias, der Frieden und Gerechtigkeit bringen soll. Denn sie können nicht erkennen, daß dies Jesus und seinen Anhängern gelungen wäre. Für sie ist Jesus ein großer jüdischer Gelehrter. Die Juden glauben wie seit Tausenden von Jahren, daß allein in der Thora zu erfahren ist, welche Verhaltensweisen Gott von ihnen erwartet. Daraus leiten sie ihre Sitten und Gebräuche ab.
Es ist eine geschichtliche Besonderheit der jüdischen Religion, daß die Juden ursprünglich auch ein gemeinsames Volk gewesen sind. Das Volk Israel, das in Palästina gelebt hat. Palästina aber war vor zweitausend Jahren ein Teil des Römischen Reiches. Ihr kennt doch sicher die Weihnachtsgeschichte und erinnert euch: Der Kaiser Augustus in Rom gab den Befehl zu einer Volkszählung in seinem Reich. Und dieser Befehl galt auch in Palästina. Palästina war also, modern gesprochen, ein römisches Besatzungsgebiet. Die Juden haben einige Male versucht, sich von dieser Besatzungsmacht, wo Kaiser und Kaiserin als Götter verehrt wurden, zu befreien. Ohne Erfolg. Schließlich zerstörten die Römer – nach christlicher Zeitrechnung im Jahre 70 – den Tempel in Jerusalem und begannen mit der Vertreibung der Juden. Ihr seht, nicht nur heute werden Menschen aus ihrer Heimat vertrieben. In den folgenden Jahrzehnten und Jahrhunderten verstreuten sich die Juden in alle Himmelsrichtungen. Viele siedelten in Europa. So löste sich allmählich die Einheit von Religions- und Volksangehörigkeit für die Juden auf.
Wo die Juden auch lebten, immer waren sie eine Minderheit. Beharrlich hielten sie aber an ihrer Religion und ihren Gebräuchen fest und mußten sich sicher auch deshalb gegen viele Vorurteile wehren. Was den Menschen fremd ist, was sie nicht gewohnt sind, macht sie oft unsicher. Immer wieder wurden die Juden verfolgt. Umgebracht. Vertrieben. Wieder vertrieben. Nicht überall. In Deutschland konnten die Juden immerhin seit dem 18. Jahrhundert leben, ohne um ihr Leben fürchten zu müssen. Wichtig ist jedoch: Wo die Juden auch

immer lebten, verhielten sie sich passiv angesichts der gesellschaftlichen und politischen Verhältnisse. Und wenn sie die Opfer dieser Verhältnisse wurden, wenn sie unterdrückt, verfolgt oder gemordet wurden, dann sahen viele Juden darin letztlich eine Strafe Gottes dafür, daß sie seine Gebote nicht genügend beachtet hatten. Die Juden lernten also kaum, sich gegen Unterdrückung zu wehren. Das heißt nicht, daß Juden nicht auch versucht hätten, jene Schwierigkeiten, die sich möglicherweise aufgrund ihrer Herkunft für sie ergaben, zu lösen. Manche traten deshalb zum Christentum über. Andere Juden begeisterten sich für die Idee, daß die Juden in Palästina, in ihrer geschichtlichen Heimat, erneut einen Staat gründen sollten, um wieder als Volk zusammenleben zu können. Der Ungar Theodor Herzl entwarf dazu den Plan in seinem 1896 erschienenen Buch »Der Judenstaat«. Diese Idee bezeichnete er als »Zionismus«, seine Anhänger nannten sich »Zionisten«. Für die deutschen Juden hatte der Zionismus aber nie eine Bedeutung. Sie fühlten sich als Deutsche mit jüdischer Religion, wie es eben auch Deutsche mit katholischer, protestantischer oder gar keiner Religion gab. Erst als die Nazis in den 30er Jahren mit ihrer antijüdischen Politik begannen, haben sich auch deutsche Juden für den Zionismus interessiert und versucht, nach Palästina auszuwandern.
Das war allerdings nicht so einfach. Palästina war kein menschenleeres Land. Seit vielen Jahrhunderten, ja seit Jahrtausenden lebten dort Araber, die das Land zurecht als ihre Heimat empfanden. Bis zum 1. Weltkrieg hatten die Türken, die mit dem Deutschen Reich verbündet und somit auch Verlierer jenes Krieges waren, über Palästina geherrscht. Daher kam Palästina im Auftrag des Völkerbundes unter britische Verwaltung, die den Palästinensern zusicherte, daß sie jährlich nicht mehr als 6000 Juden ins Land lassen würden.
Im Jahre 1948 wurde tatsächlich der jüdische Staat Israel gegründet. Heute leben dort über 5 Millionen Menschen, davon ca. 1,2 Millionen Araber. Wie ihr sicherlich wißt, ist das Problem des Zusammenlebens mit den Arabern bis heute nicht gelöst.
Es ist aber auch heute nicht so, daß alle Juden, die es auf der Welt gibt, den Wunsch haben, in Israel zu leben. Das will sicher nur der kleinere Teil. Allein in New York leben ja mehr Juden als in Israel.

Goebbels: Die Juden sind in aller Welt gleich…

»Die Juden sind sich in aller Welt gleich; ob sie im östlichen Ghetto wohnen, ob in den Bankpalästen der City oder Wallstreet, sie werden dieselben Ziele verfolgen und werden, ohne daß sie sich darüber verständigen, auch dieselben Mittel dabei gebrauchen. Man könnte hier die Frage aufwerfen, warum es in der Weltenordnung überhaupt Juden gibt. Es wäre dieselbe Frage wie die, warum es Kartoffelkäfer gibt. Die Natur ist vom Gesetz des Kampfes beherrscht. Immer wieder wird es parasitäre Erscheinungen geben, die den Kampf beschleunigen und den Ausleseprozeß zwischen den Starken und Schwachen intensivieren. Das Prinzip des Kampfes herrscht so auch im menschlichen Nebeneinanderleben. Man muß die Gesetze des Kampfes nur kennen, um sich darauf einstellen zu können.

(J. Goebbels: Tagebücher 1942/43, Eintrag vom 13. Mai 1943)

Das Vorspiel: Stationen der Herabsetzung

Ich war fünf Jahre alt, als am 30. Januar 1933 die Nationalsozialisten in Deutschland an die Macht kamen. In den Geschichtsbüchern meiner Kinder habe ich gelesen, daß die Nazis sofort ihre politischen Gegner verfolgt und terrorisiert haben. Das stimmt auch. Aber es hat auch nicht lange gedauert, bis sie mit den ersten judenfeindlichen Aktionen begonnen haben.
Am 1. April 1933 organisierte die Nazi-Partei – also offiziell nicht die Regierung, sondern die Partei – einen Boykott gegen jüdische Geschäfte, Rechtsanwälte, Notare, Ärzte, Vertreter und so weiter. Das war ein Tag, an dem im ganzen Deutschen Reich prachtvoll geflaggt wurde. Angeblich nicht wegen des Boykotts, sondern wegen Bismarcks Geburtstag. Die Bevölkerung wurde aufgerufen, an diesem Tag nicht bei Juden zu kaufen oder andere Dienstleistungen von Juden in Anspruch zu nehmen. Wer es dennoch tun würde, wäre kein guter Deutscher. Gute Deutsche sollten natürlich überhaupt nicht bei Juden kaufen. Es wurden also SA-Leute mit Plakaten, teilweise sogar mit englischsprachigen Texten für die internationale Presse vor die Geschäfte gestellt, deren Eigentümer Juden waren. Das war organisatorisch sehr gut vorbereitet. Joseph Goebbels war der Gauleiter der Nazi-Partei in Berlin. Und gerade 14 Tage vor dem 1. April 1933 war er zum Minister für Volksaufklärung und Propaganda ernannt worden. Goebbels hielt anläßlich des Boykotts vor Tausenden von Menschen im Lustgarten eine Rede.
Es gehörte schon viel Mut dazu, an diesem Tag als Nichtjude in das Geschäft eines Juden zu gehen. Das haben auch nur wenige gewagt. Man wurde dann von den SA-Leuten angesprochen und bedroht. Oft wurde der Name notiert. Wenn viele Menschen an diesem Tag ganz bewußt in ein jüdisches Geschäft gegangen wären, dann hätte der Boykott für die Nazis durchaus ein Schlag ins Wasser werden können. Aber dazu kam es nicht. Daher hatten die Nazis auch allen Grund, diesen 1. April 1933 als einen Erfolg zu feiern. Meine Mutter hat später oft gesagt: »Schon damals war zu erkennen, daß die Juden von der übrigen Bevölkerung wenig Hilfe und Unterstützung zu erwarten hatten.« Es stimmt wohl auch, daß vielen nichtjüdischen Geschäftsleuten die Boykottaufrufe der Nazis gegen die Geschäfte von Juden sehr gelegen kamen. Hofften sie doch, auf diese für sie bequeme Weise geschäftliche Konkurrenz loszuwerden.
Sicher hatte auch der Straßenterror, den die SA schon vor 1933 in ganz Deutschland, besonders aber in Berlin, verbreitet hatte, bei vielen Nazi-Gegnern seine Wirkung nicht verfehlt. Das alles hatte Goebbels organisiert, der 1926 im Alter von 30 Jahren Leiter der Nazi-Partei in Berlin geworden war. »Gauleiter« hieß das. Weil viele Leute im stillen damit rechneten, daß die Nazis in Deutschland einmal an die Macht kommen würden, stellten auch Nazi-Gegner oder Nichtanhänger ihr Verhalten schon vor 1933 darauf ein. Zwei

Beispiele: Da wurde in einem Krankenhaus ein hochqualifizierter Arzt, der Jude war, nicht eingestellt, weil die Krankenhausleitung befürchtete, daß sie unter einer Nazi-Regierung Schwierigkeiten bekommen würde. Oder: Ein nichtjüdisches Ehepaar kaufte zwar in dem Geschäft eines Juden Möbel, bat aber zugleich darum, »wegen der Nachbarn« die Ware in einem Wagen ohne den Namen des Geschäftes anzuliefern. Mit solchen Verhaltensweisen arbeitete man natürlich, wenn auch ohne Absicht, den Nazis in die Hände.
Der Boykott vom 1. April 1933 und die Aufrufe der Nazis, nicht in Geschäften von Juden zu kaufen, haben uns nicht so sehr geschadet, denn Charlottenburg hatte einen hohen jüdischen Bevölkerungsanteil. Zumindest Juden haben also weiterhin bei uns gekauft. Erst im Laufe der Jahre wurde es schlechter, denn viele Juden wanderten aus. Aber es zogen auch Juden nach Berlin, denn sie hofften, daß hier in der Großstadt das Leben leichter sein würde als in den kleinen Städten der Provinz. Dort wohnten oft nur wenige Juden, und Isolierung und Diskriminierung waren noch schwerer auszuhalten.
1934 wanderten auch die Eltern meines Vaters aus. Sie waren fast 70 Jahre alt, aber noch recht rüstig. Meine Großmutter hatte eine Schwester in New York, deren Mann Eigentümer eines Bekleidungsbetriebes war. Sie schickte meinen Großeltern das Geld für die Überfahrt und übernahm auch die Garantie für den Lebensunterhalt. Das verlangte nämlich die amerikanische Regierung. Vielen Juden war es gar nicht möglich, solche Garantien nachzuweisen. Das ist nur ein Beispiel, wie schwierig es für die Juden war, überhaupt auswandern zu können. Es sagt sich so leicht: »Die Juden hätten ja auswandern können.« Theoretisch, ja. In der Praxis aber bestanden ungeheure Schwierigkeiten.

Ich erinnere mich noch daran, wie wir meine Großeltern am Hamburger Bahnhof verabschiedeten. Später war davon die Rede, sie würden uns 1936, als in Berlin die Olympischen Spiele stattfanden, besuchen. Dazu ist es jedoch nicht gekommen, weil mein Großvater krank wurde und bald darauf starb. Meine Großmutter hat ein hohes Alter erreicht. Sie starb 1947.
Kurze Zeit nach dem Boykott – am 10. Mai 1933 – brannten die Bücher. Auch eines dieser Schauspiele, das die Nazis inszenierten. Auf dem Opernplatz. Sogenannte »undeutsche« Bücher wurden verbrannt. Es versteht sich von selbst, daß damit in erster Linie auch jüdische Schriftsteller gemeint waren oder – gemäß der Rassenlehre der Nazis – Schriftsteller, die jüdische Vorfahren hatten.
Schritt für Schritt wurden in der Folgezeit Juden aus dem gesellschaftlichen und beruflichen Leben ausgeschlossen. Juden wurden aus dem kulturellen Leben, aus den Opern, den Schauspielhäusern, aus den Filmen vertrieben. Wer als Nichtjude noch geschäftliche, freundschaftliche oder andere private Kontakte zu Juden hatte, wurde von den Nazis und sogar in der Nazi-Presse wie dem »Stürmer« an den Pranger gestellt. Dann gab es eine Art Wettbewerb zwischen kleinen Städten und Dörfern. Man wetteiferte darin, »judenfrei« zu sein. Große Schilder verkündeten den »Erfolg«.

Aufruf der NSDAP zum antijüdischen Boykott am 1. April 1933

»Deutsche Volksgenossen, deutsche Volksgenossinnen! Die Schuldigen an diesem wahnwitzigen Verbrechen, an dieser niederträchtigen Greuel- und Boykotthetze** sind die Juden in Deutschland. Sie haben ihre Rassengenossen im Ausland zum Kampf gegen das deutsche Volk aufgerufen. Sie haben die Lügen und Verleumdungen hinausgemeldet. Darum hat die Reichsleitung der deutschen Freiheitsbewegung beschlossen, in Abwehr der verbrecherischen Hetze ab Samstag, den 1. April 1933, vormittags 10 Uhr, über alle jüdischen Geschäfte, Warenhäuser, Kanzleien usw. den Boykott zu verhängen. Dieser Boykottierung Folge zu leisten, dazu rufen wir Euch, deutsche Frauen und Männer, auf. Kauft nicht in jüdischen Geschäften und Warenhäusern! Geht nicht zu jüdischen Rechtsanwälten! Meidet jüdische Ärzte!«*

(Zitiert nach: Braunbuch über Reichstagsbrand und Hitler-Terror. Basel 1933, S. 242f.)

* Gemeint ist der Reichstagsbrand, mit dem kein Jude irgendetwas zu tun gehabt hat.
** Gemeint ist Kritik im Ausland gegen die nationalsozialistische Regierungsübernahme.

Mit dem Andrang bei der von den Nazis organisierten »Boykott-Kundgebung« am 1. April 1933 konnte Goebbels zufrieden sein.

Völkischer Beobachter: Der Boykott – eine »Generalprobe«

Die Juden haben eine bittere Lehre hinnehmen müssen. Die Lehre war, daß man jetzt nicht mehr gewillt ist, sich auf lange Verhandlungen mit ihnen einzulassen, sondern daß man sie da packen wird, wo sie am empfindlichsten sind: Am Geldbeutel. Der Boykott vom Sonnabend ist lediglich als eine Generalprobe für eine Reihe von Maßnahmen zu betrachten, die, wenn sich die Meinung der Welt, die im Augenblick gegen uns ist, nicht endgültig ändert, durchgeführt werden.

(Völkischer Beobachter, 3. April 1933. Der »Völkische Beobachter« war die Zeitung der Nazi-Partei.)

Werbeplakat Mai 1933 zum Kauf des Volksempfängers VE 301 (30. 1. 1933)

Reichsbürgergesetz: Abkehr von den Lehren von der Gleichheit aller Menschen

Der Reichstag hat einstimmig das folgende Gesetz beschlossen, das hiermit verkündet wird.
§ 1 1. Staatsangehöriger ist, wer dem Schutzverband des Deutschen Reiches angehört und ihm dafür besonders verpflichtet ist.
2. Die Staatsangehörigkeit wird nach den Vorschriften des Reichs- und Staatsangehörigkeitsgesetzes erworben.
§ 2 1. Reichsbürger ist nur der Staatsangehörige deutschen oder artverwandten Blutes, der durch sein Verhalten beweist, daß er gewillt und geeignet ist, in Treue dem deutschen Volk und Reich zu dienen. 2. Das Reichsbürgerrecht wird durch Verleihung des Reichsbürgerbriefes erworben. 3. Der Reichsbürger ist der alleinige Träger der vollen politischen Rechte nach Maßgabe der Gesetze.
§ 3 Der Reichsminister des Innern erläßt im Einvernehmen mit dem Stellvertreter des Führers die zur Durchführung und Ergänzung des Gesetzes erforderlichen Rechts- und Verwaltungsvorschriften.

Nürnberg, 15. September 1935

(Reichsgesetzblatt, Jahrgang 1935, Teil 1, Nr. 100, S. 1145 f.)

Kommentar zum Reichsbürgergesetz (Auszug)

Kein nach der nationalsozialistischen Revolution erlassenes Gesetz ist eine so vollkommene Abkehr von der Geisteshaltung und der Staatsauffassung des vergangenen Jahrhunderts wie das Reichsbürgergesetz. Den Lehren von der Gleichheit aller Menschen und von der grundsätzlich unbeschränkten Freiheit des einzelnen gegenüber dem Staate setzt der Nationalsozialismus hier die harten, aber notwendigen Erkenntnisse von der naturgesetzlichen Ungleichheit und Verschiedenartigkeit der Menschen entgegen. Aus der Verschiedenartigkeit der Rassen, Völker und Menschen folgen zwangsläufig Unterscheidungen in den Rechten und Pflichten der einzelnen. Diese auf dem Leben und den unabänderlichen Naturgesetzen beruhende Verschiedenheit führt das Reichsbürgergesetz in der politischen Grundordnung des deutschen Volkes durch.

(Stuckart/Globke, Kommentare zur deutschen Rassegesetzgebung, Bd. I, München/Berlin 1936, S. 9 ff. Zit. nach Schoenberner: Der gelbe Stern, S. 11)

»Die Göttin des Westens: Sancta Democratia« (Heilige Demokratie)

Die Abbildung aus dem mit dem »Stürmer« vergleichbaren NS-Blatt »Die Brennessel«, 8. Jg. (1938), 20. Sept. 1938, dokumentiert sinnfällig den Bruch, den das NS-Regime mit der politischen Kultur der Demokratie vollzogen hatte. Die ausdrücklich benannten diskriminierten Werte: Freiheit, Gleichheit, Brüderlichkeit, Menschlichkeit, Pazifismus, sowie – auf die Panzer der Brüste geschrieben – Freiheit der Presse, Schutz der Minderheiten. Die Göttin ist jedoch lediglich Maske, Helm und Kostüm. Hinter ihr steht, Schild, Lanze und Schwert haltend, der »häßliche Jude«, die übliche NS-Karikatur. (Ob es einen zusätzlich diskriminierenden Hintergrund hat, daß »Menschlichkeit« auf der Lanze und »Pazifismus« auf dem Schwert geschrieben stehen, sei dahingestellt.)

Und dann wurden – im September 1935 – die »Nürnberger Gesetze« erlassen. Da erfanden die Nazi-Juristen unter anderem die Unterscheidung zwischen »Reichsbürgern« und »Staatsangehörigen«. Die Juden galten von nun ab nicht mehr als »Reichsbürger«, sondern sie waren nur noch »Staatsangehörige«. Das Ungeheuerliche an dieser Regelung war, daß damit in Deutschland, in einer ursprünglich bedeutenden Kulturnation, die Gleichheit aller Menschen geleugnet wurde. Für die Anerkennung dieses Grundsatzes war doch in der Menschheitsgeschichte und auch in Deutschland lange gekämpft worden! Ein anderes dieser »Nürnberger Gesetze« bestimmte, daß Juden und Nichtjuden das Heiraten verboten wurde. Ein Gesetz, das für viele Menschen großes Leid brachte. Ich selbst habe das nicht so bewußt mitbekommen, denn ich wurde schließlich erst acht Jahre alt.
An die »Reichskristallnacht«, wie die Nazis dieses Ereignis nannten, drei Jahre später, erinnere ich mich aber sehr genau. »Kristallnacht« – das klingt irgendwie schön. Gemeint waren die Splitter der Glasscheiben von Synagogen und jüdischen Geschäften. Manche Straßen waren von Scherben übersät. Vor meinen Augen sehe ich noch immer das zertrümmerte und geplünderte Geschäft und meine verzweifelten Eltern. Da hatten nicht nur SA-Leute geplündert. Nein, auch die angeblich anständigen »arischen« Deutschen aus den Häusern der Umgebung. Schräg gegenüber in der Waitzstraße war ein kleines Pelzgeschäft. Mit eigenen Augen habe ich gesehen, wie die Hausbewohner Pelze herausgeholt haben.
Man hatte auch unsere Wohnung aufgebrochen, obwohl damals noch kein Judenstern an der Tür zu sein hatte. Aber unser Hauswart Kalinski wußte natürlich Bescheid. Seine Söhne waren in der SA. Die haben einige wertvolle Sachen – Tafelsilber, Kleinmöbel, Teppiche – einfach geklaut. Als mein Vater den Kalinski darauf ansprach, hat der ihn nur angeschrien: »Halten Sie bloß die Schnauze! Wenn Sie noch was sagen, dann kommen Sie gleich ins KZ!»
Was aber war in jener Nacht und davor geschehen? Ich habe schon erwähnt, daß in Deutschland und gerade in Berlin Tausende von polnischen Juden lebten. Die Nazis hatten beschlossen, sie nach Polen auszuweisen. Über 15000 Menschen. Das geschah Ende Oktober 1938. Das heißt, es sollte geschehen. Denn die polnische Regierung ließ diese Menschen zunächst nicht einreisen. Sie saßen tagelang im Niemandsland zwischen Deutschland und Polen.
Zu diesen ausgewiesenen polnischen Juden gehörten die Eltern eines Siebzehnjährigen, der in Paris lebte. Herszel Grynspan. Der verübte nun in seiner Verzweiflung am 7. November in der deutschen Botschaft in Paris auf einen Botschaftsangehörigen, den Legationssekretär Ernst vom Rath, ein Attentat. Vom Rath starb am Nachmittag des 9. November. An diesem Tag war die Nazi-Führung wegen eines nationalsozialistischen Gedenktages in München versammelt. Wie die Geschichtsforscher herausgefunden haben, hat Goebbels nach Bekanntgabe des Todes die anwesenden Gauleiter aufgefordert, in ihren Regionen an die SA-Organisationen Anweisungen zu systematischen

Göring: Ich möchte kein Jude in Deutschland sein.

Wie die Nazi-Oberen nach der Pogromnacht am 12. November 1938 Beschlüsse faßten.

Göring: *Darüber möchte ich keinen Zweifel lassen, meine Herren: die heutige Sitzung ist nicht dazu da, sich erneut darüber zu unterhalten, was getan werden sollte, sondern es fallen jetzt Entscheidungen, und ich bitte die Ressorts inständig, nun aber Schlag auf Schlag die notwendigen Maßnahmen zur Arisierung der Wirtschaft zu treffen und mir vorzulegen, soweit das notwendig ist.*
Bei der Arisierung der Wirtschaft ist der Grundgedanke folgender: Der Jude wird aus der Wirtschaft ausgeschieden und tritt seine Wirtschaftsgüter an den Staat ab...
Wieviele Synagogen sind tatsächlich niedergebrannt?
Heydrich: *Es sind im ganzen 101 Synagogen durch Brand zerstört, 76 Synagogen demoliert, 7500 zerstörte Geschäfte im Reich...*
Goebbels: *Ich halte es für notwendig, jetzt eine Verordnung herauszugeben, daß den Juden verboten wird, deutsche Theater, Kinotheater und Zirkusse zu besuchen...*
Dann muß eine Verordnung herauskommen, daß es den Juden verboten ist, deutsche Bäder, Strandbäder und deutsche Erholungsstätten zu besuchen...
Es wäre zu überlegen, ob es nicht notwendig ist, den Juden das Betreten des deutschen Waldes zu verbieten...
Als letztes wäre noch folgendes vorzutragen. Es besteht tatsächlich heute noch der Zustand, daß jüdische Kinder in deutsche Schulen gehen. Das halte ich für unmöglich. Ich halte es für ausgeschlossen, daß mein Junge neben einem Juden im deutschen Gymnasium sitzt und deutschen Geschichtsunterricht erteilt bekommt. Ich halte es für notwendig, daß die Juden absolut aus den deutschen Schulen entfernt werden.
Heydrich: *7500 zerstörte Geschäfte im Reich...*
Göring: *Mir wäre es lieber gewesen, ihr hättet 200 Juden erschlagen und hättet nicht solche Werte vernichtet...*
Heydrich: *Für die Isolierung möchte ich rein polizeilich einige Vorschläge kurz unterbreiten, die auch wegen ihres psychologischen Einflusses auf die öffentliche Meinung von Wert sind, z. B. die persönliche Kennzeichnung des Juden, indem man sagt: Jeder Jude im Sinne der Nürnberger Gesetze muß ein bestimmtes Abzeichen tragen. Das ist eine Möglichkeit, die viele andere Dinge erleichtert...*
Göring: *Eine Uniform!*
Heydrich: *Ein Abzeichen...*
Göring: *Diese Dinge müssen hintereinanderweg herauskommen.*
Heydrich: *Ich wollte bloß grundsätzlich das Einverständnis erbitten, daß wir diese Dinge einleiten dürfen.*
Göring: *Ich werde den Wortlaut wählen, daß die deutschen Juden in ihrer Gesamtheit als Strafe für die ruchlosen Verbrechen usw. usw. eine Kontribution von 1 Milliarde auferlegt bekommen. Das wird hinhauen. Die Schweine werden einen zweiten Mord so schnell nicht machen. Im übrigen muß ich noch einmal feststellen: ich möchte kein Jude in Deutschland sein...*
Das zweite ist folgendes. Wenn das Deutsche Reich in irgendeiner absehbaren Zeit in außenpolitischen Konflikt kommt, so ist es selbstverständlich, daß auch wir in Deutschland in allererster Linie daran denken werden, eine große Abrechnung an den Juden zu vollziehen...

(Auszüge aus der stenographischen Niederschrift einer Besprechung im Luftfahrtministerium, Berlin, 12. 11. 1938)

Pogromen gegen Juden zu geben. Das hat bestens geklappt. Noch in der Nacht wurden überall in Deutschland Synagogen angezündet oder zerstört. SA- und auch SS-Trupps verwüsteten jüdische Geschäfte. Zahllose Juden wurden mißhandelt und fast 100 umgebracht. In den Folgetagen wurden noch über 26 000 jüdische Männer gefangengenommen, allein 10 000 in Berlin. Sie kamen in die Konzentrationslager Dachau, Buchenwald und Oranienburg. Viele sind an den Mißhandlungen und Entbehrungen gestorben. Wer Auswanderungspapiere vorlegen konnte – dafür mußten dann die Angehörigen sorgen –, ist wieder freigelassen worden.

Diese Geschehnisse bedeuteten einen großen Schock für die jüdische Bevölkerung. Sie wurde gezwungen, eine Milliarde Reichsmark als »Sühneleistung« aufzubringen. Die Geschäftsinhaber erhielten keine Entschädigungen für die Zerstörungen. Kurz danach begannen die Nazis damit, die vielen antijüdischen Verordnungen zu erlassen, über die ich am Anfang berichtet habe.

Schließlich setzten auch die Maßnahmen ein, die die Juden völlig aus dem Wirtschaftsleben ausschalteten. Die Nazis nannten das »Arisierung«. Davon waren auch meine Eltern betroffen. Sie mußten ihr Geschäft weit unter dem tatsächlichen Wert verkaufen. Das Geld durften sie aber nicht verwenden, sondern mußten es auf ein Sperrkonto legen. Nun standen meine Eltern ohne Einkommen da. Bald darauf wurde mein Vater zur Zwangsarbeit bei der Reichsbahn verpflichtet. Zum Gleisbau. Eine ungeheure Schufterei für einen Hungerlohn!

Dann geschah noch etwas, was zu jenen Dingen gehörte, die meine Eltern zumindest vor mir – wenn auch sicher nicht mehr vor meiner Schwester – verheimlichten. Die Gestapo bedrängte meine Mutter, sich von ihrem Mann scheiden zu lassen. Man machte ihr die bequemsten Angebote, wie sie später erzählt hat. So erging es aber nicht nur ihr. Überall wurden nicht-jüdische Ehepartner unter Druck gesetzt, besonders auch an ihren Arbeitsstellen. »Wir würden Sie gerne befördern«, hieß es dann, »wenn Sie nicht mit einer Jüdin (oder einem Juden) verheiratet wären.« Nur ganz wenige sind damals diesem Druck erlegen. Auch später, als es beinahe schon lebensgefährlich geworden war, mit einem jüdischen Partner verheiratet zu sein, haben diese Menschen sich nicht kleinkriegen lassen. Wer wie die Nazis an Gewalt glaubt, kennt eben die Kraft der Liebe nicht.

Was aber wurde aus dem Geschäft meiner Eltern? In Charlottenburg und in den angrenzenden Bezirken Wilmersdorf und Spandau gab es die »arische« Konkurrenz »Betten Müller«. Dieser Müller war ein bekannter Nazi, der eine Rolle in irgendeiner Wirtschaftsorganisation spielte. Bei mittleren und gerade auch bei kleinen Gewerbetreibenden – Handwerkern, Kleinhändlern – hatten die Nazis eine große Anhängerschaft. Ich erinnere mich, daß der Bäckermeister neben uns in der Waitzstraße schon vor der Machtübernahme der Nazis ein großes gebackenes Hakenkreuz im Schaufenster ausgestellt hatte und später auch Hakenkreuze als Gebäckstücke verkaufte. Aber zurück zu »Betten Mül-

Anzeige für ein Antisemitisches Gesellschaftsspiel

JUDEN RAUS!

D.R.G.M. 1446399

Das zeitgemäße und überaus lustige Gesellschaftsspiel für Erwachsene und Kinder

Hitler (30. Januar 1939): »Ich will heute wieder ein Prophet sein...«

Ich bin in meinem Leben sehr oft Prophet gewesen und wurde meistens ausgelacht... Ich will heute wieder ein Prophet sein: Wenn es dem internationalen Finanzjudentum in- und außerhalb Europas gelingen sollte, die Völker noch einmal in einen Weltkrieg zu stürzen, dann wird das Ergebnis nicht die Bolschewisierung der Erde und damit der Sieg des Judentums sein, sondern die Vernichtung der jüdischen Rasse in Europa.

(Aus einer Reichstagsrede vom 30. Januar 1939. Zitiert nach Frankfurter Zeitung, 1. Februar 1939, und Neue Zürcher Zeitung, 31. Januar 1939)

Goebbels: »Die Juden wollten ihren Krieg, und sie haben ihn nun.«

Die historische Schuld des Weltjudentums am Ausbruch und an der Ausweitung dieses Krieges ist so hinreichend erwiesen, daß darüber keine Worte mehr zu verlieren sind. Die Juden wollten ihren Krieg, und sie haben ihn nun. Aber es bewahrheitet sich an ihnen auch die Prophezeiung, die der Führer am 30. Januar 1939 im Deutschen Reichstag aussprach, daß, wenn es dem internationalen Finanzjudentum gelingen sollte, die Völker noch einmal in einen Weltkrieg zu stürzen, das Ergebnis nicht die Bolschewisierung der Erde und damit der Sieg des Judentums sein werde, sondern die Vernichtung der jüdischen Rasse in Europa.
Wir erleben eben den Vollzug dieser Prophezeiung, und es erfüllt sich damit am Judentum ein Schicksal, das zwar hart, aber mehr als verdient ist. Mitleid oder gar Bedauern ist da gänzlich unangebracht. Das Weltjudentum hat in der Anzettelung dieses Krieges die ihm zur Verfügung stehenden Kräfte vollkommen falsch eingeschätzt, und es erleidet nun einen allmählichen Vernichtungsprozeß, den es uns zugedacht hatte und auch bedenkenlos an uns vollstrecken ließe, wenn es dazu die Macht besäße. Es geht jetzt nach seinem eigenen Gesetz »Auge um Auge, Zahn um Zahn!« zugrunde.

(Aus: Das Reich, 16. November 1941)

ler«. Der besaß einige Ladengeschäfte in verschiedenen Bezirken, und er hatte sich irgendwann auch schon mal an meine Eltern gewandt, um deren Geschäft zu übernehmen. Allerdings vergeblich. Dieser Müller wetterte in Zeitungsartikeln immer wieder gegen angeblich »jüdische Geschäftspraktiken«. Hemmungslos würden jüdische Geschäftsinhaber die kleinen Konkurrenten in den Ruin treiben. Aus »Betten Grossmann« wurde dann also »Betten Müller«. Ich glaube, im Westen von Berlin hat es bald kein anderes Wäsche- und Bettengeschäft mit anderem Namen mehr gegeben.

Der Krieg und die »Schuld der Juden«

Am 1. September 1939 begann der Krieg gegen Polen und damit der Zweite Weltkrieg. Man braucht nicht lange darüber zu rätseln, wem die Nazis die Schuld an diesem Krieg gaben. Selbstverständlich den Juden. Ja, die Nazis wußten schon vor Kriegsbeginn, daß die Juden den Krieg verschulden würden.
Nun ist es in der Geschichte nicht immer so, daß man eindeutig sagen kann, wer einen Krieg begonnen hat, aber bei dem Zweiten Weltkrieg gibt es keine Zweifel. Es ist leicht nachzuweisen und unter ernstzunehmenden Menschen auch völlig unbestritten, daß die Nazis diesen Krieg langfristig vorbereitet und dann ganz bewußt begonnen haben. Aber vor der Weltöffentlichkeit und wohl auch gegenüber der eigenen Bevölkerung steht man nicht so gern als Angreifer da. Zu dieser Untat wollten sich die Nazis anscheinend doch nicht bekennen. Also haben sie ihre Aggressivität auf »die« Juden oder »das« Judentum übertragen. Sie haben ihre eigenen Handlungsweisen »den« Juden zugeschrieben. Eine solche Erscheinung, daß man eigene Verhaltensweisen und auch eigene – vielleicht einem selbst unangenehme – Gedanken und Phantasien auf andere Menschen überträgt, eine solche Erscheinung ist ganz typisch für Vorurteile. Ja, diese Erscheinung macht sogar das Wesen eines Vorurteils aus. »Ein Urteil läßt sich widerlegen, aber ein Vorurteil nie.« Das hatte häufig Herr Levin, einer meiner Lehrer, zu uns gesagt, wenn wir über die Bilder sprachen, die sich andere von Juden machen. Diese Einsicht stammt, wenn ich mich richtig erinnere, von Marie von Ebner-Eschenbach.

Polizeiverordnung über die Kennzeichnung der Juden (1. September 1941)

§ 1
Juden, die das sechste Lebensjahr vollendet haben, ist es verboten, sich in der Öffentlichkeit ohne einen Judenstern zu zeigen.
Der Judenstern besteht aus einem handtellergroßen, schwarz ausgezogenen Sechsstern aus gelbem Stoff mit der schwarzen Aufschrift »Jude«. Er ist sichtbar auf der linken Brustseite des Kleidungsstückes fest angenäht zu tragen.
§ 2
Juden ist es verboten
a) den Bereich ihrer Wohngemeinde zu verlassen, ohne eine schriftliche Erlaubnis der Ortspolizeibehörde bei sich zu führen.
b) Orden, Ehrenzeichen und sonstige Abzeichen zu tragen.
§ 4
Wer dem Verbot der §§ 1 und 2 vorsätzlich und fahrlässig zuwiderhandelt, wird mit Geldstrafe bis zu 150 RM oder mit Haft bis zu 6 Wochen bestraft.
Weitergehende polizeiliche Sicherungsmaßnahmen sowie Strafvorschriften, nach denen eine höhere Strafe verwirkt ist, bleiben unberührt.

(Reichsgesetzblatt Teil I, S. 547)

Teil 2
Der sichtbare Schrecken

Der »Judenstern« – September 1941

Im Herbst 1941 erließen die Nazis eine Verordnung, die alle Schikanen und Demütigungen noch übertraf, die es bis dahin gegeben hatte. Es war der 1. September. Der Krieg dauerte schon zwei Jahre. Das war viel länger, als die Menschen vermutet hatten. Die Tatsache, daß diese Verordnung in jenen Tagen verkündet wurde, zeigt deutlich die beabsichtigte Wirkung von antijüdischen Maßnahmen. Es sollte davon abgelenkt werden, daß der Krieg nun schon so lange dauerte. Die Verordnung besagte: Alle Juden ab dem Alter von 6 Jahren müssen einen sogenannten »Judenstern« tragen, und zwar vom 19. Septenber 1941 an. Das war ein Freitag.
Ich erinnere mich noch genau an den Schultag vor diesem 19. September 1941. Ich ging zur Joseph-Lehmann-Schule in der Joachimsthaler Straße 13. Nicht einmal 100 Meter vom Kurfürstendamm entfernt. In dem alten Gebäude, das heute noch steht, gegenüber von C & A. Wir hatten an diesem Tag in der letzten Stunde Deutschunterricht bei Herrn Levin. Schon lange gab es für uns jüdische Kinder keine Schulbücher mehr. Herr Levin hatte allerdings ein sehr gutes Gedächtnis. Er kannte viele Balladen und Gedichte auswendig. Die schrieb er dann an die Tafel. Und Geschichten konnte er sehr anschaulich nacherzählen. So habe ich in meiner Schulzeit doch noch viel über deutsche Dichtung erfahren.
An jenem Tag sprachen wir über das Gedicht »Herbsttag« von Rainer Maria Rilke. Herr Levin war anscheinend ein großer Verehrer von Rilke, denn wir hatten schon verschiedene seiner Gedichte gelernt. Bevor er uns das Gedicht »Herbsttag«, wie er es immer mit Gedichten machte, am Schluß der Stunde noch einmal vortrug, erinnerte er uns daran, daß wir vom nächsten Tag an den »Judenstern« zu tragen hätten.
Als wir damals nach dem Unterricht nach Hause gingen, haben wir uns über den »Judenstern« unterhalten. Uns war nicht wohl zumute. Ich hatte es nicht weit nach Hause. Eine gute halbe Stunde Fußweg etwa. Wir durften übrigens den Kurfürstendamm nur kreuzen, nicht entlanggehen. Wer da wohnte, mußte eine Sondergenehmigung beantragen. Ganz in der Nähe unserer Wohnung war einer der Glaskästen, in denen der »Stürmer« ausgehängt wurde. Einige Leute standen davor, auch Herr Kalinski. Herr Kalinski war unser Hauswart, aber er war auch noch »Blockwart«. Diese Blockwarte und auch ihre Frauen waren schlimme Leute. Sie hatten die Aufgabe, zu beobachten, was in den Häusern »ihres« Wohnblocks passierte, wer zu Besuch kam, wer

wie lange blieb und so weiter. Und wenn ihnen irgend etwas nicht in Ordnung zu sein schien, dann meldeten sie das der Polizei. Meistens suchte man Deserteure. Die Kalinskis hatten vier Söhne, die alle in der SA gewesen waren, damals – 1941 – aber schon als Soldaten kämpften.
Frau Kalinski wurde »Heldenmutter«. Soweit ich mich erinnere, sind drei von ihren Söhnen gefallen. Die Kalinskis hatten mich oft als »Judenbengel« beschimpft. Eigentlich redeten sie mich nur so an.
Am Beispiel von Blockwart Kalinski und seiner Frau kann man gut erkennen, welche Bedeutung die Judenfeindschaft für viele Menschen hatte. Sie konnten sich nämlich leicht einbilden, etwas Besseres zu sein und mit Leuten auf einer Stufe zu stehen, die in Wirklichkeit eine ganz andere berufliche und gesellschaftliche Stellung hatten und die ihrerseits sicher auch nicht meinten, mit einem Blockwart etwas gemeinsam zu haben. Und bei dieser Einbildung war es auch im Grunde nicht möglich, sich zu irren. Denn die Propaganda der Nazis sagte es ihnen tagtäglich: »Ihr seid keine Juden! Ihr seid ganz großartig! Ihr seid Arier! Herrenmenschen!« Da konnte man natürlich nicht auf die Idee kommen, wie erbärmlich es ist, wenn das Selbstwertgefühl eines Menschen darauf beruht, zu einer Gruppe von Menschen zu gehören, die angeblich charakterlich besser sein soll als irgendeine andere Gruppe. Meistens ja eine Minderheit. Wenn diese Minderheit nicht die Juden sind, dann müssen eben die Türken oder andere Ausländer dafür herhalten, wie man in unserer Zeit sieht.
Damals, vor dem Schaukasten mit dem »Stürmer«, sagte der Blockwart Kalinski so laut, daß ich es hören konnte, zu den Umherstehenden: »In meinem Block wohnt noch dieses jüdische Ungeziefer. Haben noch eine schöne Wohnung. Wenn man bedenkt, wie viele Volksgenossen schon ausgebombt sind.« Als ich das meiner Mutter erzählte, meinte sie, das bedeute nichts Gutes.
Am Abend kam meine Schwester aus dem Krankenhaus. Scheinbar beiläufig fragte sie mich beim Abendessen: »Sag mal, Hans, hast du nicht einen Lehrer, der ›Levin‹ heißt?« In dem Moment wußte ich es bereits, wir alle wußten es: Herr Levin hatte sich das Leben genommen. Denn meine Schwester arbeitete auf der Intensivstation. Herr Levin war nicht der einzige gewesen, für den es unerträglich war, den »Judenstern« zu tragen.
Alle Juden hatten sich die »Judensterne« kaufen müssen. Für zehn Pfennige. Ein Stern mit sechs Ecken. Diese Form soll der Schild des Königs David gehabt haben. Daher auch »Davidstern«. Ein Symbol, das die Juden in ihrer Religion auch selbst verwenden. Nun aber wurde es zum Zeichen der Diskriminierung, der Herabsetzung. Der »Judenstern« war so groß wie eine Kinderhand, hatte eine kräftige gelbe Farbe mit schwarzen Konturen. In der Mitte stand das Wort »Jude« in hebräisch aussehenden Buchstaben. Beim Kauf bei der jüdischen Gemeinde mußte eine Empfangsbestätigung mit folgendem Text unterschrieben werden: »Ich verpflichte mich, das Kennzeichen sorgfältig und pfleglich zu behandeln und bei seinem Aufnähen auf das Klei-

dungsstück den über das Kennzeichen hinausragenden Stoffrand umzuschlagen.« Meine Mutter und meine Schwester nähten die Sterne auf unsere Überkleidung. Auf die linke Brustseite. Wer ohne »Judenstern« angetroffen wurde oder den »Judenstern« verdeckte, mußte mit dem Abtransport in ein Konzentrationslager rechnen, auch wenn in dem Gesetzestext weniger schwere Strafen angedroht wurden. Besonders merkwürdig war es für uns, daß unsere Mutter keinen »Judenstern« tragen mußte.
Bis spät in die Nacht hinein sprachen wir darüber, mit welchen Reaktionen von den anderen Leuten wir wohl zu rechnen hätten. Niemand sagte zu mir, daß ich früher ins Bett gehen sollte.
Eine angstvolle Erregung erfüllte uns alle am nächsten Morgen. Ich mußte nicht so früh aufstehen wie meine Schwester und mein Vater, aber an jenem Freitagmorgen konnte ich nicht länger im Bett bleiben, als ich die morgendlichen Geräusche hörte. Immer wieder schauten wir auf die Straße hinunter, und in der Morgendämmerung sahen wir die ersten Menschen mit dem Davidstern auf der Kleidung, den die Nazis »Judenfleck« nannten.
Meine Schwester und mein Vater gingen oft gemeinsam schon um 5 Uhr aus dem Haus. Zum S-Bahnhof Charlottenburg. Bei den vielen Luftangriffen gab es beim Gleisbau, wo mein Vater zwangsarbeitete, immer mehr zu tun, um die Strecken befahrbar zu halten. Und meine Schwester – ich sagte das schon – arbeitete als Krankenschwester im Jüdischen Krankenhaus. Meine Mutter und ich sahen ihnen lange vom Fenster aus nach.
Dann wurde es Zeit, daß ich zur Schule ging. Meine Mutter hatte zur Arbeit normalerweise einen anderen Weg als ich zur Schule. Sie arbeitete in einer Wäscherei, sieben, acht Minuten von unserer Wohnung entfernt. Die Besitzer – Hilpert hießen sie – waren nette Leute. Sie erlaubten meiner Mutter zum Beispiel, ihre Mittagspause so zu legen, daß sie zu Hause sein konnte, wenn ich aus der Schule kam.
An diesem Morgen begleitete mich meine Mutter ein langes Stück. Wir hatten furchtbare Angst. Wir staunten, wie viele Menschen Juden waren. Manchen kannte man schon lange vom Sehen, ohne daß man das überhaupt gewußt hätte. Damals, im Herbst 1941, lebten noch gut 70 000 Juden in Berlin. Als die Nazis 1933 an die Macht kamen, waren es etwa 160 000 gewesen. Meine Mutter trennte sich von mir, als wir die ersten Mädchen und Jungen aus meiner Schule trafen. Sie hat sehr geweint. Alle meine Mitschülerinnen und Mitschüler hatten den Stern auf ihrer Kleidung. »Komisch sieht das aus«, sagte David Hildesheim zu mir, »auch meine Mutter trägt keinen Stern.«

Wir »Sternträger«

Die Einführung des »Judensterns« im September 1941 veränderte die Situation von uns Juden erheblich. Vorher hatten wir durch die zahllosen antijüdischen Bestimmungen in einem unsichtbaren Ghetto gelebt. Jetzt war nach außen sichtbar, wer Jüdin oder Jude war. Juden konnten aufgrund des Sterns leicht erkannt und kontrolliert werden.
Was die Reaktionen der Leute betraf, so haben sich unsere schlimmsten Erwartungen eigentlich nicht erfüllt. Ich wurde in all den Jahren, in denen ich den »Judenstern« getragen habe, nur ganz wenige Male angepöbelt. Die meisten Leute verhielten sich gegenüber uns »Sternträgern« äußerlich gleichgültig. Zwei junge Männer haben meine Mutter einmal mit »alte Judenhure!« beschimpft. Denn wenn wir gemeinsam über die Straße gingen, war meine Mutter die einzige, die keinen »Judenstern« trug. Das ist aber nur das eine Mal passiert.
Dies sind natürlich nur meine Erfahrungen. Ich denke aber, daß es den meisten Juden so oder ähnlich ergangen ist. Selbstverständlich haben Juden auch gemeinere Reaktionen erlebt, vereinzelt auch freundlichere. Mir hat einmal eine Frau in der S-Bahn, als ich zur Zwangsarbeit fuhr, einen Apfel zugesteckt. Ein anderes Mal hat ein alter Arbeiter zu mir gesagt: »Na, Junge, für euch wird's auch noch mal bessere Zeiten geben.« Das war aber auch alles während der mehr als drei Jahre, in denen ich in Berlin mit dem »Judenstern« herumlief.
Es gab mit dem »Judenstern« aber auch praktische Probleme. Meine Schwester mußte als Krankenschwester ihren Kittel oder ihre Schürze am Tag mehrmals wechseln. Dann mußte sie den Stern jedesmal abtrennen und auf die neue Schürze nähen. Das war umständlich, aber notwendig, denn die Gestapo führte nicht allein auf den Straßen, sondern auch im Jüdischen Krankenhaus oft Überprüfungen durch. Später konnten wir großzügigerweise noch einen zweiten Stern kaufen.
Viele Juden hofften, der »Judenstern« sei die letzte antijüdische Schikane der Nazis. Später dachten auch viele, der Judentransport, der Berlin gerade verlassen hatte, sei nun der letzte. Immer wieder wurden Gründe gesucht und gefunden, die diese Erwartung bestätigen sollten. Solche Hoffnungen waren nur verständlich, denn die Juden sehnten sich danach, trotz all der Unterdrückungsmaßnahmen ihr Leben wieder einmal ruhiger einrichten zu können: Freundschaften knüpfen und erleben. Einem Hobby nachgehen. Junge Männer wollten junge Frauen kennenlernen. Und umgekehrt. Die Juden wollten endlich wieder die normalsten menschlichen Dinge tun. Daraus wurde nichts mehr.

Neues von der Gestapo und aus der »Gerüchteküche«

Anfang Oktober 1941 wurden viele Juden durch die jüdische Gemeinde – dazu muß ich später noch etwas sagen – aufgefordert, Fragebögen auszufüllen, die den Eindruck erweckten, Wohnungen müßten geräumt werden. Meine Eltern erhielten einen solchen Bogen nicht, aber Juden in unserer Nachbarschaft und auch die Eltern einiger Mitschüler. Wir hatten damit schon gerechnet. Unser Hauswart Kalinski hatte so etwas ja angedeutet. Denn in Berlin gab es durch die Luftangriffe schon große Wohnungsnot, und gerade Nazi-Parteigenossen, die ausgebombt waren, empörten sich darüber, daß jüdische Familien noch in unzerstörten Wohnungen lebten.
Einige Tage nach der Fragebogenaktion erhielten dann die ersten Juden, zusammen mit der Kündigung ihrer Wohnung, den Nachweis von neuem Wohnraum. Meistens wurden sie als Untermieter in die Wohnungen von anderen Juden eingewiesen. Oder in sogenannte »Judenhäuser«. Tatsächlich umgezogen sind sie aber dann nicht mehr.
Am 17. Oktober 1941, an einem Freitag, kam meine Schwester sehr erregt von ihrer Arbeit am frühen Abend nach Hause. »Ich muß gleich wieder fort«, sagte sie schon im Hereinkommen, »die Gestapo hat dem Krankenhaus den Befehl erteilt, für die Levetzowstraße einen medizinischen Hilfsdienst abzustellen. Ich habe mich gemeldet..«
»Ein Hilfsdienst? Noch heute?« wunderte sich meine Mutter.
»Ja, noch heute.« Meine Schwester Lili aß eine Kleinigkeit und ging. Im strömenden Regen. Wir sahen ihr vom Fenster aus nach. »Nun geht es also schon los. Es ist doch erst einige Tage her, daß in der Levetzowstraße damit begonnen wurde, ein Lager einzurichten«, sprach meine Mutter vor sich hin. Meine Schwester kam erst am nächsten Tag abends wieder. In den nächsten Monaten hat sie Grauenhaftes durchgemacht. Ich habe sie nie wieder lachen gesehen.
Das war zunächst auch eines dieser Gerüchte gewesen. Ihr glaubt nicht, was für eine Gerüchteküche Berlin in den Kriegsjahren war. In erster Linie betrafen Gerüchte natürlich den Kriegsverlauf. Sehnsüchtig warteten wir Juden – und nicht nur wir Juden – auf eine Wende des Krieges. Irgendwann mußten doch die militärischen Erfolge der Nazi-Wehrmacht ein Ende haben! Dann gab's Gerüchte über die Nazi-Führung. Über Rivalitäten, über Spannungen. Wer war nach Hitler gerade der mächtigste Mann? Wie waren Hitlers Gunst und Mißgunst gerade verteilt? Mit wem hatte Goebbels eine Liebschaft? Und besonders interessant: Wo gab es Widerstand gegen die Nazi-Herrschaft oder gegen Maßnahmen der Nazis?
Es war von vielen Zufällen abhängig, welche Gerüchte einen selbst erreichten. Ich habe zum Beispiel während des Krieges nie etwas über die Weiße Rose in München gehört. Nach dem Krieg haben mir Bekannte erzählt, daß

sie schon im Mäz 1943 in Berlin ein Flugblatt mit dem Text des Aufrufes gelesen hätten, den die Geschwister Scholl und die anderen verteilt hatten. Für uns waren natürlich alle jene Gerüchte wichtig, die das Schicksal der Juden betrafen. Dazu muß ich später noch etwas sagen. Anfang Oktober jedenfalls – und das hatte meine Mutter gemeint – wurde darüber geredet, daß in der Synagoge in der Levetzowstraße ein Sammellager eingerichtet werden würde. Das bestätigte sich bald, denn viele Mitglieder der jüdischen Gemeinde waren daran beteiligt, so daß schnell etwas durchsickerte.
In der Levetzowstraße stand eine große Synagoge, die in der Pogromnacht vom 9. zum 10. November 1938 nur teilweise zerstört worden war. Den großen Hauptsaal hatte die jüdische Gemeinde seit den ersten Oktobertagen tatsächlich zu einem Sammellager umgestaltet. Das Gerücht von einer bevorstehenden Deportation der Juden aus Berlin wurde langsam zur Gewißheit. Damals sprach man verschleiernd von »Evakuierung«. Nur: Gerüchten mißtraut man allzu gern, wenn sie Unangenehmes für einen selbst bringen.

»...daß es nicht weiter anginge, daß die Hauptstadt... auch heute noch eine derartig hohe Zahl Juden beherberge.«

Am 20. 3. [1941] fand im Propagandaministerium eine Besprechung bei Pg. Gutterer statt, an der Vertreter des Sicherheitshauptamtes und des Generalbaurats Speer teilnahmen. Pg. Gutterer teilte mit, daß Dr. Goebbels bei einer Unterhaltung an der Mittagstafel des Führers auf die in Berlin noch ansässigen 60 bis 70000 Juden aufmerksam gemacht wurde. Man habe bei diesem Gespräch festgestellt, daß es nicht weiter anginge, daß die Hauptstadt des nat.-soz. Reiches auch heute noch eine derartig hohe Zahl Juden beherberge. Ein gewisser Teil der Juden pflege regen Verkehr mit ausländischen diplomatischen Kreisen in Berlin und vermiete Zimmer an ausländische Studenten, Journalisten, Diplomaten und hätte so Gelegenheit, staatsabträgliche Gerüchte zu verbreiten und stimmungsmäßig Schaden anzurichten. Der Führer habe bei diesem Gespräch zwar nicht selbst entschieden, daß Berlin sofort judenfrei gemacht werden müsse, aber Dr. Goebbels sei der Überzeugung, daß ein geeigneter Evakuierungsvorschlag sicher die Zustimmung des Führers finden werde...
Der Vertreter des Generalbaurats Speer gab bekannt, daß zur Zeit in Berlin 20000 Wohnungen von Juden benützt werden. Diese Wohnungen benötige Speer als Reserve für Freimachungen bei evtl. größeren Fliegerschäden und später bei Freimachungen von Wohnungen, die bei der Neugestaltung Berlins abgerissen werden müssen.
In Berlin bestehe zur Zeit ein Mangel von 160 bis 180000 Wohnungen.
Das Ergebnis der Aussprache war, daß Pg. Eichmann gebeten wurde, für Gauleiter Dr. Goebbels einen Vorschlag zur Evakuierung der Juden aus Berlin auszuarbeiten...

(Protokollauszug, in: H. G. Adler: Der verwaltete Mensch. Studien zur Deportation der Juden aus Deutschland. Tübingen 1974, S. 152/53)

Die ersten Deportationen – Oktober/November 1941

Ihr ahnt es bereits: Das war keine Wohnungsräumaktion, die von der Gestapo eingeleitet worden war. Es war vielmehr ein Trick. Folgendes geschah: An diesem 17. Oktober 1941 klingelten bei Einbruch der Dunkelheit etwa zur gleichen Zeit bei Hunderten von »Gekündigten« zwei Beamte der Gestapo und forderten die Familien auf, sofort einige Sachen zusammenzupacken und ihnen zu folgen. An dieser Zahl kann man im übrigen erkennen, daß es sehr viele Gestapo-Leute gegeben hat, im ganzen Deutschen Reich insgesamt 50 000, allein in Berlin Tausende. Die Juden, die auf diese Weise abgeholt worden waren, wurden nun zum Lager in der Levetzowstraße gebracht. Was dann geschah, hat uns meine Schwester am Tag darauf erzählt.

»Eine Familie nach der anderen kam, auch mit Kleinkindern und Säuglingen. Alle in angstvoller Ungewißheit. Die Gestapo-Leute durchstöberten das Gepäck und nahmen völlig willkürlich Sachen heraus, die sie irgendwie begehrenswert fanden. Dann durften wir endlich die Menschen versorgen. Wenn man bedenkt, daß wir Helfer alle noch einige Stunden vorher von dem, was passieren würde, nichts gewußt haben, hat die Betreuung gut geklappt. Von den Erwachsenen hat in der Nacht kaum einer geschlafen. Die Abgeholten nicht und wir nicht. Wir haben für 1000 Menschen Proviantpakete gepackt.

Heute vormittag begann dann die ›Ausschleusung‹. So nannte das die Gestapo. Es regnete und regnete. Die SS hatte offene Lastwagen vorfahren lassen. Die waren aber nur für Schwache und Kinder. Alle anderen mußten laufen. Ein langer Zug durch die Stadt. Zum Bahnhof Grunewald.«

Diesen Menschenzug durch die Stadt hatten selbstverständlich viele Leute gesehen. Der Weg war vielleicht vier bis fünf Kilometer lang. Über den »jüdischen Mundfunk« hatte sich das schnell herumgesprochen. Auch später müssen viele Berliner diese Kolonnen von Juden, die durch die Straßen Berlins getrieben wurden, gesehen haben, auch wenn die »Ausschleusungen« dann meist nachts stattfanden.

Am Bahnhof Grunewald – da ist noch heute der S-Bahnhof – mußten die Juden Eisenbahnwagen besteigen. Bei den ersten Transporten waren es sogar alte Personenwagen. Bald danach nur noch Güter- oder sogar Viehwagen. Im Verkehrsmuseum hier in Berlin könnt ihr euch heute noch so einen Wagen ansehen. Die SS, teilweise mit Reitpeitschen, überwachte den Abtransport. Es waren auch hier wieder Helfer der Jüdischen Gemeinde da. An diesem 18. Oktober 1941 ging also der erste Judentransport mit etwa 1000 Menschen von Berlin ab. In den Osten. Nach Lietzmannstadt, wie gesagt wurde. Lietzmannstadt – das war der deutsche Name für Lodz.

In den folgenden Wochen ging es Schlag auf Schlag. Immer mehr jüdische Familien bekamen jetzt die direkte Aufforderung, sich in der Levetzowstraße,

im Sammellager, einzufinden. »Zur Abwanderung«, wie es offiziell hieß. So zogen die Juden durch die Straßen Berlins, mit ihrem Gepäck, mit Rucksäcken und Koffern. Tausende. Unter ihnen Kinder und Säuglinge. Alte Männer, alte Frauen. Gebrechlich. Und Zehntausende, ja Hunderttausende von Berlinern haben diese Menschen gesehen.
Einige, aber immer mehr, folgten den Aufforderungen nicht. Wenn sie im Lager offenkundig nicht erschienen waren, machte die Gestapo kurzerhand Menschenjagd auf der Straße. Juden waren schließlich leicht zu erkennen. So viele Juden wurden einfach von der Straße weg gefangengenommen, wie andere nicht erschienen waren. Später wurden die zur Deportation bestimmten Juden auch direkt von ihren Wohnungen abgeholt. Nach dem ersten Transport am 18. Oktober 1941 fuhren bis Ende November wohl noch sechs weitere Deportationszüge in den Osten. Immer mit etwa 1000 Menschen. Meine Schwester war praktisch nur noch im Sammellager tätig. Sie trug als Helferin eine rote Armbinde. Im Dezember keine Deportationen. Und schon die hoffende Frage: Sollte das alles gewesen sein?

Mahnmal des Bildhauers Karol Broniatowski zum Gedenken an die Berliner Juden, die vom Bahnhof Berlin-Grunewald deportiert wurden.

Die Fortschaffung von rund 75 000 Juden aus Berlin...

Die Fortschaffung von rund 75 000 Juden aus Berlin, von denen rund 20 000 an wichtigen Arbeitsplätzen – im Metallsektor allein über 10 000 – eingesetzt sind, greift auch in die Frage der Arbeiterersatzbeschaffung ein. Eine Ersatzgestellung in Gestalt von deutschen Arbeitskräften durch das Arbeitsamt ist ausgeschlossen. Bis zum 4. Dezember 1941 sollen weitere 15 000 Juden, und dann ab Februar 1942 der Rest evakuiert werden. Die in der Rüstungsindustrie arbeitenden Juden sollen nach Möglichkeit am Schluß der Evakuierungsmaßnahmen aus den Betrieben herausgenommen werden. Zu diesem Zweck hat das Arbeitsamt Berlin mit der Gestapo bestimmte Vereinbarungen getroffen.

(Aus: Lagebericht der Rüstungsinspektion III Berlin vom 15. November 1941)

Was haben wir gewußt?

Ich denke, es ist notwendig, zwei Dinge zu klären. Einmal die Tatsache, daß bei diesen ersten Deportationen die Gestapo die Bögen für die angebliche Wohnungsaktion durch die Verwaltung der jüdischen Gemeinde hatte ausfüllen lassen. Dem Anschein nach war die jüdische Gemeinde nämlich bei den Deportationen in den folgenden Monaten in gewisser Weise ein Werkzeug der Gestapo. Die Opfer bekamen von der jüdischen Gemeinde die Aufforderung zur Deportation, zur »Abwanderung«, wie es offiziell hieß. Hätten sich nicht die Vorstände der jüdischen Organisationen widersetzen sollen? Oder die vielen Helfer, zu denen auch meine Schwester gehörte? Das ist das eine Problem. Das andere: Warum haben sich so viele Juden einfach abtransportieren lassen? Haben die Juden denn nicht gewußt, was sie erwarten würde?

Zunächst zu der ersten Frage. Man muß wissen, daß die Organisationen der Juden in Deutschland schon lange keine Einrichtungen mehr waren, die in irgendeiner Weise selbständig hätten handeln können. Es gab eine »Reichsvereinigung der Juden«, die in Berlin ihren Sitz hatte. Es gab die jüdische Gemeinde, die bei den Nazis offiziell »Jüdische Kultusvereinigung zu Berlin« hieß. Beide Einrichtungen unterstanden aber direkt der Gestapo. Sie mußten alles, was sie unternehmen wollten, von der Gestapo genehmigen lassen. In den allermeisten Fällen waren sie jedoch nur Befehlsempfänger. So war es auch am höchsten jüdischen Feiertag, dem Jom Kippur, dem Versöhnungsfest, am 1. Oktober 1941 gewesen. Mitten aus dem morgendlichen Gottesdienst wurden die Vorstandsmitglieder der Gemeinde in die Berliner Leitstelle der Gestapo in die Burgstraße gerufen. Dort sagte ihnen ein Kriminalsekretär mit Namen Prüfer zunächst, daß sie und ihre Familien sofort in ein Konzentrationslager gebracht werden würden, wenn sie über das, was er mitzuteilen habe, mit anderen sprächen – mit Ausnahme der Vorstandsmitglieder der Reichsvereinigung. Dann teilte er mit, daß die »Umsiedlung« der Berliner Juden beginne und daß daran die jüdische Kultusvereinigung mitwirken müsse. Wenn sich die Kultusvereinigung weigere, dann werde die Sache direkt von der SA und der SS durchgeführt werden. Dem fügte er dann noch wörtlich hinzu: »Man weiß ja, wie es dann werden würde.« Danach legte Prüfer unverblümt den Trick mit der Räumungsaktion dar. Außerdem solle in der Levetzowstraße ein Sammellager für etwa 1000 Menschen eingerichtet werden. Am Abend fand eine Beratung zwischen den Vorständen der Reichsvereinigung und der Gemeinde statt. Trotz erheblicher Bedenken rang man sich dazu durch, bei der sogenannten »Umsiedlung« im Sinne der Gestapo mitzuwirken. Alle hofften, angesichts des Unvermeidlichen für die Betroffenen noch so viel Gutes wie nur möglich tun zu können.

Die Erfahrungen hatten gezeigt, daß die Gestapo Drohungen sofort wahr machte. Als zum Beispiel im Oktober 1942 bei einem Abtransport 20 Juden

Ihre Abwanderung ist... behördlich angeordnet worden.

Jüdische Kultusvereinigung zu Berlin e. V. — *Berlin N 4, den 29. Mai 1942*

Herrn
Frau ....
Fräulein
Transport-Nr.
Betr.: Abwanderung

Ihre Abwanderung ist für Dienstag, den 2. Juni 1942 behördlich angeordnet worden. Diese Anordnung gilt für Sie, Ihre Ehefrau und Ihre unverheirateten Familienangehörigen, soweit sie zur Abgabe der Vermögenserklärung aufgefordert worden sind. Sofern Sie inzwischen einen schriftlichen Zurückstellungsbescheid erhalten haben, ist diese Mitteilung mit allen Angaben der Jüdischen Kultusvereinigung zu Berlin e. V., Berlin N 4, Oranienburger Straße 31, zurückzusenden.
Am Sonntag, dem 31. Mai 1942, können Sie Ihr Reisegepäck in der Zeit von 9 bis 13 Uhr in der Sammelunterkunft Levetzowstraße 7/8 abliefern. Am Montag, dem 1. Juni 1942, ab 6 Uhr morgens, wird Ihre Wohnung durch einen Beamten versiegelt werden. Sie müssen sich zu diesem Zeitpunkt bereithalten. Wohnungs- und Zimmerschlüssel sind dem Beamten auszuhändigen.
Für die Verpflegung in der Sammelunterkunft und während der Bahnfahrt wird von uns gesorgt werden. Jedoch sollen die im Haushalt befindlichen Lebensmittel, insbesondere auch Abendbrotstullen, im Handgepäck mitgebracht werden.
In der Sammelunterkunft und während der Bahnfahrt stehen Krankenbehandler und Pflegepersonen zur Verfügung. Eine Verabreichung etwa erforderlicher Medikamente findet ausschließlich durch das Sanitätspersonal statt.
In der Anlage ist ein Merkblatt eingefügt, das alle zu beachtenden Anweisungen enthält. Wir bitten Sie herzlich, diese Anweisungen genauestens zu befolgen und die Transportvorbereitungen in Ruhe und Besonnenheit zu treffen.
Unsere von der Abwanderung betroffenen Mitglieder müssen sich bewußt sein, daß sie durch ihr persönliches Verhalten und die ordnungsgemäße Erfüllung aller Anweisungen entscheidend zur reibungslosen Abwicklung des Transportes beitragen können. Es ist selbstverständlich, daß wir, soweit dies zugelassen ist, alles tun werden, um unseren Gemeindemitgliedern beizustehen und ihren jede mögliche Hilfe zu leisten.

Jüdische Kultusvereinigung zu Berlin e. V.

Der Vorstand

(Aus I. Rewald: Berliner, die uns halfen, die Hitlerdiktatur zu überleben. Hrsg. von der Gedenkstätte Deutscher Widerstand. Berlin: 4. Auflage, 1985, S. 21)

Hitler: Grausamkeit imponiert...

Grausamkeit imponiert, die Leute brauchen den heilsamen Schrecken. Sie wollen sich vor etwas fürchten. Sie wollen, daß man ihnen bange macht und daß sie sich jemandem schauernd unterwerfen... Die Masse will das. Sie braucht etwas zum Grauen.

(Aus: H. Rauschning: Gespräche mit Hitler. Zürich, Wien, New York 1940, S. 81)

nicht erschienen, nahm die Gestapo, wie sie es für diesen Fall angekündigt hatte, umgehend 20 Angestellte der jüdischen Organisationen gefangen, erschoß 8 sofort und ließ die anderen 12 gemeinsam mit den Familien von allen 20 in ein Vernichtungslager bringen – vermutlich nach Auschwitz. Wer sich einer Deportation entziehen wollte, indem er untertauchte, wußte also, daß das anderen Juden zum Verhängnis wurde.

Und nun zu der Frage: Haben die Juden denn nicht gewußt, welches Schicksal sie im Osten erwarten würde? Wußten sie denn nicht, daß der größte Teil eines jeden Transports – nämlich alle Kinder mit ihren Müttern, beinahe alle anderen Frauen und die Männer, soweit sie nicht arbeitsfähig erschienen – bei der Ankunft in Auschwitz sofort ins Gas getrieben wurden? Später kamen die Transporte aus Berlin nämlich direkt nach Auschwitz. Und wußten sie denn nicht, daß auch die Arbeit sie nach einigen Wochen vernichten würde, ja, umbringen sollte? Denn in den Lagern kamen doch aus ganz Europa tagtäglich neue Transporte an. Mit neuen Arbeitskräften. Den Nazis war es doch vollkommen egal, wenn Tausende, Zehntausende an Erschöpfung und Unterernährung starben.

Dazu will ich euch eine Begebenheit erzählen, die in meiner Erinnerung haften geblieben ist. Es war im Sommer 1943. Es hatte bereits die fürchterlichsten Transporte von Berlin aus gegeben. Beinahe alle Juden Berlins waren deportiert worden. Und es gab viele Gerüchte, die der Wahrheit durchaus entsprachen. Damals, im Sommer 1943, hörten wir bei sehr guten Bekannten meiner Eltern heimlich Radio. Die deutschsprachigen Informationen der BBC. Die haben fast alle gehört. Heimlich. Man versteckte sich mit dem Radio unter Decken und Tüchern, damit kein Nachbar auch nur eine Kleinigkeit hören konnte. Eine Nachricht über Auschwitz! Die Juden würden dort planvoll umgebracht, vergast. Ich sehe noch das Bild vor mir, wie mein Vater die Decken von seinem Kopf wegnimmt und die eben gehörte Ungeheuerlichkeit mit den Worten kommentiert: »Eine dümmere Greuelpropaganda hätten sich die Engländer nun wirklich nicht ausdenken können.«

Warum hat er dieser Nachricht oder anderen entsprechenden Gerüchten nicht geglaubt? Er gehörte zu den vielen Juden, für die es unvorstellbar war, daß im 20. Jahrhundert eine deutsche Regierung, so diktatorisch sie auch sein mochte, einen geplanten Massenmord an unschuldigen und wehrlosen Menschen durchführen könnte. So tief, dachten eben viele, konnte Deutschland, das sich immer seiner Dichter und Denker, seiner Kultur, rühmte, nicht gesunken sein. Auch wenn man die Moral der Nazis richtig einschätzte, so nahmen die meisten Juden doch zumindest an, daß sie zweckmäßig dachten und sich von Nützlichkeitserwägungen leiten ließen. Würden die Nazis denn so dumm sein und Arbeitskräfte, die sie dringend brauchten, einfach umbringen? Millionen von deutschen Männern waren im Kriegseinsatz. Millionen von Frauen waren in der Heimat arbeitsmäßig völlig überlastet. Aus den besetzten Ländern holte man Millionen von Zwangsarbeitern und Zwangsarbeiterinnen. Und die Juden, die deutschen Juden zumal, würde man syste-

matisch umbringen? Zudem waren viele Juden noch Frontkämpfer im Ersten Weltkrieg gewesen. Mit Orden und Auszeichnungen.
Wer so dachte, für den waren die Nachrichten oder Gerüchte über den Massenmord an Juden eben antinazistische Propaganda oder im schlechtesten Fall das Übertreiben von vereinzelten Entgleisungen von SS-Männern, der Waffen-SS. So erinnere ich mich zum Beispiel an eine Sache, die 1942 – ich weiß nicht mehr, wann genau – passierte. Meine Mutter hatte sich an einem Sonntag mit ihrer Schwester Luise getroffen, in irgendeinem Café in einer Nebenstraße des Kurfürstendamms. Sie kam sehr ernst nach Hause. Luise habe ihr erzählt, was ihr ein Bekannter berichtet habe. Dieser Bekannte hatte in einem Restaurant in der Nähe von zwei SS-Offizieren gesessen. Wie aus der Unterhaltung der beiden zu hören war, kam einer aus dem Osten, aus der Sowjetunion. Sie feierten ein Wiedersehen, erzählten und bestellten eine Flasche Wein nach der anderen. Plötzlich wurde einer der beiden ernster. Der Bekannte meiner Tante hörte ihn sagen: »Ach, so einfach und schön ist die Aufgabe dort nun auch wieder nicht, wie man sich das so vorstellt. Am Anfang macht es ja noch Spaß. Wenn man aber dauernd den Finger am Abzug der Knarre hat, dann bleibt die Sache nicht ohne Wirkung aufs eigene Gemüt. Na ja, wenn man da noch so 'n alten Juden vor sich hat, dann sagt man sich schon: na Gott, vielleicht hilft man ihm aus der Misere, und drückt ab. Aber wenn da noch ein paar Kinder dabei sind, dann ist die Sache schon etwas anders und nicht ohne Einfluß auf einen Menschen.«
Womit beruhigte man sich nun, wenn man so etwas hörte? Vielleicht damit, daß der SS-Offizier betrunken war und sich wichtig machen wollte... oder damit, daß der Bekannte der Tante etwas hinzuerfunden hatte.
Wer die Nazis allerdings des Massenmordes an den Juden für fähig hielt, wer ihre öffentlichen Erklärungen nicht als verbalen Radikalismus ansah, sondern sie einfach wörtlich nahm, für den waren die Gerüchte und Nachrichten dann Mosaiksteinchen von einem grauenhaften Gesamtbild. Hunderte von Juden haben sich umgebracht, wenn sie die Aufforderug zur Deportation erhielten.
In diesem Zusammenhang will ich noch eine Geschichte erzählen. Während des Jahres 1943 verdichteten sich die Gerüchte über einen Massenmord an den Juden. Einige Juden in Berlin hatten sogar, wie ich aber erst später erfuhr, eine Nachricht direkt aus Auschwitz erhalten. Sie gehörten einer ehemaligen jüdischen Jugendgruppe an. Eine junge Frau dieser Gruppe – Tamara Berger – war nach Auschwitz deportiert worden und auch ganz bewußt nicht untergetaucht, obwohl ihr das möglich gewesen wäre. Ihr Leben hat sie übrigens dem Umstand zu verdanken, daß sie sehr gut Flöte spielte. So wurden sie und noch eine andere Frau des Transports Mitglied des Lagerorchesters von Auschwitz, einem Frauenorchester. Allein das ist eine fürchterliche Geschichte. Es gibt ein Buch und einen Film darüber.
Tamara Berger gelang es, einen Wachsoldaten zu bewegen, einen Brief von ihr nach Berlin mitzunehmen. Der Soldat riskierte sein Leben. Während eines Urlaubs gab er den Brief auch tatsächlich bei der Post auf. Es gibt eini-

ge Bücher, in denen der Text wiedergegeben ist. Sie schrieb unter anderem: »Ihr braucht euch nicht viel Sorge um mich zu machen. Wir sind hier zu zweit und haben unsere Arbeit. Wie gut ist es, daß ich das Flötenspiel gelernt habe, denn das hat mich gerettet. Wir arbeiten in der Küche. Das Leben und die Arbeit wären ganz erträglich, wenn nicht in der Nähe der Kamin wäre. Täglich kommen Hunderte hinein. Wir verlieren nicht die Hoffnung auf ein Wiedersehen.«

Der Brief hatte den Nachsatz: »Viele von uns sind schon bei Alfred.«

»Kamin« – mit diesem Wort waren die Verbrennungsöfen gemeint. Und »Alfred« – das war der Hinweis auf Alfred Selbiger, einem beliebten jüdischen Jugendleiter, der im November 1942 von der Gestapo erschossen worden war.

Für den Kreis jener, die Tamara Berger kannten, brachte dieser Brief eine entsetzliche Gewißheit. Aber um wieviele Ecken konnte diese Nachricht weitererzählt werden, ohne daß sie an Glaubwürdigkeit verlor?

Die meisten Juden jedenfalls dachten lange Zeit, die Transporte in den Osten gingen in Arbeitslager. Und arbeitsscheu zu sein, das wollte sich kein Jude nachsagen lassen. Es kam hinzu, daß auch die Juden auf die Nazi-Propaganda hereinfielen. Denn ein einziges Konzentrationslager kannte jeder Jude, jede Jüdin mit Namen: Theresienstadt. Nördlich von Prag am Fluß Eger gelegen. Die Nazis betrieben eine große Propaganda um dieses Lager. Sie ließen einen Film drehen: »Der Führer schenkt den Juden eine Stadt.« Da wurde ein erträglich scheinendes Leben für die Juden gezeigt. Alle Szenen waren allerdings gestellt worden. Das Konzentrationslager Theresienstadt war, wie der Name sagt, tatsächlich eine Stadt, eine im ausgehenden 18. Jahrhundert angelegte Festungsanlage. Bis zum Zweiten Weltkrieg lebten in Theresienstadt einige tausend Einwohner. Teile der Festung hatten schon immer als Gefängnis gedient. Im November 1941 wurde die ganze Stadt in ein Konzentrationslager umgewandelt. Die Nazis verwendeten den Begriff »KZ« allerdings nicht. Sie sprachen von einem »Altersghetto«. Es wurde der Eindruck erweckt, als könnten in Theresienstadt alte Juden ihren Lebensabend verbringen.

Für die meisten Juden war Theresienstadt tatsächlich nur ein Durchgangslager. Wer dort hinkam, wurde in der Regel nach einigen Wochen oder Monaten in ein anderes Lager transportiert. Nach Auschwitz. Nach Majdanek. Nach Treblinka. In Vernichtungslager also. Über 80 000 Menschen wurden auf diese Weise umgebracht. Im Lager selbst starben wegen der fürchterlichen Verhältnisse und infolge von Hunger und Epidemien über 30 000 Menschen. Nach Theresienstadt kamen auch einige tausend Juden, die aus unterschiedlichen Gründen – zum Beispiel, weil sie prominent waren – zumindest vorerst nicht ermordet werden sollten.

Das alles wußten die Juden damals nicht. Die Propaganda der Nazis hatte durchaus gewirkt. Nach Theresienstadt zu kommen, das war für viele so etwas wie ein Traum. Man sprach von einem »Vorzugslager«. Niemand hatte

zwar eine Vorstellung davon, was einen dort erwarten würde, aber es gab auch in dieser Hinsicht die tollsten Gerüchte. Ich erinnere mich da an eine Geschichte. Ein Ehepaar, das in unsere Wohnung zwangseingewiesen worden war, hatte die Aufforderung zur Deportation bekommen. Nach Theresienstadt. Die Frau erzählte meiner Mutter, sie würde ein etwas festlicheres Kleid mitnehmen, weil es in Theresienstadt ein Café geben würde, in dem an Wochenenden Tanzveranstaltungen stattfänden. Aus Theresienstadt kamen sogar vereinzelte Nachrichten nach Berlin. Zensierte Karten. Mit einem Satz: »Mir geht es gut.« Oder so ähnlich. Dann die Unterschrift. Die Angehörigen haben solchen Lebenszeichen natürlich große Bedeutung beigemessen.
Überlebende haben erzählt, daß jeder, der in Theresieenstadt ankam, völlig schockiert war. Man muß sich nur vorstellen, daß in der Stadt einmal 7000 Menschen gelebt hatten und die Gebäude nun mit 50 000 Juden vollgestopft wurden.

Die Wirklichkeit: Heimliche Aufnahme des tschechischen Kameramannes Ivan Frič im KZ Theresienstadt im Februar 1944 während der Dreharbeiten zu dem Film »Der Führer schenkt den Juden eine Stadt«

Das Ende meiner Schulzeit

In den letzten Tagen des November 1941 veränderte sich auch mein Leben vollständig. Da wurde nämlich meine Schule geschlossen. Nicht alle jüdischen Schulen. Das war erst im Juni 1942. Nein, nur meine: die Joseph-Lehmann-Schule. Warum gerade die? Das weiß ich nicht. Vielleicht brauchten die Nazis das Gebäude mit seinen großen Räumen. Vielleicht störte es auch jemanden, daß im Zentrum des Berliner Westens so viele jüdische Kinder herumliefen. Und meine Schule wurde auch nicht so geschlossen wie die jüdischen Schulen 1942. Da bekamen die Eltern ein Schreiben von der jüdischen Schulleitung, in dem stand, daß man gezwungen sei, die Unterrichtstätigkeit einzustellen und so weiter. Nein, meine Schule wurde regelrecht gestürmt. Von SS und Gestapo. Wir Kinder hatten große Angst. Unsere Lehrer sicher auch, denke ich. Die versuchten uns allerdings zu beruhigen. Die Bibliothek mit der jüdischen Literatur wurde aus dem Fenster auf die Straße geworfen, zusammengekehrt und mit einem Lastwagen davongefahren. Wahrscheinlich zur Papierverwertung. Wer weiß, was auf dem Papier später geschrieben oder gedruckt wurde...

Die Lehrer und wir Kinder – die kleineren weinten – mußten sich in der Turnhalle im Hinterhof versammeln. Wir hatten eine wunderschöne Turnhalle! Die Decke und die Wände waren verziert. Noch heute kann man sie besichtigen, denn das Gebäude hat den Krieg überstanden. Jetzt ist dort eine Synagoge. Der Wand- und Deckenschmuck ist noch erhalten.

In der Turnhalle warteten wir und warteten. Dann kamen Gestapo-Männer in Zivil und mit einer Kartei. Ich bekam schnell mit, daß wir Kinder auf andere jüdische Schulen verteilt wurden. »Wir« – das ist nicht ganz richtig. Ich nämlich nicht. Auf meiner Karteikarte stand selbstverständlich auch mein Geburtsdatum: 3. Dezember 1927! Ich wurde wenige Tage später 14 Jahre alt. Also: Zwangsarbeitspflichtig! »Na, dann wollen wir dich mal zum ›Amt für Judenarbeiter‹ schicken«, grinste der Gestapo-Mann. Er schenkte mir auch keinen einzigen Tag. Am 3. Dezember 1941, an meinem Geburtstag also, mußte ich zum Arbeitsamt. Zwangsarbeit bei der Deutschen Waffen- und Munitionsfabrik! »Das ist ja entsetzlich«, sagte meine Mutter weinend. »Die Luftangriffe zielen doch auf die Rüstungsbetriebe.« Damals war das noch der Fall. Später wurden bei Luftangriffen fast ausschließlich Wohngebiete bombardiert.

Mit 14 Jahren Zwangsarbeiter

Am folgenden Montag fuhr ich mit der S-Bahn zur Deutschen Waffen- und Munitionsfabrik am Eichborndamm. Meine Mutter begleitete mich. Auf dem Bahnsteig standen viele Menschen, und ich war bei weitem nicht der einzige »Sternträger«. Die Treppen hinunter, und da waren auch schon die Fabrikhallen zu sehen. Überall bewaffnete Wachen. Meine Mutter mußte beim Pförtner zurückbleiben. »Ihr Sohn wird schon nicht gefressen werden«, meinte der mit einem Blick zu mir. Das waren die letzten halbwegs freundlichen Worte, die ich in der Fabrik gehört habe.

In einem Büro wurde ich registriert, dann darüber aufgeklärt, daß bereits jeder Versuch von Sabotage oder nachlässiger Arbeit mit dem Tode bestraft werden würde, und schließlich einem uniformierten Wachmann übergeben. »Vorwärts, Judenbengel!« Ich mußte an Kalinski denken. Plötzlich ein Tritt und noch ein Tritt. Ich stolperte. Fiel. »Hier gibt's keine Ruhepause, Jude!« Schnell stand ich auf. Brach in Tränen aus. Schluchzend lief ich durch die Gänge. »Vorwärts, du Jammerlappen!« Ich hatte nur noch einen Gedanken: Nur nicht treten! Bitte nicht treten! Über den Hof in ein anderes Gebäude. Endlich lieferte mich der Wachmann bei einem Mann im grauen Kittel ab. Wir betraten eine Fabrikhalle. Ätzende, beißende Luft. Staubdunst. Hämmern, Dröhnen, Rasseln, Scheppern. Wo ich auch hinsah: »Judensterne«. Frauen und Männer. Alte und Junge. In den Gesichtern kaum Regungen. Wenige Arbeiter ohne »Judenstern«. Und Wachmänner, viele Wachmänner. Die nächste Station: ein Vorarbeiter. Kein Jude. Der brüllte mich nur an. Ich mußte an einer Stanze arbeiten. Aus Blechstreifen kleine Teile herausstanzen, die für die Munitionsherstellung gebraucht wurden. Die Vorarbeiter – die »Arier« – wechselten stündlich und verließen die Halle. Auch die Wachen. Sie bekamen Milch. Zum Entgiften. Wir Juden mußten zwölf Stunden in dieser Halle aushalten. Ohne Pause. Essen und Trinken während des Arbeitens. Wehe, wenn es nicht schnell genug ging! Völlig willkürlich gab es Schläge und Tritte. Am schlimmsten war es, wenn man zum Klo mußte. Das ließ sich in zwölf Stunden nicht vermeiden. Ich mußte einen Wachmann rufen, der mich zum Toilettenraum führte und vor dem Klo stehenblieb. »Beeilung, Judenbengel! Willst dich hier wohl auspennen, was!« – und während man machte und sich beeilte, die Angst vor Schlägen. Die bekam man nämlich beinahe immer, wenn man die Klotür öffnete. Es war ein furchtbares Gefühl, ständig von den Launen dieser brutalen Menschen abhängig zu sein.

Ohne solche Menschen als Gehilfen hätten die Nazis ihre Schreckensherrschaft vermutlich gar nicht aufbauen können. Das waren Menschen, die Lust daran empfanden, andere Menschen zu quälen und – aus ihrer Sicht – zu erniedrigen. Sie spüren zu lassen, welche Macht ihnen über sie gegeben war. Bei den Nazis boten sich viele Möglichkeiten, diese Lust ausleben zu kön-

nen. Völlig ungestraft. Denn der Nazi-Staat brauchte Tausende und Abertausende von Aufpassern, Wächtern und Verfolgern. In den Fabriken waren die Juden lediglich ein kleiner Teil der Zwangsarbeiter. Millionen von Menschen aus den Ländern, die von Hitler-Deutschland während des Krieges zunächst besetzt worden waren, mußten auch für die Nazis arbeiten. Dann in den Konzentrationslagern mit ihrem zehntausendfachen Wachpersonal. Bei der Gestapo und der SS trafen sich solche sadistischen Menschen.
Diese Wächter und Verfolger – es waren auch Frauen darunter – spürten bald, welche wichtige Rolle sie in der Nazi-Ordnung spielten. Sie konnten noch so butal sein, noch so grausam und willkürlich handeln – es gab niemanden, der sie zur Rechenschaft gezogen hätte. Im Gegenteil: Die Nazi-Lehre bestärkte und förderte solche Neigungen. Sie behauptete, die Gewalt habe im Kampf zwischen den Rassen und Völkern die Bedeutung von einem Naturgesetz. Da konnte man dann seinem Hang, anderen Menschen Grausamkeiten zuzufügen, freien Lauf lassen. Butal zu sein, roh, gefühllos – das war bei den Nazis eine besondere Tugend. »Härte« nannten sie das.
Die anderen jüdischen Zwangsarbeiter und Zwangsarbeiterinnen habe ich erst allmählich kennengelernt. Auch nicht alle. Denn es waren mehrere hundert. Während der Arbeit durften wir nicht miteinander reden. Morgens und abends habe ich mit einigen in der Bahn gesprochen. Die meisten hatten vor und nach der Arbeit noch viel zu tun. Angehörige versorgen. Kleine Kinder. Gebrechliche Eltern. Wir redeten im Grunde nur über zwei Themen: Durchhalten und die Deportationen. Je mehr Monate vergingen, um so häufiger war zu hören, daß Verwandte, Freunde oder Bekannte deportiert worden waren.

Himmler: ... das hat uns hart gemacht.

Aus einer Geheimrede vor SS-Offizieren:

Ich will hier vor Ihnen in aller Offenheit auch ein ganz schweres Kapitel erwähnen. Unter uns soll es einmal ganz offen ausgesprochen sein, und trotzdem werden wir in der Öffentlichkeit nie darüber reden... Ich meine jetzt die Judenevakuierung, die Ausrottung des jüdischen Volkes. Es gehört zu den Dingen, die man leicht ausspricht – »Das jüdische Volk wird ausgerottet«, sagt ein jeder Parteigenosse, »ganz klar, steht in unserem Programm, Ausschaltung der Juden, Ausrottung, machen wir.« Und dann kommen sie alle an, die braven 80 Millionen Deutschen, und jeder hat seinen anständigen Juden. Es ist ja klar, die anderen sind Schweine, aber dieser eine ist ein prima Jude. Von allen, die so reden, hat keiner zugesehen, keiner hat es durchgestanden. Von Euch werden die meisten wissen, was es heißt, wenn 100 Leichen beisammen liegen, wenn 500 daliegen oder wenn 1000 daliegen. Dies durchgehalten zu haben und dabei – abgesehen von Ausnahmen menschlicher Schwächen – anständig geblieben zu sein, das hat uns hart gemacht. Dies ist ein niemals geschriebenes und niemals zu schreibendes Ruhmesblatt unserer Geschichte...

(Quelle: Internationales Militärtribunal in Nürnberg. Band XXIX, S. 145)

Wannsee-Konferenz: Endlösung

»Inzwischen hat der Reichsführer-SS und Chef der Deutschen Polizei im Hinblick auf die Gefahren einer Auswanderung im Kriege und im Hinblick auf die Möglichkeiten des Ostens die Auswanderung von Juden verboten.
Anstelle der Auswanderung ist nunmehr als weitere Lösungsmöglichkeit nach entsprechender vorheriger Genehmigung durch den Führer die Evakuierung der Juden nach dem Osten getreten.
Diese Aktionen sind jedoch lediglich als Ausweichmöglichkeiten anzusprechen, doch werden hier bereits jene praktischen Erfahrungen gesammelt, die im Hinblick auf die kommende Endlösung der Judenfrage von wichtiger Bedeutung sind.
Im Zuge dieser Endlösung der europäischen Judenfrage kommen rund 11 Millionen Juden in Betracht...
Unter entsprechender Leitung sollen nun im Zuge der Endlösung die Juden in geeigneter Weise im Osten zum Arbeitseinsatz kommen. In großen Arbeitskolonnen unter Trennung der Geschlechter werden die arbeitsfähigen Juden straßenbauend in diese Gebiete geführt, wobei zweifellos ein Großteil durch natürliche Verminderung ausfallen wird.
Der allfällig endlich verbleibende Restbestand wird, da es sich bei diesem zweifellos um den widerstandsfähigsten Teil handelt, entsprechend behandelt werden müssen, da dieser, eine natürliche Auslese darstellend, bei Freilassung als Keimzelle eines neuen jüdischen Aufbaues anzusprechen ist. (Siehe die Erfahrung der Geschichte.) Im Zuge der praktischen Durchführung der Endlösung wird Europa vom Westen nach Osten durchgekämmt. Das Reichsgebiet einschließlich Böhmen und Mähren wird, allein schon aus Gründen der Wohnungsfrage und sonstigen sozialpolitischen Notwendigkeiten, vorweggenommen werden müssen.
Die evakuierten Juden werden zunächst Zug um Zug in sogenannte Durchgangsghettos verbracht, um von dort aus weiter nach dem Osten transportiert zu werden...

(Aus dem Protokoll der Wannsee-Konferenz vom 20. Januar 1942)

Der Ort der Wannsee-Konferenz vom 20. Januar 1942

Die »Wannsee-Konferenz« – Januar 1942

Das Jahr 1942 begann mit einem bitterkalten Januar. Tag für Tag fuhr ich zur Deutschen Waffen- und Munitionsfabrik. 12 Stunden Tagschicht, 12 Stunden Nachtschicht. Hatte ich Tagschicht, sah ich eine Woche lang kein Tageslicht. Wenn ich am frühen Morgen zur Arbeit fuhr, war es noch stockdunkel. Kam ich abends nach Hause, war längst die winterliche Dämmerung des Nachmittags vorüber, und die Straßen – auch die Hauptstraßen – lagen in fahlem Licht. Die Schikanen, der Lärm, die Gase, der Staub – sie wurden allmählich zur qualvollen Gewohnheit. Gesichtsfarbe hatte ich keine mehr. Ich wurde immer magerer. Aber ich mußte durchhalten. Hätten mich meine Eltern versteckt und sich über meinen Verbleib unwissend gestellt – darüber haben sie gesprochen –, so wäre mit Sicherheit die ganze Familie deportiert worden. Dann machten meine Eltern einen verzweifelten Versuch. Meine Mutter hatte die Idee.

Die Umstände der Arbeit, die ich zu machen hatte, verstießen eindeutig gegen das Jugendarbeitsschutz-Gesetz. Ich war doch gerade erst 14 Jahre alt geworden. Meine Mutter ging daher zu einem Rechtsanwalt. Der durfte sich als Jude zwar nicht mehr so nennen, aber immerhin durfte er noch eine Klage vor Gericht einreichen. Das tat er dann auch, und tatsächlich wurde die Klage gegen die Deutsche Waffen- und Munitionsfabrik von dem zuständigen Gericht angenommen. Nach Wochen fand sogar eine Verhandlung statt. Das Urteil: Für Juden oder Mischlinge würde die Arbeitsschutzgesetzgebung nicht gelten.

An ein Geschehen in jenem Januar 1942 erinnere ich mich noch ganz genau. Es war an einem Sonntag. Meine Schwester erzählte. In der ungewöhnlichen Kälte war wieder ein Transport vom Bahnhof Grunewald abgegangen. Die Menschen in Güterwagen. Zum Teil sogar in offenen Güterwagen. Ohne jede Möglichkeit, sich zu erwärmen. Blindwütig hatten SS-Leute mit ihren Peitschen auf die Menschen eingeschlagen. Die Helfer der jüdischen Gemeinde hatten alle Hände voll zu tun, noch einige warme Getränke oder Decken zu verteilen. Zwei von ihnen sind Tage später an Erfrierungen gestorben.

Aber was war mit den Menschen, die abtransportiert wurden? Wie lange kann man bei minus 10 oder 15 Grad in solchen Güterwagen überleben? Alle müssen schon nach wenigen Stunden erfroren sein.

Dann gab es einen Tag in jenem Januar 1942, der das Schicksal der Juden in Europa entscheidend bestimmt hat. Allerdings hatte niemand von uns die geringste Ahnung von diesem Ereignis, das sich in Berlin zutrug. In der großen Villa an der Straße Am Großen Wannsee 56/58. Am 20. Januar 1942 trafen sich dort unter der Leitung des Chefs der Sicherheitspolizei und des Sicherheitsdienstes, des SS-Obergruppenführers Reinhard Heydrich, führende Männer

167

– 2 –

SS-Gruppenführer Hofmann	Rasse- und Siedlungshauptamt
SS-Gruppenführer Müller SS-Obersturmbannführer Eichmann	Reichssicherheitshauptamt
SS-Oberführer Dr. Schöngarth Befehlshaber der Sicherheitspolizei und des SD im Generalgouvernement	Sicherheitspolizei und SD
SS-Sturmbannführer Dr. Lange Kommandeur der Sicherheitspolizei und des SD für den Generalbezirk Lettland, als Vertreter des Befehlshabers der Sicherheitspolizei und des SD für das Reichskommissariat Ostland.	Sicherheitspolizei und SD

II. Chef der Sicherheitspolizei und des SD, SS-Obergruppenführer H e y d r i c h , teilte eingangs seine Bestellung zum Beauftragten für die Vorbereitung der Endlösung der europäischen Judenfrage durch den Reichsmarschall mit und wies darauf hin, daß zu dieser Besprechung geladen wurde, um Klarheit in grundsätzlichen Fragen zu schaffen. Der Wunsch des Reichsmarschalls, ihm einen Entwurf über die organisatorischen, sachlichen und materiellen Belange im Hinblick auf die Endlösung der europäischen Judenfrage zu übersenden, erfordert die vorherige gemeinsame Behandlung aller an diesen Fragen unmittelbar beteiligten Zentralinstanzen im Hinblick auf die Parallelisierung der Linienführung.

K210401

372025

Aus dem Protokoll der Wannsee-Konferenz vom 20. Januar 1942 der Gestapo, der SS – unter ihnen auch Adolf Eichmann – und aus verschiedenen Ministerien zu einer Besprechung über die »Endlösung der Judenfrage«. Das bedeutet im Klartext: Es wurde darüber gesprochen, daß die noch in Europa lebenden Juden ermordet werden sollten. Wie wir heute aufgrund des Protokolls dieser Sitzung, des sogenannten »Wannsee-Protokolls«, wissen, dachten die Nazis tatsächlich daran, alle in Europa lebenden Juden zu töten. Also auch die Juden in Ländern, die zu jenem Zeitpunkt von den Nazis nicht einmal besetzt waren, wie etwa die Schweiz oder Schweden. Die Nazis gingen wirklich davon aus, sie würden einmal ganz Europa beherrschen.

Das Protokoll war aber auch gerade für meine Familie, für die Mischehen mit jüdischen Kindern wichtig. Da wurden zwar Vorschläge gemacht, wie man diese Gruppe behandeln sollte: Man könnte die Ehen zwangsweise scheiden und dann den jüdischen Teil deportieren. Die »Mischlinge« könnte man zwangssterilisieren, damit sie ihre niedrigen rassischen Erbanlagen nicht weitergeben könnten. Von der doch eigentlich guten »arischen« Hälfte schienen die Nazis nicht so viel zu halten. Über all dies wurde aber letztlich nicht entschieden. Die Frage nach dem Schicksal der Mischehen und deren Kindern blieb ungeklärt, ebenso wie die der »privilegierten Mischlinge«.

Viele Jahre wurde diese Villa, in der die »Endlösung« organisatorisch geregelt wurde, als ein Schullandheim genutzt. Erst vor einigen Jahren ist dort eine Gedenkstätte eingerichtet worden.

Goebbels: »... ein ziemlich barbarisches ... Verfahren«

Aus dem Generalgouvernement [Polen] werden jetzt, bei Lublin beginnend, die Juden nach dem Osten abgeschoben. Es wird hier ein ziemlich barbarisches und nicht näher zu beschreibendes Verfahren angewandt, und von den Juden selbst bleibt nicht mehr viel übrig. Im großen kann man wohl feststellen, daß 60% davon liquidiert werden müssen, während nur noch 40% in die Arbeit eingesetzt werden können. Der ehemalige Gauleiter von Wien, der diese Aktion durchführt, tut das mit ziemlicher Umsicht und auch mit einem Verfahren, das nicht allzu auffällig wirkt. An den Juden wird ein Strafgericht vollzogen, das zwar barbarisch ist, das sie aber vollauf verdient haben. Die Prophezeiung, die der Führer ihnen für die Herbeiführung eines neuen Weltkriegs mit auf den Weg gegeben hat, beginnt sich in der furchtbarsten Weise zu verwirklichen. Man darf in diesen Dingen keine Sentimentalität obwalten lassen. Die Juden würden, wenn wir uns ihrer nicht erwehren würden, uns vernichten. Es ist ein Kampf auf Leben und Tod zwischen der arischen Rasse und dem jüdischen Bazillus. Keine andere Regierung und kein anderes Regime konnte die Kraft aufbringen, diese Frage generell zu lösen. Auch hier ist der Führer der unentwegte Vorkämpfer und Wortführer einer radikalen Lösung, die nach Lage der Dinge geboten ist und deshalb unausweichlich erscheint. Gottseidank haben wir jetzt während des Krieges eine ganze Reihe von Möglichkeiten, die uns im Frieden verwehrt wären. Die müssen wir ausnützen. Die in den Städten des Generalgouvernements freiwerdenden Ghettos werden jetzt mit den aus dem Reich abgeschobenen Juden gefüllt, und hier soll sich dann nach einer gewissen Zeit der Prozeß erneuern. Das Judentum hat nichts zu lachen.

(Goebbels: Tagebücher 1942/43; Eintrag vom 27. März 1942)

»Was wird erst im Osten sein?«

Die Zwangsarbeit beherrschte mein Leben. Kam ich nach Hause, suchte ich meistens total erschöpft nur Schlaf. Ich schaffte es gerade noch, zu essen. Ich bekam kaum noch etwas von meiner Familie mit, wenig von dem, was meine Mutter, mein Vater, meine Schwester erzählten. Ich erinnere mich aber gut daran, daß meine Schwester Anfang Februar 1942 davon berichtete, ihnen – den Helfern aus der jüdischen Gemeinde – sei gesagt worden, vorläufig würden keine Transporte mehr durchgeführt.

Tatsächlich. Im Februar kein Transport. Im März keiner. Bis Ende März jedenfalls keiner. Schon kamen sie wieder auf – die Gerüchte: Mit den Deportationen sei überhaupt Schluß. Die Juden würden eben unbedingt als zuverlässige Arbeiter in der Rüstungsindustrie gebraucht. Und so weiter. Und grenzenloses Entsetzen, als in den letzten Märztagen wieder ein Transport Berlin verließ.

All diese Tansporte gingen übrigens zunächst in die Städte Lodz, Minsk, Kowno, Riga, Trawniki. In die ehemaligen Wohnbezirke der dortigen Juden. In die Ghettos. Die hatten die Nazis schon geräumt. Die einheimischen Juden waren herausgetrieben und erschossen worden. Das machten die berüchtigten Einsatzkommandos der SS. Erschießungstruppen. 500 bis 1 000 Mann stark. Die taten nichts anderes, als wehrlose Menschen umzubringen. Hunderttausende. Auch Kinder. Und auch die Berliner Juden blieben nicht lange in diesen Ghettos, wie wir heute wissen. Sie wurden nach wenigen Wochen oder Tagen erschossen. Manchmal sogar am Tage der Ankunft.

Im Laufe des Jahres 1942 gingen dann auch die ersten Transporte aus Berlin direkt nach Auschwitz. In Auschwitz waren das Töten in den Gaskammern und das Wegschaffen der Leichen in den Verbrennungsöfen durchorganisiert worden. 1943 endeten alle Transporte ohne Ausnahme in Auschwitz. Mein Leben hätte um ein Haar auch dort geendet. Ende Februar 1943 war ich in einem Sammellager in Berlin gefangen. Und die meisten, die allermeisten der Juden, die mit mir in diesem und in anderen Sammellagern waren, haben einige Tage später in der Tat nicht mehr gelebt. Sie waren in Auschwitz ins Gas getrieben worden.

Manchmal war eine Kollegin meiner Schwester, Esther Goldberg, bei uns. Die war häufig auf dem Bahnhof Grunewald eingesetzt. »Bei den allerersten Transporten«, so erzählte sie, »hat die Gestapo immerhin noch den Eindruck erwecken wollen, als gestehe sie uns Juden noch eine menschliche Würde zu. Aber jetzt: Wie Vieh treibt die SS die Menschen durch die Straßen. Es werden nur noch Viehwagen eingesetzt. Darin werden die Leute richtig eingepfercht. Die SS-Männer schlagen rücksichtslos mit Reitpeitschen. Auf Männer, Frauen, Kinder. Ich habe es mit eigenen Augen gesehen: SS-Männer

schlagen Frauen, die ihre Säuglinge schützen. Und das hier in Berlin. Vor unser aller Augen. Was wird erst im Osten sein? In den Lagern?«
Ein Gerücht jagte das andere. Besonders rätselte man immer über irgendwelche Gesichtspunkte für die Auswahl der Betroffenen. Eine Zeitlang schien es so zu sein, als ob Menschen über 65, Schwerbeschädigte und Soldaten des Ersten Weltkrieges sowie Inhaber von Tapferkeitsauszeichnungen nicht deportiert würden. Das änderte sich allerdings im Juni 1942. Da gingen die ersten Transporte nach Theresienstadt. Das waren nicht immer 1000 Menschen, mal waren es 100, mal 200. Später dann mehr. Anfangs wurden auch noch Personenwagen mit den Juden für Theresienstadt an einen planmäßigen Zug vom Anhalter Bahnhof nach Karlsbad gehängt.
Wenn man, wie wir Juden damals, von Schrecken und Ängsten völlig beherrscht wird, kann man sich überhaupt nicht vorstellen, daß es Menschen geben könnte, die sich noch weitere Grausamkeiten ausdenken würden. Aber es gab sie. Es gab allzu viele davon. Da war zum Beispiel die Sache mit den jüdischen Waisenkindern. Die wurden eines Tages auch deportiert. Und weil die Zahl der Kinder wohl nicht hoch genug war – ein Transport sollte immer etwa 1000 Menschen umfassen –, entschied Adolf Eichmann kurzerhand, daß die Helfer der jüdischen Gemeinde umgehend – wirklich sofort – die Waisenkinder herbeischaffen sollten, die bei Pflegeeltern lebten. Wieder traf es meine Schwester. Sie hat dabei Schreckliches erlebt, als sie von Wohnung zu Wohnung zog, um die Kinder abzuholen.

Speer: »...Verlangsamung der Transporte der jüdischen Arbeiter in den Osten.«

Als ich einen Monat später, am 8. Februar 1942, mein Amt als Rüstungsminister antrat, fand ich einen akuten Mangel an Waffen und Munition aller Art vor, dessen baldige Behebung, wie die Generale mir in aller Kühle mitteilten, über den weiteren Verlauf des Krieges entscheiden würde. Denn durch die verlorene Winterschlacht im verschneiten und vereisten Rußland hatte die Truppe ihre Bestände weitgehend eingebüßt und stand nun im Frühjahr mehr oder minder waffenlos vor dem zur Offensive ansetzenden Feind.
Allein diese akute Notlage führte zu einer Verlangsamung der Transporte der jüdischen Arbeiter in den Osten.

(A. Speer: Der Sklavenstaat. Meine Auseinandersetzung mit der SS. 1981, S. 348)

Die Widerstandsgruppe um Herbert Baum

Nun erzähle ich schon vom Sommer 1942. Da war aber noch der Mai. Ende Mai 1942 gab es nämlich eine große Erregung unter den Juden. Meine Mutter und meine Schwester hatten, getrennt voneinander, am späten Nachmittag Ähnliches beobachtet: Jüdische Männer – die waren ja ohne weiteres am »Judenstern« zu erkennen – wurden anscheinend auf offener Straße gefangengenommen. Es müssen sich grauenvolle Szenen abgespielt haben. Frauen und Kinder weinten und flehten. Auch Eltern, deren Söhne weggeschleppt wurden. Einer unserer Mitbewohner erzählte, er habe gesehen, wie ein jüdischer Mann in brutalster Weise aus seinem Haus abtransportiert worden war.
Meiner Schwester war nicht bekannt, daß gerade eine Deportation anstand. An diesem Abend hörten wir auf jedes Geräusch im Treppenhaus. Am folgenden Tag sickerten dann die ersten Informationen durch. Auf eine Ausstellung im Lustgarten sollte ein Brandanschlag verübt worden sein: angeblich von Juden.
Es handelte sich um die Propagandaausstellung »Das Sowjetparadies«. Als Jude durfte ich mir zwar diese Ausstellung nicht ansehen, aber man braucht nicht viel Phantasie, um sich vorzustellen, was dort zu sehen war: ein völlig negatives Bild von den Menschen und dem gesellschaftlichen und wirtschaftlichen Leben in der Sowjetunion. Eine ungeheure Verarmung. Primitivste Wohn- und Lebensverhältnisse. Niedrigstes Bildungsniveau. Eine kulturelle Wüste. Wo Untermenschen lebten, da konnte es schließlich nur tierisch und barbarisch zugehen. Und Slawen galten ebenso wie die Juden – rund drei Millionen Juden lebten in der Sowjetunion – eben als Untermenschen. Daß die sogenannten »Herrenmenschen«, nämlich die Hitler-Wehrmacht und die Waffen-SS, zu jenem Zeitpunkt schon ein Jahr lang in der Sowjetunion ihr barbarisches Unwesen trieben, war in der Ausstellung sicher nicht zu sehen.
Nun, was war geschehen? Am 18. Mai 1942, an einem Montag, war in der Ausstellung eine Brandbombe explodiert, die elf Menschen leicht verletzte und geringen Sachschaden anrichtete. Heute wissen wir, daß schon nach wenigen Tagen die fünf Attentäter verhaftet worden waren und in den Monaten danach noch über 20 andere Frauen und Männer, die mit ihnen zusammenhingen, verhaftet wurden. Alles sehr junge Menschen. Tatsächlich waren alle jüdischer Herkunft. Sie gehörten zu einer Widerstandsgruppe, die ein Herbert Baum aufgebaut hatte. Schon 1938/39. Viele dieser jungen Leute hatten eine kommunistische Überzeugung. Nach außen trat die Gruppe als ein Kreis junger Menschen auf, die gemeinsame Wanderungen unternahmen oder Musik- und Leseabende ausrichteten. So versuchten sie, die Isolierung der Juden in der Gesellschaft zumindest erträglich zu gestalten.

An ihren Arbeitsplätzen agitierten sie gegen die Nazi-Herrschaft, nicht nur unter den jüdischen, sondern auch unter den ausländischen Zwangsarbeitern. Die meisten Mitglieder der Gruppe – auch Baum selbst und seine Frau Marianne – arbeiteten in den Siemens-Werken. Die Gruppe druckte und verteilte Flugblätter. Mit dem Brandanschlag wollte die Gruppe ein Signal setzen. Daraus wurde schon allein deshalb nichts, weil dieser Anschlag in der Öffentlichkeit kaum bekannt wurde. Das Feuer wurde schnell gelöscht, und die Presse schrieb selbstverständlich kein Wort darüber.
Als diese Geschichte unter den Juden Berlins allmählich bekannt wurde, gab es fast nur Kopfschütteln und Empörung. Man dürfe die Nazis doch nicht reizen und provozieren und ihnen damit noch Vorwände für irgendwelche Maßnahmen gegen Juden liefern. Das meinten alle, die ich kannte. Die wußten natürlich nicht, daß die Ermordung aller Juden, auch der in Berlin, schon längst beschlossen war und daß die Nazis sich überhaupt nicht die geringste Mühe machten, das irgendwie zu begründen oder zu rechtfertigen.
Die Nazis reagierten auf den Brandanschlag mit den Maßnahmen, die meine Mutter und meine Schwester miterlebt hatten. Sie nahmen am 27. Mai 1942 154 Juden, und zwar Männer, von der Straße weg gefangen. Am nächsten Tag wurden sie im Konzentrationslager Sachsenhausen zusammen mit 96 dort schon gefangenen Juden erschossen. 250 also insgesamt. Die Angehörigen der 154 wurden nach Theresienstadt deportiert. Dann verschleppten die Nazis zusätzlich nochmals 250 jüdische Männer nach Sachsenhausen. Die meisten von ihnen starben in den folgenden Wochen durch die brutale Behandlung. Wer noch lebte, ist irgendwann im Herbst nach Auschwitz gebracht worden.
Mit ganz wenigen Ausnahmen sind die Mitglieder der Gruppe Baum in den folgenden Monaten auf dem Schafott hingerichtet worden. Die letzten am 4. März 1943. Daß ich das so genau weiß, hat wiederum einen besonderen Grund…

Goebbels: »Ich strebe die Aufhebung dieser Verordnung an…«

Wir versuchen, die noch in Berlin verbliebenen Juden jetzt in größerem Umfange nach dem Osten zu evakuieren. Ein Drittel aller in Deutschland noch wohnenden Juden befindet sich in der Reichshauptstadt. Das ist natürlich ein auf die Dauer unerträglicher Zustand. Hauptsächlich ist er darauf zurückzuführen, daß in Berlin verhältnismäßig viele Juden in der Rüstungsindustrie beschäftigt sind und nach einer Verordnung auch ihre Familienmitglieder nicht evakuiert werden dürfen. Ich strebe eine Aufhebung dieser Verordnung an, und werde alle die Juden, die unmittelbar in kriegswichtigen Betrieben beschäftigt sind, aus Berlin herauszubringen versuchen.

(Goebbels: Tagebücher 1942/43; Eintrag vom 17. Mai 1942)

Befehl Hitlers, »alle noch in Rüstungsbetrieben des Reiches arbeitenden Juden... abzutransportieren«

In der Sitzung vom 20. bis 22. September 1942 befahl Hitler Sauckel, alle noch in Rüstungsbetrieben des Reiches arbeitenden Juden in die östlichen Lager abzutransportieren. Damit waren in der Hauptsache die Berliner Juden gemeint, um deren Verbleib in der Stadt und damit an ihrem Arbeitsplatz seit dem Herbst 1941 zwischen der Rüstungsinspektion III und den Parteistellen gerungen worden war.

(A. Speer: Der Sklavenstaat. Meine Auseinandersetzung mit der SS. 1981, S. 346)

Hitler: »Es wird ihnen (den Juden) das Lachen überall vergehen...«

Ich habe am 1. September 1939 in der damaligen Reichstagssitzung zwei Dinge ausgesprochen: ...und zweitens daß, wenn das Judentum einen internationalen Weltkrieg zur Ausrottung etwa der arischen Völker Europas anzettelt, dann nicht die arischen Völker ausgerottet werden, sondern das Judentum... Die Juden haben einst auch in Deutschland über meine Prophezeiungen gelacht. Ich weiß nicht, ob sie heute noch lachen oder ob ihnen das Lachen bereits vergangen ist. Ich kann aber auch jetzt nur versichern: Es wird ihnen das Lachen überall vergehen, und ich werde auch mit dieser Prophezeiung recht behalten.

(Rede Hitlers am 30. Sept. 1942 im Berliner Sportpalast. Zitiert nach: Frankfurter Zeitung, 2. Okt. 1942)

Goebbels: Entschlossenheit des Führers, »die Juden unter allen Umständen aus Berlin herauszubringen«

Der Führer gibt noch einmal seiner Entschlossenheit Ausdruck, die Juden unter allen Umständen aus Berlin herauszubringen. Auch die Sprüche unserer Wirtschaftssachverständigen und Industriellen, daß sie auf die sogenannte jüdische Feinarbeit nicht verzichten könnten, imponiert ihm nicht. Plötzlich sind die Juden überall zu den höchsten Qualitätsarbeiten emporgelobt worden. Man führt dies Argument uns gegenüber immer wieder ins Feld, um für sie Schonung zu erbitten. Aber die Juden sind nicht so unentbehrlkich, wie sie von unseren Intellektuellen gemacht werden. Es wird nicht allzu schwer sein, angesichts der Tatsache, daß wir in Berlin allein 240 000 ausländische Arbeiter haben, auch noch die restlichen 40 000 Juden, von denen überhaupt nur 17 000 im Produktionsprozeß tätig sind, durch ausländische Arbeiter zu ersetzen. Der jüdische Feinarbeiter wird, je länger je mehr, zu einem stehenden Argument der intellektuellen philosemitischen Propaganda. Hier zeigt sich wieder, daß wir Deutschen allzu leicht dazu neigen, zu gerecht zu sein und Fragen staatspolitischer Notwendigkeit mit Ressentiment, aber nicht mit kühlem Verstand zu beurteilen.

(Tagebucheintrag von J. Goebbels vom 30. September 1942. Zitiert nach A. Speer: Der Sklavenstaat, a. a. O., S. 350)

Alois Brunner – Schreckensmensch unter Schreckensmenschen

Am Abend des 19. Oktober 1942 – einem Montag, ein Jahr nach dem ersten Deportationstransport aus Berlin – sagte meine Schwester, als sie aus dem Krankenhaus kam: »Heute bekamen wir alle kurz vor Arbeitsschluß die Anweisung der Gestapo, uns morgen früh um 6 Uhr in der Oranienburger Straße einzufinden. Nur ein Arzt darf als Notdienst im Krankenhaus bleiben.«

In der Oranienburger Straße stand die größte Synagoge Berlins, die 1866 eingeweihte »Neue Synagoge«. Ein architektonisch auffallendes Gebäude mit einer großen Kuppel, im orientalischen Stil gebaut mit wunderschönen Ornamenten. Diese Synagoge sieht man oft auf Fotos. Brennend. Und häufig ist dazu die Information zu lesen, dies sei eine Aufnahme aus der Pogromnacht vom 9. auf den 10. November 1938. Das stimmt aber nicht. In jener Nacht hat zwar die SA versucht, die Synagoge anzuzünden, aber der Vorsteher des Polizeireviers am Hackeschen Markt, Wilhelm Krützfeld, hat sie daran gehindert. Mit dem Hinweis darauf, daß die Synagoge schon im Kaiserreich unter Denkmalschutz gestellt worden sei, hat er sie vor der Zerstörung retten können. Das alles habe ich selbst erst vor ein paar Jahren erfahren. Die Fotos von der brennenden Synagoge stammen möglicherweise aus dem November 1942, als das Gebäude bei einem Luftangriff von Bomben getroffen wurde.

Neben der Synagoge war das Hauptverwaltungsgebäude der Jüdischen Gemeinde in Berlin. Dort sollten sich also alle Angestellten des Jüdischen Krankenhauses einfinden. Und nicht nur des Krankenhauses! Die Bediensteten aller jüdischen Einrichtungen – wie Kindergärten, Altenheime, Kulturbund, Verwaltungen – waren dorthin bestellt worden.

Am folgenden Abend erzählte uns meine Schwester, was am 20. Oktober geschehen war. »Pünktlich um 6 Uhr waren rund 500 Menschen im großen Sitzungssaal versammelt. Ungefähr 10 SS-Soldaten bewachten uns. Wir sollten uns in Reih und Glied aufstellen. Die Minuten vergingen. Die erste Stunde. Die zweite. Keiner durfte austreten. Eine weitere Stunde verging. Eine Frau fiel in Ohnmacht. Es wurde 10 Uhr. Wir mußten weiter stehen. Es wurde 11 Uhr, dann 12 Uhr. Da kamen drei hohe SS-Offiziere herein. Lächelnd. Rauchend. In angeregter Unterhaltung. Sie erschienen mir unglaublich jung. Einer – das dachte ich mir gleich – war Adolf Eichmann, ein anderer sein Stellvertreter Günther. Die beiden haben nichts gesagt. Das Wort führte der Dritte. Ein Österreicher. Er ließ sich die Listen des Personals geben. Dann erteilte er den Abteilungsleitern den Auftrag, sie sollten aus ihren Abteilungen alle entbehrlichen Personen benennen. Zum Abtransport!«

Meine Schwester hat das nicht so flüssig erzählt, wie ich das jetzt mache. Sie hat immer wieder die Fassung verloren und wurde von Weinkrämpfen geschüttelt. Ihr müßt euch diese nervliche Belastung einmal vorstellen. Denn

als die Abteilungsleiter zögerten und es dem SS-Offizier zu langsam ging, griff er ein und bestimmte wahllos 200 der Anwesenden. Meine Schwester nicht. Die Namen und Personalien wurden notiert. Es wurde gesagt, die Ausgesuchten hätten sich drei Tage später im Sammellager in der Levetzowstraße mit ihren Familien einzufinden.
Beim Auseinandergehen wurde plötzlich ein Name geflüstert: »Brunner! Alois Brunner!« Dieser Name war für Juden ein Inbegriff des Schreckens. Brunner hatte Wien »judenrein« gemacht. Den »Schlächter von Wien« nannte man ihn. Dieser Brunner war also in Berlin.
Der Transport verließ am 24. Oktober Berlin. In den Tagen zuvor waren noch einige der Ausgewählten von der Liste gestrichen worden. Zumeist »arisch Versippte«. So nannten die Nazis Juden, die mit Nichtjuden verheiratet waren, und die Kinder aus solchen Ehen. Statt ihrer wurden andere für die Deportation bestimmt. Mein Vater sah in all dem eine Bestätigung für seine Einschätzung, wonach unsere Familie nicht gefährdet sein würde.
Der Transport brachte eine weitere unmenschliche Neuerung. Man denkt zwar nicht, daß die Grausamkeit noch zu steigern gewesen wäre. Und doch! Zum ersten Mal wurden Ehepaare und Familien getrennt. Arbeitete ein Angehöriger in der Rüstungsindustrie, so erhielt dieser nicht die Erlaubnis, sich mit seinem Ehemann oder seiner Ehefrau oder seinen Kindern »aussiedeln« zu lassen, wie es offiziell hieß. Da haben sich manche Ehepaare und Familien gemeinsam das Leben genommen.
Einzelne waren zu diesem Transport nicht erschienen und untergetaucht. Deshalb hatte sich Brunner eine »Strafmaßnahme« ausgedacht. Am 26. Oktober – das war der folgende Montag – erging an alle Bediensteten der Jüdischen Gemeinde und deren Einrichtungen der Befehl von der Gestapo, sich eine Stunde später – um 16 Uhr – wieder in der Oranienburger Straße einzufinden. Wer nicht erscheine, verwirke das Leben seiner Angehörigen. Gleich am Anfang hatte der Leiter der Gemeinde, Herr Kraindler, der natürlich ungeheuer erregt war, einen Herzschlag bekommen und war tot vor Brunner niedergefallen. »Schafft's den Juden da weg, damit er net so kalt liegt«, meinte Brunner nur. Dann ein neues grausames Spiel: Er rief die Anwesenden alphabetisch auf. Man mußte hervortreten, und Brunner zeigte nach rechts oder links, ganz nach Laune und mit spöttischen und gemeinen Zwischenbemerkungen. Nach ungefähr vier Stunden ließ Brunner durch ein Vorstandsmitglied der Gemeinde verkünden: »Die linke Gruppe geht sofort an die Arbeit zurück!« Es war mittlerweile 8 Uhr abends. »Die rechte ist für die Aussiedlung in den Osten bestimmt. Mit Angehörigen. Für jeden, der am Mittwoch nicht im Sammellager erscheint, wird ein hoher Funktionsträger der Gemeinde und der Reichsvereinigung erschossen!«
20 Personen erschienen nicht am Mittwoch. Und in den ersten Novembertagen hat die Gestapo ihre Drohung auch wahr gemacht.
»Wie hältst du das nur aus, Lili?« hatte meine Mutter immer wieder meine Schwester gefragt. In dieser Nacht hat Lili ihr geantwortet. Das habe ich nie

vergessen können. »Man kann das nur ertragen, Mutter, wenn man mit seinem Leben abgeschlossen hat.« Das sagte eine 22jährige Frau.
Ende November wurden die restlichen Angestellten der Gemeinde zusammenbefohlen. Jeder dritte wurde zur Deportation bestimmt. Jetzt durfte keiner mehr nach Hause. Sie wurden gemeinsam von bereitstehenden SS-Wagen in die Levetzowstraße gebracht. Es war lediglich erlaubt, den Betroffenen noch Gepäck nachzubringen. Und ihre Angehörigen konnten sich zu dem Transport melden. Auch Esther Goldberg war unter ihnen. Unsägliche menschliche Konflikte haben sich abgespielt. Wieder aber wurden »arisch Versippte« ausgenommen. Meine Schwester gehörte nun zu einem kläglichen Rest von Gemeindeangestellten, die in den kommenden Monaten in unmenschlicher Weise geschuftet haben.
Brunner hat aber nicht nur die Angestellten der jüdischen Einrichtungen und deren Angehörige in Angst und Schrecken versetzt, sondern alle Juden in Berlin. Das System der Deportationen änderte sich vollkommen. Es gab keine Aufforderungen mehr, sich im Sammellager einzufinden. SS-Männer griffen jeden auf, der einen Stern trug. In den Abendstunden fuhren SS-Militärwagen zusammen mit großen Möbelwagen durch die Stadt. Und dann machten Gestapo und SS bei Juden Wohnungsdurchsuchungen. Zu uns kamen sie fast in jeder zweiten Nacht. In unserer Wohnung lebten außer unserer Familie noch sechs Juden. Wenn sie irgend etwas für Juden Verbotenes sahen, nahmen sie den Betreffenden sofort mit. Eine Zeitung, eine Blume, verbotene Lebensmittel. Nur eine Kleinigkeit.
Einmal ergab sich auch für uns eine gefahrvolle Situation. Meine Mutter hatte am Abend von einem Besuch bei ihrer Schwester aus Lankwitz eine frische Flunder mitgebracht und für meinen Vater, der erst spät nachts von der Arbeit kommen sollte, gebraten. Höhnend hatten die Gestapo-Leute diesen Fisch in der Küche entdeckt. »Ei, ei, was hat denn ein Fisch in der Küche von Juden verloren?« Meine Mutter sagte sofort, sie sei »Arierin«, lebe in einer Mischehe und sie habe den Fisch von ihrer Schwester für sich bekommen. Es waren bange Minuten, bis die Gestapo-Leute diese Erklärung akzeptierten und gingen.
Wenn man als Jude in jenen Wochen die Autos der Gestapo oder der SS sah, war es gut, sofort in irgendeinem Hausflur oder in einer Ruine zu verschwinden. Es war weit ungefährlicher, keinen »Judenstern« zu tragen, so streng das auch verboten war. Aber die Wahrscheinlichkeit, ohne Stern erwischt zu werden, war weitaus geringer als mit Stern. Und das eine wie das andere bedeutete Abtransport. Bald gab es in Berlin wohl keine Jüdin und keinen Juden ohne fertig gepackten Rucksack mehr.
Dann setzten richtige Häuserrazzien ein. Die SS umstellte einen ganzen Häuserblock, so daß es unmöglich war zu entkommen. Die Wohnungen von Juden, die durch den Stern leicht zu erkennen waren, wurden einfach aufgebrochen und die Bewohner, soweit sie anwesend waren, in die Möbelwagen geschleppt. Was an Gegenständen brauchbar erschien, nahm man mit. Dann

wurde die Wohnung verwüstet, obwohl alles Inventar nach Nazi-Recht nicht mehr den Juden, sondern dem Deutschen Reich gehörte, und versiegelt. Danach ging's zum nächsten Block. Wenn das Auto so voll war, daß selbst die SS keinen Juden mehr hineinstopfen konnte, wurden die Menschen im Sammellager abgeliefert, und die Razzia ging weiter. Durch die Razzien entstanden schlimme Situationen. Denn die Gefangenen wußten: Irgendwann kommt mein Mann oder meine Frau, meine Tochter oder mein Sohn nach Hause, und die Wohnung ist versiegelt. Und die Angehörigen wußten nun: Aus meiner Familie sind welche von der Gestapo oder der SS abgeholt worden. Was sollen wir nun machen?

In diesem November 1942 stieg die Zahl der Selbstmorde von Juden sprunghaft an. Im Jüdischen Krankenhaus hatte man schon eine gesonderte Abteilung eingerichtet. Für die Sterbenden gab es oft keine Betten mehr, viele mußten auf Holzpritschen oder Massagebänken liegen.

Meine Schwester erzählte noch von einigen »Begegnungen« mit Brunner im Krankenhaus oder im Sammellager. In gemeinster Weise beschimpfte er die Juden und schlug sie, selbst hilflose Greisinnen und Greise. Im Dezember hat Brunner anscheinend Berlin wieder verlassen.

Zu Alois Brunner muß ich noch etwas sagen. Er lebt heute noch, in Damaskus, unter dem Schutz der syrischen Regierung. *[Zum Zeitpunkt der ersten Überarbeitung dieses Buches 1992 ging die Nachricht durch die Presse, Brunner wäre in Damaskus gestorben.]* Eichmann hat von Brunner gesagt: »Das ist mein bester Mann.« Brunner hat die »Judenpolizei« erfunden. Durch Erpressungen wurden Juden gefügig gemacht, mit den Nazis zusammenzuarbeiten. Diese Juden wurden bei den Gefangennahmen ganz offen eingesetzt. Wem ein gefangener Jude entkam, der wurde selbst umgebracht. Von seiner »Judenpolizei« soll Brunner sogar einige nach Berlin mitgebracht haben. Berlin war nur ein kurzes Zwischenspiel auf seinem mörderischen Weg durch Europa. Seine nächsten Stationen hießen: Griechenland, Frankreich, Monaco, Ungarn und Preßburg. Bis 1954 hat Brunner unbehelligt in der Bundesrepublik gelebt. Dann floh er als Georg Fischer über Ägypten nach Syrien. Vor einigen Jahren hat er sogar westdeuschen Journalisten ein Interview gegeben.

Und noch etwas will ich in diesem Zusammenhang erwähnen. Diese führenden SS-Offiziere waren unglaublich junge Männer. Alois Brunner war SS-Hauptsturmführer und 1942 nicht älter als 30 Jahre. Sein Chef Eichmann war nur sechs Jahre älter. Der berüchtigte Heinrich Himmler wurde mit 29 Jahren Führer der SS und hatte mit 34 die politische Polizei und mit 36 die gesamte Polizei in Nazi-Deutschland unter sich. Seine rechte Hand war Reinhard Heydrich. Der stand mit 30 Jahren an der Spitze der Geheimen Staatspolizei und war mit 32 Chef der Sicherheitspolizei. Dieser Heydrich leitete die Wannsee-Konferenz im Januar 1942, als die Ermordung von Millionen Juden organisiert wurde.

Die SS- und Gestapo-Führer und auch andere führende Nazis waren auffallend junge Männer. Fanatisch. Auf Karriere bedacht. Mit wenig Lebenserfahrungen. Aber im Nazi-Staat mußten viele neue Stellen besetzt werden. Goebbels wurde mit 30 Jahren von Hitler zum Gauleiter von Berlin ernannt, mit 36 zum Minister. Denkt auch an Hitler selbst. Der wurde mit 43 Jahren Reichskanzler.

Aber stellt euch diesen Brunner vor: Ein 30jähriger Mann schickt nach Lust und Laune mit einem einzigen Fingerzeig Hunderte von Juden in den Tod. Denn er wußte es genau: Diese Menschen und ihre Familien würden umgebracht werden.

In einem Sammellager: Warten auf den Abtransport

Speer: Anruf von Goebbels, »daß keine Juden noch länger in Berlin verbleiben könnten…«

Dann rief mich Goebbels in den letzten Tagen des Februar 1943 an und erklärte mit äußerster Entschiedenheit, daß keine Juden noch länger in Berlin verbleiben könnten; Sauckel habe ihm soeben die endgültige Zusage gegeben, für diese jüdischen Arbeitskräfte polnischen Ersatz zu stellen. Die Auskunft der Betriebsführer, daß in diesem Falle die Leistung absinken werde, habe er endgültig satt.

(Aus A. Speer: Der Sklavenstaat, a. a. O., S. 351)

»…daß sich bei diesen Transporten etwa 15 000 vollkommen arbeitsfähige, gesunde Juden befinden.«

Geheim!

An den
Lagerkommandanten des K. L. Auschwitz
SS-Obersturmbannführer Höß

Wie dort bekannt, beginnen am 1. 3. 43 die Judentransporte aus Berlin. Es wird nochmals darauf hingewiesen, daß sich bei diesen Transporten etwa 15 000 vollkommen arbeitsfähige, gesunde Juden befinden, die bisher in der Berliner Rüstungsindustrie gearbeitet haben. Auf ihre weitere Arbeitsverwendungsfähigkeit ist mit allen Mitteln Wert zu legen.

Der Chef des Zentralamtes

(Eingegangen in Auschwitz am 2. März 1943)

(Dokument aus der Ausstellung »Und lehrt sie: Gedächtnis« in Berlin [Ost] 1988.)

Goebbels: »Wir schaffen nun die Juden endgültig aus Berlin hinaus.«

Wir schaffen nun die Juden endgültig aus Berlin hinaus. Sie sind am vergangenen Samstag schlagartig zusammengefaßt worden und werden nun in kürzester Frist nach dem Osten abgeschoben. Leider hat sich auch hier wieder herausgestellt, daß die besseren Kreise, insbesondere die Intellektuellen, unsere Judenpolitik nicht verstehen und sich zum Teil auf die Seite der Juden stellen. Infolgedessen ist unsere Aktion vorzeitig verraten worden, so daß uns eine ganze Menge von Juden durch die Hände gewischt sind. Aber wir werden ihrer doch noch habhaft werden. Jedenfalls werde ich nicht ruhen, bis die Reichshauptstadt wenigstens gänzlich judenfrei geworden ist.

(J. Goebbels: Tagebücher 1942/43, Eintrag vom 2. März 1943)

Teil 3
Der Kampf in der Rosenstraße

1943 – Zum neuen Jahr ein neues Gerücht

Nach den Aktionen in den letzten Monaten 1942 war die Stimmung unter den Juden Berlins auf dem Nullpunkt. Es gab kaum noch eine Familie, aus der nicht schon Menschen deportiert worden waren. Von Freunden und Bekannten ganz zu schweigen.
Die einzige wirkliche Sicherheit schien noch darin zu bestehen, daß Tausende von Juden in der Rüstungsindustrie zwangsarbeiteten und anscheinend unentbehrlich waren. Mein Vater schien tatsächlich recht zu behalten. Irgendwann kam ein neues Gerücht auf. Goebbels solle die Absicht haben, seinem Führer Adolf Hitler zu dessen 54. Geburtstag am 20. April 1943 ein Geschenk zu machen: ein »judenfreies« Berlin. Gerüchte kamen und gingen, aber dieses verstummte nicht.
Die Stimmung bei den Nazis dürfte in jenen Monaten nicht besonders gut gewesen sein. In Nordafrika mußten sich die deutschen und die verbündeten italienischen Truppen geschlagen geben. Am 31. Januar kapitulierte die 9. Armee der Nazi-Wehrmacht in Stalingrad. 300 000 Soldaten kamen in sowjetische Gefangenschaft. Am Tag zuvor hatten die Nazis noch den 10. Jahrestag ihrer Machtübernahme gefeiert.

Eine neue böse Ahnung...

Es wurde Februar 1943. Die Transporte gingen weiter. Meine Schwester erzählte, daß einige untergeordnete Gestapo-Leute Menschen, die sich gegen eine Deportation sträubten, mit dem Hinweis zu beruhigen versuchten: »Das sind ja noch gute Transporte.«
Eines Tages erhielt meine Schwester einen gelben Schein mit verschiedenen Angaben zur Person und zur Familie. Dieses Papier sollte sie vorzeigen, wenn sie von »Aussiedlungsmaßnahmen« betroffen würde. Uns war sofort klar: Da lag etwas in der Luft.
Am 26. Februar – es war ein Freitag – kam meine Schwester mit einer Nachricht aus dem Krankenhaus, die unsere Ahnungen bestätigte: Eine neue Aktion gegen die Juden stand bevor. Insgesamt sechzehn Schwestern, darun-

ter auch sie, hatten die Anweisung bekommen, sich am nächsten Morgen um 7 Uhr zur besonderen Verwendung in der Oranienburger Straße einzufinden. An diesem Freitagabend sah ich meine Schwester zum letzten Mal.

Gefangen!

Der 27. Februar 1943. Ein Samstagmorgen. Es tat sich zunächst nichts Ungewöhnliches. Wir standen an unseren Arbeitsplätzen. Die Aufpasser im Nakken. Dann plötzlich – so gegen 10 Uhr – wurden die Tore der Halle aufgerissen. SS! »Keiner verläßt den Arbeitsplatz! Bei Fluchtversuch wird sofort geschossen!«

Ich empfand lähmende Angst! Kein Gedanke. Nur Angst. Angst, die schmerzte. Angst im ganzen Körper.

Die SS begann – unsere Aufpasser halfen dabei –, die Halle von einer Seite her zu räumen. Unsicherheit. Stumme Blicke. In den Augen Tränen. Jetzt konnte man auf den Hof sehen. Lastwagen, offene Lastwagen. Und SS-Männer. Die Bajonette aufgepflanzt. Aus der gegenüberliegenden Halle wurden die Juden schon auf einen Wagen getrieben. Dann waren wir an der Reihe. Wir wurden angebrüllt. Na ja, das war so üblich. Das kannten wir. Gewehrkolbenschläge. Wir hetzten schon ganz automatisch, völlig unbewußt. »Das muß ein Irrtum sein! Das muß ein Irrtum sein...«, redete ein Mann aufgeregt auf einen SS-Mann ein. Noch ehe er sagen konnte, worin denn der Irrtum bestehen sollte, bekam er einen Schlag in die Seite. »Meine Kinder! Die sind allein in der Wohnung. Meine Kinder! Die warten auf mich.« »Schnauze halten!« »Das ist doch zwecklos«, hörte ich hinter mir. »Zusammenrücken! Zusammenrücken!« »Mensch, kommt, rückt zusammen. Die schlagen blindwütig. Die sind von der Leibstandarte.«

»Leibstandarte« – gemeint war die »Leibstandarte Adolf Hitler«. Diesmal wurde sogar die Elitetruppe der SS eingesetzt, um uns Juden gefangenzunehmen. Das passierte nicht ohne die Zustimmung von Hitler.

Schon bald wurde diese Aktion »Fabrik-Aktion« genannt, da die meisten Juden an ihren Arbeitsplätzen, zumeist in Fabriken also, gefangengenommen worden waren.

Als der Wagen voll war, sprangen noch zwei Soldaten auf. Die hintere Klappe wurde geschlossen. Der Wagen raste los. Hinter uns ein zweiter. Wir standen gedrängt beieinander. Wer nicht am Rand stand, konnte sich nirgendwo festhalten. Um mich herum Ratlosigkeit und Verzweiflung. »Unser Ende...« »Wer soll denn unsere Arbeit machen? Das geht doch gar nicht...« – »Das muß ein Irrtum sein. Ihr werdet sehen.« – »Meine Kinder! Ich muß zu meinen Kindern!« – »Es geht in die Stadt.«

Ratlosigkeit

Die Straßen, durch die wir fuhren, kannte ich kaum. Ich sah Bahnhöfe, die ich oft mit der S-Bahn durchfahren hatte. Nach einer Weile erkannte ich den Westhafen. Hinter uns fuhren nun zwei weitere Lastwagen, auch beladen mit Juden. In einer Seitenstraße sah ich noch einen Lastwagen mit Menschen. Weiter ging es bis zur Rathenower Straße. Wir bogen auf ein ausgedehntes Kasernengelände ein.
Diese Gebäude stehen heute nicht mehr. Von der Rathenower Straße erstreckte sich das Gelände bis zur Lehrter Straße. Heute sind dort Sportanlagen, ein Fußballstadion, ein Schwimmbad, auch Tennisplätze. Direkt an der Rathenower Straße ist ein Jugendheim, dahinter ein Park. Es stimmt doch nicht ganz, daß diese Gebäude nicht mehr stehen. Zwei, drei gibt es noch.
Auf dem Kasernenhof herrschte eine grauenhafte, eine dramatische Stimmung. Der Lärm von Lastwagen. Das Brüllen der SS-Männer. Das Weinen, das Schreien, das Flehen der Gefangenen. Der Verschlag wurde geöffnet. Wir mußten herunterspringen und uns in der Mitte des weiträumigen Kasernenhofes, des Exerzierplatzes, aufstellen. Wir froren entsetzlich. Nur in Arbeitskleidung. Keine Minusgrade. Die Sonne schien. Aber die Angst! Manche wurden in ihrer Verzweiflung ohnmächtig. Ich sah zwei Krankenschwestern mit ihren roten Armbinden. Nicht meine Schwester. Ich sah Männer mit dem Judenstern und dieser Armbinde. Die Ordner. Einige schaufelten eine Grube im Hof – das Klo für etwa 2000 Menschen. So viele wurden wir nämlich. Damals habe ich das nicht überblicken können. Die Zahl erfuhr ich erst später.
Dann hielt ein Lastwagen nur 10, 12 Meter von uns entfernt. SS-Männer öffneten den Verschlag. Blutüberströmt fiel eine schon ältere Frau bewußtlos auf den Hof. Einem Mädchen, das so alt sein mochte wie ich, lief Blut über das Gesicht. Ein Mann wimmerte entsetzlich. Er hatte Wunden an den Beinen. Schußwunden. Die Kleider von einigen Juden waren völlig zerfetzt. »Die wollten nicht mit!« rief ein SS-Mann einem anderen zu. Der stand lachend da und fotografierte.
Wir standen zwei Stunden oder auch drei auf dem Hof. Immer wieder kamen Wagen angefahren. Endlich durften wir die Grube benutzen. In aller Öffentlichkeit. Dann wurden wir auf die Gebäude verteilt. Es waren die Pferdeställe. So eng, daß man sich kaum rühren konnte, lagen wir auf dem Boden, der nur dünn mit Stroh bedeckt war. Die Menschen weinten, redeten miteinander oder einfach vor sich hin. Andere waren still, starrten auf den Boden. Jeder hatte doch Angehörige. Wir wußten nichts von ihnen. Sie wußten nichts von uns.
Es waren schreckliche, leidvolle Stunden während der Nacht und des folgenden Tages. Keine Nahrung, nichts zu trinken. Ein wenig, ein ganz klein

wenig besserte sich die Stimmung, als die Schwestern und die Ordner umhergingen und sich notierten, wo Kinder in Wohnungen eingeschlossen waren, wo alte Leute betreut werden mußten und so weiter. Sie würden sich darum kümmern. Wie es weitergehen würde, wußten auch sie nicht.
Dann kam eine der Schwestern zu mir. Hastig erzählte ich. »Du bist der Bruder von Lili? Die mußte gestern morgen zum ›Clou‹.« Sie wolle versuchen, meine Mutter zu benachrichtigen. In der Gegend der Mommsenstraße habe sie ohnehin viel zu erledigen. Notfalls würde sie eine Nachricht einfach durchstecken. Mit den Worten »So fürchterlich war es noch nie«, ging sie weiter.
Nun wollt ihr wisen, was der »Clou« war. Der »Clou«, war ein Vergnügungsbetrieb im Zentrum Berlins, Mauerstraße 82, ganz in der Nähe der Friedrichstraße. Stadtbekannt. Dort gab es Revue, Kleinkunst, Tanz, Unterhaltung. Ein mehrstöckiges Gebäude mit vielen großen Sälen und Räumen. Hitler hatte dort seine erste Rede in Berlin gehalten. 1927. Der »Clou« war erst im Februar 1943 von den Nazis geschlossen worden. So ein Unterhaltungsbetrieb passe nicht mehr in eine Volksgemeinschaft, die in einem totalen Krieg stehe. Den »totalen Krieg«, den hatte Goebbels in seiner Sportpalast-Rede am 18. Februar propagiert. Tausende hatten ihm zugejubelt. Jetzt war aus dem »Clou« anscheinend ein Sammellager geworden.

Der Clou, Postkarte um 1939

»Ab zur Rosenstraße!«

Montag früh, 48 Stunden, nachdem wir von unseren Arbeitsplätzen abgeholt worden waren, bekamen wir einen dünnen Malzkaffee. Nicht jeder von uns war übrigens direkt in einer Fabrik gefangengenommen worden. Es hatte wieder Razzien gegeben. Überall waren Juden von der SS aufgegriffen worden.
An diesem Morgen begann der Abtransport mit Lastwagen. Bei den meisten Menschen blieb ungeklärt, was mit den Angehörigen sein mochte. Welche Verzweiflung stand in den Gesichtern! Welche Schrecken!
Die SS war sehr genau. Jeder mußte einen Büroraum betreten und wurde nach dem Namen, dem Geburtsdatum und der Wohnung gefragt. Die Angaben wurden anscheinend mit einer Kartei verglichen, denn bei mir rief der Gestapo-Mann: »Mischling 1. Grades!« – »Arisch versippt?« wurde ich daraufhin gefragt. Ich bejahte. »Ab zur Rosenstraße!« Ich mußte noch einen Schein unterschreiben, wonach ich mein Eigentum dem Deutschen Reich überlassen würde. Das war für mich selbstverständlich unwichtig. Aber »Rosenstraße« – was hatte das zu bedeuten? Ich kannte die Straße. Jeder Jude in Berlin wußte, daß in der Heidereutergasse die älteste Synagoge Berlins stand, die »Alte Synagoge«. Sie lag in einem Hinterhof, der zu einem Eckgebäude gehörte. Ecke Heidereutergasse/Rosenstraße. Dieses Eckhaus war ein Verwaltungsgebäude der jüdischen Gemeinde gewesen, die Sozial-Verwaltung.
Wieder bestieg ich einen Lastwagen, der nur langsam voller wurde. Andere Wagen füllten sich schneller und fuhren vollgepfropft los. Mit weinenden und verzweifelten Menschen. Ein Mann sagte zu mir: »Auch zur Rosenstraße, mein Junge?« Im Nachhinein ist mir erst aufgefallen, daß auf dem Lastwagen, auf dem ich war, sich überwiegend Männer befanden. Nur vereinzelt Frauen.
Ich muß noch etwas zu diesen Listen sagen: Die Gestapo und die SS waren extrem bürokratisch. Die Menschen eines jeden Transports in die Vernichtungslager des Ostens wurden mit ihren persönlichen Daten genau registriert. Diese Transportlisten sind erhalten geblieben. Von Berlin aus hat es insgesamt 63 Transporte in den Osten gegeben, also Vernichtungstransporte, Mordtransporte. Mit fast 36 000 Menschen. Nach Theresienstadt waren es 117 Transporte mit ungefähr 15 000 Menschen. Von diesen haben etwa 1600 überlebt.
Zur Rosenstraße war der Weg nicht weit. Wir kamen durch die Oranienburger Straße, vorbei an dem märchenhaften Bau der Synagoge. In dem Nebengebäude hatte am Samstagmorgen meine Schwester auf ihren Einsatz gewartet. Als wir dann in die Rosenstraße einbogen, traute ich meinen Augen nicht. Ich sah viele Menschen, viele Frauen. Eine richtige Ansammlung. Ich sah Polizisten. Wenige allerdings. Ich sah SS-Männer.
Der Lastwagen konnte gar nicht an das Bürogebäude herangefahren werden. Er war auch sofort von Frauen umstellt. Wir mußten herunter, und SS-Män-

ner bahnten uns einen Weg durch die Menschen. Und da hörte ich ein Rufen. Im Chor: »Laßt unsere Männer frei!« – »Unsere Kinder!« – »Wir wollen unsere Männer wiederhaben!«

Wiedersehen mit meinem Vater

In dem Gebäude herrschte ein großes Gedränge. Zunächst wurde ein jeder registriert. Und als ich mein Sprüchlein aufgesagt hatte – »Hans Israel Grossmann, geboren am 3. Dezember 1927, Mischling 1. Grades, Geltungsjude, Sohn des Juden Emil Israel Grossmann...« und so weiter –, meinte der Mann von der Gestapo: »Na, den Juden Emil Israel Grossmann haben wir wohl schon hier.« Ein Blick in eine Kartei. Bestätigendes Nicken.
Ein junger Ordner mit Judenstern, kaum älter als ich, begleitete meine Gruppe zu einem Raum. Ich bat ihn, nach meinem Vater zu suchen, und nannte ihm den Namen. Er wolle mal sehen, was sich machen ließe, meinte der Ordner. Ich selbst durfte nicht herumsuchen. In meiner Aufregung bekam ich gar nicht richtig mit, daß sich alle sehr erregt darüber unterhielten, was sie vor dem Gebäude gesehen hatten. Beinahe überflüssig zu erwähnen ist, daß der Raum vollkommen überfüllt war. Nach einer halben Stunde stand mein Vater in der Tür. Ich war unglaublich froh.
Glücklicherweise ließ es sich einrichten, daß wir zusammenbleiben durften. Dann erzählte mein Vater: »Mutter hat mich hier schon entdeckt. Am Sonntag. Ich kam am Sonntagmorgen hierher. Von der Levetzowstraße, nachdem die Gestapo festgestellt hatte, daß ich arisch versippt bin. Am Nachmittag rief dann ein Ordner meinen Namen und die Namen von anderen. ›Ihre Frau ist draußen‹, sagte er zu mir, ›sie will die Schlüssel. Sie kommt nicht in die Wohnung.‹ Ähnlich war es bei den anderen. Einige bekamen sogar Kleidungsstücke oder Päckchen mit Lebensmitteln. Heute auch. Die meisten Frauen sind wohl nicht wieder weggegangen. Auch in der Nacht nicht. Nun erzähl du mal, wie es draußen aussieht. Wir hören nur das Rufen. Wir dürfen nicht ans Fenster.« Ich erzählte.
Am Abend verteilte ein Ordner kleine Päckchen. Darunter auch eines für meinen Vater. Mit belegten Broten und Schokolade und einem Brief.
Dieses Gebäude der jüdischen Gemeinde an der Ecke Heidereutergasse/Rosenstraße war bestimmt 25 m breit, dreistöckig, mit einem ausgebauten Dachgeschoß. Es war jetzt vollgepfropft mit Menschen, überwiegend mit Männern. In einigen Räumen waren Frauen, in einem Kinder. Nach uns kamen noch weitere Lastwagentransporte. Auch am nächsten Tag.
Heute weiß ich, daß dort etwa 1500 Juden festgehalten wurden. Wir konnten nur unzureichend von den Helfern versorgt werden, und völlig unzu-

länglich waren die sanitären Verhältnisse. Vor den Toiletten bildeten sich endlose Schlangen. Im Vergleich zu den Pferdeställen in der Rathenower Straße und mit meinem Vater an meiner Seite erschien mir die Rosenstraße wie ein Paradies. Kein Wunder, daß ich schnell einschlief.

Schutzlos den Bomben ausgeliefert

Lange hatte ich noch nicht geschlafen. Da schreckte ich, da schreckten wir alle durch das langgezogene Auf und Ab eines heulenden Dauertones auf. Fliegeralarm! Das hieß üblicherweise: Schnell in einen Luftschutzkeller oder – je nachdem, wo man sich gerade befand – in einen Bunker. Uns war sofort klar: Hier gibt es keinen Luftschutzkeller. Vielleicht einen für ein paar Leute, denn jedes Gebäude mußte ja einen Luftschutzkeller haben. Für uns jedenfalls nicht, allenfalls für die Wachen der SS. Eine Hoffnung: Vielleicht handelt es sich nur um einen vorsorglichen Alarm, und es würde zu keinem Bombenangriff kommen. Die Bomber würden vielleicht zu einer anderen Stadt abdrehen.
Unsere Hoffnung erfüllte sich nicht. In dieser Nacht flog die britische RAF, die Royal Air Force, den bis dahin längsten und schwersten Luftangriff auf Berlin. Mit 250 Bombern. Sprengbomben mit beinahe 2 Tonnen Sprengkraft und fürchterliche Brandbomben fielen auf Berlin.
In den Stunden jener Nacht vom 1. auf den 2. März 1943 haben wir davon nichts gewußt. Wir hörten, nervlich ungeheuer angespannt, weit entfernte Detonationen und über uns die offenbar abdrehenden Bomber. Dieses unheilvolle bebende Dröhnen der Bomber, das nicht enden wollte. Wir hörten das unaufhörliche Abwehrfeuer der Flak. Und dann hörten wir Bombeneinschläge ganz in der Nähe. Aber glücklicherweise nur vereinzelt. Die St. Hedwigs-Kathedrale – nur ein paar hundert Meter entfernt – hatte einen Volltreffer abbekommen.
In dem Bombenangriff dieser Nacht ist meine Schwester umgekommen. Gar nicht so weit weg von unserer Wohnung entfernt. In der Eisenzahnstraße, südlich vom Kurfürstendamm. Dort war ein Schwerpunkt dieses Luftangriffs gewesen. Meine Schwester hatte zu den Helfern im »Clou« gehört. Vermutlich war sie unterwegs, um Angehörige von Gefangenen zu suchen und zu informieren oder sonst irgend etwas zu erledigen. In unserer Wohnung hatte Lili meine Mutter nicht angetroffen und eine Nachricht hinterlassen. Meine Mutter war nämlich von der Arbeit gleich zur Rosenstraße gefahren, hatte das Päckchen abgegeben und war bis zu dem Fliegeralarm mit Hunderten von Angehörigen – meistens Frauen – vor dem Gebäude stehengeblieben. In der Gegend gab es in Kaufhäusern öffentliche Luftschutzräume. Viele hatten auch im U-Bahnhof Alexanderplatz Schutz gesucht.

Uns ist ein großer Stein vom Herzen gefallen, als Entwarnung gegeben wurde. Draußen war es stockdunkel. Um den Fliegern die Orientierung zu erschweren, durfte auch nicht das kleinste Licht scheinen. Allmählich begann es zu dämmern.
Wir hatten in der Zwischenzeit einen Weg gefunden, auf die Straße hinunterzusehen. Wenn ein Mann einen anderen auf die Schultern nahm, so konnte der obere aus der Mitte des Raumes auf die Straße schauen. Wir hatten einen sehr günstigen Raum, das erste Fenster in der Heidereutergasse im 1. Stock. Von da aus schauten wir in die Richtung zur Straße an der Spandauer Brücke, wo die Rosenstraße einen kleinen Platz bildete.
»Da sind die Frauen schon wieder«, rief der oben sitzende Mann strahlend. »Da kommen noch mehr.« Und wie viele mochten sich aus der anderen Richtung nähern, die wir nicht einsehen konnten?

Warum so viele Frauen?

Wie hatte meine Mutter nur davon erfahren, daß ihr Mann in der Rosenstraße gefangengehalten wurde? Meine Mutter war eine sehr mutige Frau. Später sagte sie, daß sie das erst durch die Nazis geworden sei. Wie ein Lauffeuer hatte sich die Aktion gegen die jüdischen Rüstungsarbeiter und Rüstungsarbeiterinnen – die Fabrik-Aktion – unter den Juden und deren Angehörigen herumgesprochen. Viele Juden tauchten unter. Tausende sogar. Sie versuchten es zumindest. Meine Mutter aber war einfach zu dem Polizeirevier in der Grolmanstraße gegangen und hatte dort nach dem Verbleib ihres Mannes und ihres Sohnes gefragt. Wenn es sich um arisch Versippte handeln würde, solle sie sich mal im Verwaltungsgebäude in der Rosenstraße erkundigen, wurde ihr gesagt. Das tat sie auch. Und wie sich zeigte, war sie nicht die einzige, die das erfahren hatte. Viele, viele Menschen standen dort bereits. Überwiegend Frauen. Und das hatte folgenden Grund.
In der Rosenstraße wurden nämlich die »arisch Versippten« zusammengefaßt. Das war uns, die wir dort gefangen waren, anfangs gar nicht aufgefallen. Nun habe ich euch aber doch schon erzählt, daß doppelt so viel jüdische Männer mit nichtjüdischen Frauen in den sogenannten »Mischehen« verheiratet waren wie umgekehrt. Deshalb also hatten sich vor dem Gebäude in der Rosenstraße überwiegend Frauen eingefunden, und bald war von einer »Frauendemonstration« die Rede. Und wenn Angehörige mitkamen – meine Tante hat zum Beispiel meine Mutter zweimal begleitet –, dann handelte es sich auch eher um Frauen, denn die Männer waren doch im Krieg. Unter den Protestierenden in der Rosenstraße waren aber auch Männer, teilweise sogar in Wehrmachtsuniform, und auch Kinder, die von den Erwachsenen mitgebracht worden waren.

Rätselraten

Was soll ich über die folgenden Tage erzählen...? Warten. Warten. Und die Fragen: Was wird mit uns geschehen? Was tut sich da draußen auf der Straße? Eine Stimmung zwischen Angst und Hoffnung.
Im Laufe der Zeit lernten wir Gefangenen uns besser kennen. Je nach Stimmung und Temperament beteiligten sich die einzelnen an Gesprächen.
»Ich habe gedacht, uns Rüstungsarbeitern kann nichts passieren. Wer macht denn nun unsere Arbeit?« – »Fremdarbeiter natürlich. Franzosen. Oder Polen. Vielleicht auch Russen. Die werden das schon lernen.« – »Wir alle schätzen die Nazis falsch ein. Wir denken, die überlegen sich: Nutzt es uns etwas, wenn wir uns so und so verhalten? Oder schadet uns das? Aber so denken die nicht.« – »Stimmt. Sie führen mit der ganzen Welt Krieg und ziehen zahllose Transportmittel ab und beschäftigen Tausende von Männern damit, im besetzten Europa die Juden zusammenzutreiben und in die Lager im Osten zu bringen.« – »In Arbeitslager.« – »Arbeitslager? Hoffentlich. Was arbeiten die Juden da? Wie ist das organisiert? Habt ihr schon mal was gehört? Ich habe jetzt mehrmals die BBC gehört.« – »Glaubt doch nicht die Geschichte mit den Vergasungen.« – »Wir hier werden das wahrscheinlich bald wissen.« – »Dann muß die SS ja wohl erst mal die Frauen unten wegräumen. Unsere Angehörigen. Da muß sich auch die SS was einfallen lassen.« – »Einfallen! Einfallen! Denen fällt gar nichts ein. Die kennen doch nur eins: Gewalt! Foltern. Erschießen. Aufhängen.« – »Das machen sie aber in ihren Kellern und Lagern. Sie versuchen es sogar zu verheimlichen. Was sich aber da unten abspielt, darüber berichtet vielleicht schon die BBC. Das melden bereits die Botschafter der Neutralen ihren Regierungen.« – »Meinst du? Schön wär's ja.« – »Davon haben wir wenig. Inzwischen haben wir doch herausgefunden: Hier in der Rosenstraße sind nur arisch Versippte und Mischlinge gefangen. Warum sind wir von den anderen abgesondert worden? Weil wir eben nicht deportiert werden sollen!« – »Da begehst du einen Denkfehler. Wenn wir nicht in den Osten geschickt werden sollen – warum hat uns die SS oder die Gestapo dann nicht sofort nach Hause geschickt, als klar war: Du bist arisch versippt! – Du bist Mischling! Nee, nee, die wollen was mit uns anstellen.« – »Aber was?« – »Bin ich Himmler? Bin ich Goebbels?« – »Biste nicht. Aber was spielt sich jetzt in deren Köpfen ab? Und in den Köpfen von den anderen SS-Chargen? Stellt euch vor: Da unten findet der erste öffentliche Protest gegen die Nazis seit 1933 statt! Nach über zehn Jahren Nazi-Herrschaft. Eigentlich hätten wir Grund zum Jubeln. Wenn das Schule macht! Unglaublich!« – »Da ist vielleicht was dran. Aber eben deshalb wird die SS sich das nicht mehr lange mit ansehen.« – »Irgendwann geht auch unseren Angehörigen die Luft aus. Die stehen und rufen. Zum Glück ist kein Frost mehr. Wir sind alle fertig mit unseren Nerven. Die letzten Monate! In

unseren Familien – wie viele sind da deportiert worden!« – »Stimmt. Die Nazis sind Gewaltmenschen. Von Gewalt verstehen sie was. Die warten einfach darauf, daß unten ein paar die Nerven verlieren. Steine werfen oder so etwas. Dann schlagen sie zu. Verhaftungen. Schnellprozesse. Und wir sind weg.« – »Könnte sein. Aber wenn da unten keiner die Nerven verliert? Was dann?« – »Vielleicht verliert irgendwann die SS die Nerven.« – »Da würden sie sich aber was einbrocken. Die Stimmung in Berlin ist mies. Stalingrad. Die Bombenangriffe. Wie viele nichtjüdische Verwandte hat jeder von uns? Vier? Fünf? Mehr? Die würden Sturm laufen. Schaut euch die Straße an.« – »Das überschätzt mal nicht. Die haben doch jetzt im Krieg genug mit sich zu tun.« – »Ich vermute, die Gestapo wird ziemlich verblüfft sein. Proteste auf offener Straße! Das ist das eine. Aber das andere: Da stehen Frauen. In der Mehrzahl Frauen. Das paßt nicht ins Bild. Frauen, die sich nicht alles gefallen lassen. Das sind die Nazis eigentlich nicht gewöhnt.« – »Das meine ich doch. Das darf nicht Schule machen. Das da unten auf der Straße muß bald beendet werden. So oder so.« – »Wie meinst du das: ...oder so?« – »Na ja, die könnten die Sache ja auch beenden, indem sie uns freilassen.« – »Mensch, mich hat die ›Leibstandarte Adolf Hitler‹ höchstpersönlich eingefangen. Und dich doch auch. Und einige andere hier. Und dann sollen die uns wieder laufen lassen? Da wird der Führer aber ganz schön toben. Da wird er die Herren wohl eher noch mal schicken.« – »Die SS gegen Hunderte von Ariern? Die meisten Frauen! Mitten in Berlin! Im Herzen der Reichshauptstadt!« – »Arische Frauen, die angeblich in Rassenschande leben! Judenhuren...« – »Ja, aber was sind sie ganz offensichtlich? Treu! Treue deutsche Ehefrauen und Mütter.« – »Sie sind mindestens so verzweifelt wie treu.«

Irgendwann drehten sich solche Gespräche im Kreis. Wenn wir das merkten, setzte Stille ein. Bis dann wieder jemand begann. »Also, mir ist aufgefallen« und so weiter.

Den Maschinengewehren getrotzt

Am Donnerstag – es war also der 4. März – tat sich draußen etwas. Am frühen Nachmittag. Unter den Menschen auf der Straße kam plötzlich eine ungeheure Unruhe und Bewegung auf. »Viele laufen weg«, meldete unser Beobachtungsposten. »Aber nicht alle.« Dann hörten wir Schreie, denen große Verzweiflung anzumerken war. Plötzlich herrschte Ruhe. Allmählich füllte sich die Straße wieder mit Zurückkehrenden. Ein Ordner erzählte, die SS habe Maschinengewehre aufgebaut und wieder abgebaut. Von meiner Mutter erfuhren wir später mehr.

Meine Mutter hat nie im Zusammenhang über die Tage an der Rosenstraße erzählt oder ausführlicher darüber etwas aufgeschrieben. Das hat merkwürdigerweise keine der beteiligten Frauen getan, auch keiner der beteiligten Männer. Und die Geschichtsforschung hat sich jahrzehntelang mit diesem Ereignis überhaupt nicht beschäftigt. Eines haben mein Vater und ich allerdings von meiner Mutter wissen wollen: Was hat sich an jenem Donnerstag abgespielt, als die SS die Maschinengewehre aufgebaut hat?

»Ich kam völlig verzweifelt am S-Bahnhof Börse an. Erst am frühen Nachmittag. Nach einer schrecklichen Nacht. Abends war der Polizist gekommen – ein sehr freundlicher und anscheinend auch mitfühlender Mensch – und hatte mir die Nachricht von Lili überbracht. Ich fuhr zu Luise. Am nächsten Morgen in aller Frühe zu Hilperts. Die hatten viel zu tun, und ich war doch schon an den Tagen vorher ausgefallen. Dann die Erkältung.

Ich bemerkte die große Bewegung unter den Menschen. Viele kamen mir entgegen. ›Weg! Die schießen!‹ – ›Zurück!‹ Ich hörte aber auch Schreien. Weiter vorne am Gebäude. Ich drängte mich vor und sah, was los war.

Vor der Eingangstür standen fünf Soldaten der SS und bauten zwei Maschinengewehre auf, die sie auf uns richteten. Einer der SS-Männer rief etwas, was ich aber wegen des Lärms nicht verstand. Vielleicht war das die Aufforderung, die Straße zu räumen. Dann wallte für einige Minuten eine ungeheure Erregung auf. Viele Frauen liefen zwar weg, aber von hinten drängten andere nach. Die ersten Schreie: ›Mörder!‹ – ›Ihr Feiglinge!‹ Im Mute vollkommener Verzweiflung. ›Ihr Mörder! Auf Frauen schießen!‹ Ich habe mitgeschrien. Mir wurde alles egal. Uns war alles egal. Jede von uns wußte: Wenn die jetzt wirklich schießen, dann ist auch von den Gefangenen keiner mehr zu retten.

Ich sah, wie der SS-Mann hinter den Maschinengewehren den Mund weit aufriß. Ein Kommando? Unser Schreien übertönte alles. Dann etwas Unerwartetes: Die Soldaten bauten die Maschinengewehre ab. Als sie die Munitionskästen schlossen, wurden wir alle plötzlich sehr still. Man hörte Weinen und Schluchzen. Zögernd fanden sich wieder jene ein, die in Todesangst vor den Maschinengewehren gewichen waren.

Da standen wir nun. Erst vereinzeltes Rufen. Dann wieder Sprechchöre: ›Gebt unsere Männer frei! Unsere Kinder!‹ In jenen Minuten haben wohl viele von uns gespürt, daß aus unserem spontanen Protest eine Widerstandsaktion geworden war. Wir kämpfen ganz ohne Waffen. Gegen Hitler. Gegen Goebbels. Gegen Himmler.«

Goebbels: »... unliebsame Szenen ...«

Schacht hält mir einen langen Vortrag über die augenblickliche Lage in Berlin aufgrund des letzten Luftangriffs. Sie ist doch außerordentlich ernst. Die in der Reichshauptstadt angerichteten Schäden sind sehr bedeutend, und wir werden schätzungsweise sechs bis achte Monate nötig haben, um sie halbwegs wieder in Ordnung zu bringen.*
*Gerade in diesem Augenblick hält es der SD für günstig, in der Judenevakuierung fortzufahren. Es haben sich da leider etwas unliebsame Szenen vor einem jüdischen Altersheim** abgespielt, wo die Bevölkerung sich in größerer Menge ansammelte und zum Teil sogar für die Juden etwas Partei ergriff. Ich gebe dem SD Auftrag, die Judenevakuierung nicht ausgerechnet in so einer so kritischen Zeit fortzusetzen. Wir wollen uns das lieber noch einige Wochen aufsparen; dann können wir es um so gründlicher durchführen.*

(J. Goebbels: Tagebücher 1942/43; Eintrag vom 6. März 1943)

*) Persönlicher Referent von Goebbels.
**) Goebbels erwähnt hier lediglich die im Vergleich zu den Geschehnissen in der Rosenstraße quantitativ weniger gewichtigen Vorfälle in der Großen Hamburger Straße vor dem dortigen als Sammellager eingerichteten ehemaligen (!) Altersheim. Wir dürfen annehmen, daß ihm auch von dem Geschehen in der Rosenstraße berichtet worden war, daß ihm aber zum Zeitpunkt seines Diktats – in der Regel erst nachts – die Protestaktionen als solche und nicht mehr alle Details gegenwärtig waren und wichtig gewesen sind. Aufschlußreich an diesem Tagebucheintrag ist jedenfalls die Tatsache, daß ein öffentlicher Protest das Verhalten der Nazi-Führung offensichtlich beeinflussen konnte.

Goebbels: 4000 Juden sind untergetaucht

Die Evakuierung der Juden aus Berlin hat doch zu manchen Mißhelligkeiten geführt. Leider sind dabei auch die Juden und Jüdinnen aus privilegierten Ehen zuerst mit verhaftet worden, was zu großer Angst und Verwirrung geführt hat. Daß die Juden an einem Tage verhaftet werden sollten, hat sich infolge des kurzsichtigen Verhaltens von Industriellen, die die Juden rechtzeitig warnten, als Schlag ins Wasser herausgestellt. Im ganzen sind wir 4000 Juden dabei nicht habhaft geworden. Sie treiben sich jetzt wohnungs- und anmeldungslos in Berlin herum und bilden natürlich für die Öffentlichkeit eine große Gefahr. Ich ordne an, daß Polizei, Wehrmacht und Partei alles daransetzen, diese Juden möglichst schnell dingfest zu machen.
Die Verhaftung von Juden und Jüdinnen aus privilegierten Ehen hat besonders in Künstlerkreisen stark sensationell gewirkt. Denn gerade unter Schauspielern sind ja diese privilegierten Ehen noch in einer gewissen Anzahl vorhanden. Aber darauf kann ich im Augenblick nicht übermäßig viel Rücksicht nehmen. Wenn ein deutscher Mann es jetzt noch fertigbringt, mit einer Jüdin in einer legalen Ehe zu leben, dann spricht das absolut gegen ihn, und es ist im Kriege nicht mehr an der Zeit, diese Frage allzu sentimental zu beurteilen.

(J. Goebbels: Tagebücher 1942/43; Eintrag vom 11. März 1943)

Entlassung

Der Freitag war voll quälender Ungewißheit. Uns war klar: Lange würde eine Entscheidung über unser Schicksal nicht mehr auf sich warten lassen. Vermutungen und Gerüchte überschlugen sich. Irgendwann an diesem Tag erzählte dann ein Ordner, über 20 Männer seien abtransportiert worden. Anscheinend willkürlich ausgewählt. Und der Lastwagen, das habe er zweifelsfrei gehört, sei zum Bahnhof Putlitzstraße gefahren. Das bedeutete: Deportation! »Jetzt wird's also losgehen«, meinte jemand. Keiner widersprach. Stunde um Stunde verging. Wie gebannt hörten wir auf jedes Geräusch im Gebäude und auf der Straße. Der Protest hielt offensichtlich an. Die Dunkelheit setzte ein, ohne daß es Anzeichen für einen weiteren Abtransport gegeben hätte.

Der Samstag kam. 6. März 1943. Gegen Mittag verbreitete sich in Windeseile ein Gerücht: Es gibt Entlassungen! Als wir einen Ordner sahen, stürmten wir fragend auf ihn ein. »Ja, es scheint so.« – »Alle?« – »Das kann ich nicht sagen.« Am Nachmittag schien es allerdings sicher. Zimmer um Zimmer wurde geräumt. Das hat mehrere Tage gedauert. Ich kenne jemanden, der erst am 16. März nach Hause konnte. Mein Vater und ich waren glücklicherweise schon am Sonntag an der Reihe. Wieder erlebten wir, welch bürokratischer Aufwand von den Nazis betrieben wurde. Jeder bekam einen Entlassungsschein, ein hektographiertes Formular. Oben stand: »Der Jude/Die Jüdin...« Danach wurde der Name eingetragen. Für mich und andere »Mischlinge« war das Formular anscheinend nicht gedacht. Der Gestapo-Mann entwertete daraufhin auf einer Schreibmaschine diese Worte und schrieb darüber: »Geltungsjude«. Dann wurde mein Name eingetragen. Ausdrücklich wurde vermerkt – wie auch bei meinem Vater –, daß wir keine Lebensmittelkarten bekommen hatten. Die gab's nämlich erst, wenn man sich bei der Zwangsarbeitsvermittlung für Juden in der Kreuzberger Fontanepromenade gemeldet hatte – wir nannten das damals ironisch »Jüdisches Arbeitsamt« – und einen Arbeitseinsatz nachweisen konnte.

Nun konnte ich die Menschen, die vor dem Gebäude aushielten, sehen. Überwiegend Frauen. Unruhe, wenn Leute aus dem Gebäude herauskamen. Ist mein Mann dabei? Meine Tochter? Mein Sohn? Ich habe mir damals nicht einen Gedanken darüber gemacht, wie viele Menschen da wohl warten mochten. In jener Stunde waren es jedoch nicht sehr viele. Sie winkten uns zu, riefen etwas. Ich war viel zu aufgeregt, um mehr davon mitzubekommen.

Wir hofften, daß uns meine Mutter empfangen würde, und schauten umher. Vergeblich. Schnell waren wir in unserer Wohnung. Die S-Bahn fuhr von »Börse« bis »Charlottenburg« kaum 20 Minuten. Meine Mutter lag mit hohem Fieber und beinahe ohne Stimme im Bett. Das Stehen, das Rufen, das Schreien in der Kälte hatten Spuren hinterlassen. Es dauerte eine Weile, bis mein Vater und ich mitbekamen, daß die Tränen meiner Mutter nicht nur Freudentränen waren. Am folgenden Donnerstag wurde meine Schwester auf dem Jüdischen Friedhof in Weißensee beerdigt.

Aus den Meldungen der SS-Kommandantur des Konzentrationslagers Auschwitz vom März 1943 (Fernsprüche)

Betr.: Abtransport von jüdischen Rüstungsarb. *8. März 43*

Am 5. und 7. März trafen folgende jüdische Häftlingstransporte ein.
Transport aus Berlin, Eingang 5. März 43, Gesamtstärke 1128 Juden. Zum Arbeitseinsatz gelangten 389 Männer (Buna) und 96 Frauen. Sonderbehandelt wurden 151 Männer und 492 Frauen und Kinder. Transport aus Breslau, Eingang 5. März 43, Gesamtstärke 1405 Juden. Zum Arbeitseinsatz gelangten 406 Männer (Buna) und 190 Frauen. Sonderbehandelt wurden 125 Männer und 684 Frauen und Kinder.
Transport aus Berlin, Eingang 7. März 43, Gesamtstärke 690 einschließlich 25 Schutzhäftlingen. Zum Arbeitseinsatz gelangten 153 Männer und 25 Schutzhäftlinge (Buna) und 65 Frauen. Sonderbehandelt wurden 30 Männer und 417 Frauen und Kinder.

Betreff: Judentransporte aus Berlin *15. März 43*

K. L. – Auschwitz meldet Judentransport aus Berlin. Eingang am 13. 3. 43. Gesamtstärke 964 Juden. Zum Arbeitseinsatz kamen 218 Männer und 147 Frauen. Die Männer wurden nach Buna überstellt. Gesondert wurden 126 Männer und 473 Frauen und Kinder untergebracht.

gez. Schwarz
SS. Obersturmführer

(»Dokumenty i Materialy z czasow okupacji niemieckiej w Polsce. I Obozy.« Herausgeber: N. Blumenthal, Zentrale Jüd. Historische Kommission, Lodz 1946, S. 110)

Anmerkung: Die Wendungen »sonderbehandelt« bzw. »gesondert untergebracht« bedeuteten, daß diese Menschen sofort in die Gaskammern getrieben wurden. Im übrigen sind hier nicht alle Deportationstransporte des März 1943 aus Berlin aufgeführt. Transporte gab es am 1., 2., 3., 4., 6. und 12. März mit knapp 8 000 Menschen.

Des Rätsels Lösung?

Wie oft haben wir später noch darüber gerätselt, was Gestapo und SS schließlich bewogen haben mag, uns freizulassen. Eines dürfte sicher sein: Sie hatten mit den »arisch Versippten« und den »Mischlingen« was vor. Aber was? Da läßt sich einiges vermuten. Ich habe doch bereits erzählt: Auf der Wannsee-Konferenz am 20. Januar 1942 hatte es zwar Vorschläge von Heydrich gegeben, wie man im Zusammenhang mit der sogenannten »Endlösung«, also mit der endgültigen Ermordung aller Juden, die Frage der »Mischehen« und der verschiedenen Arten von »Mischlingen« behandeln könnte, aber keine Entscheidung. Vermutlich hatten sich die Nazis nun eine Lösung ausgedacht. Etwa: Die Mischehen werden zwangsweise geschieden. Der jüdische Teil wird dann deportiert. Vielleicht sofort in den Osten. Vielleicht auch zunächst nach Theresienstadt.

Aus dem Lager in der Rosenstraße waren tatsächlich einige jüdische Männer, »Mischehen«-Partner, nach Auschwitz transportiert worden, nämlich 25. Die kamen allerdings wieder zurück. Etwas Einmaliges, ja Unglaubliches. Darüber werde ich aber später erzählen…

Was hätte nun mit den »Mischlingen« geschehen können? Mit mir also. Vielleicht hätte man uns vor die Wahl gestellt: Deportation oder Sterilisierung. Unfruchtbarmachung, damit die angeblich schlechten jüdischen Erbanlagen hätten nicht weitergegeben werden können. Irgend etwas in dieser Art. Was genau, das ist nicht so wichtig. Denn dazu kam es ja nicht mehr. Es geschah vielmehr etwas für die Nazis und auch für uns Unerwartetes, etwas ganz Unwahrscheinliches.

Im Berlin Hitlers und Himmlers, im Berlin des Gauleiters Goebbels lehnten sich im März 1943 in aller Öffentlichkeit Menschen in großer Zahl gegen eine Maßnahme der Nazis auf. Und zwar diejenigen, die neben den Juden selbst am meisten erniedrigt worden waren, die in all den Jahren am meisten mitgelitten hatten, die nichtjüdischen Ehepartner. Was hatten sie nicht alles mitertragen müssen! Mitgeduldet! In aller Stille. Jetzt aber würde – so mußten sie annehmen – etwas für sie ganz Unerträgliches geschehen: Die Deportation ihrer Ehepartner und Kinder. Und in der Gemeinsamkeit mit den vielen anderen Betroffenen faßten sie mehr und mehr den Mut, sich dem zu widersetzen.

Was hat sich wohl in den Köpfen der zuständigen Gestapo- und SS-Männer abgespielt? Die mußten sich in kürzester Zeit auf viel Neuartiges einstellen. Da gab es einmal das unerhörte Schauspiel eines öffentlichen Protestes gegen eine ihrer Maßnahmen. Sie wußten selbstverständlich, daß sie Gegner hatten. Die arbeiteten aber im Untergrund. Hier in der Rosenstraße eine öffentliche Protestaktion! Keine in der Nacht auf eine Mauer geschriebenen Parolen »Nieder mit Hitler!« oder etwas Ähnliches. Keine heimlich in der Bahn oder auf dem Postamt oder in einem Kaufhaus zurückgelassenen Flugzettel mit nazifeindlichen Texten. Nein, etwas, was es noch nie in Deutschland gegeben hatte: ein öffentlicher Protest.

Und noch unfaßbarer war wahrscheinlich, daß diese Menschen sich letztlich durch noch so gewaltsame Drohungen nicht einschüchtern ließen. Das war – und ist übrigens – für jemanden, der die Gewaltanwendung so wie ein Naturgesetz ansieht, selbstverständlich ein Rätsel. Diese protestierenden Menschen verhielten sich völlig gewaltlos. Nicht ein einziger Stein wurde geworfen. Trotz all der verzweifelten Wut. Wahrscheinlich hat die SS nichts sehnlicher gewünscht als eben dies: irgendeine gewaltsame Handlung von seiten der Protestierenden. Das hätte Anlaß und Vorwand für brutalstes Vorgehen sein können.

Und um die Verwirrung in den Köpfen der Nazis zu steigern: Da standen in der Mehrzahl Frauen. Frauen, die nach der Nazi-Lehre in der Politik nichts zu suchen hatten. Sie durften normalerweise nur das auslöffeln, was die Männer ihnen eingebrockt hatten. Daß sich hier aber Frauen aktiv in etwas einmischten, das war eine Ungeheuerlichkeit.

Noch eine Sache dürfte der Nazi-Führung klargeworden sein: Die Menschen, die protestierten, machten nur einen Teil – den kleineren Teil – von jenen aus, die durch eine Deportation der jüdischen »Mischehe«-Partner und der »Mischlinge« betroffen gewesen wären. Es gab noch andere nahe Verwandte und Freunde. Möglicherweise wollten die Nazis die ohnehin gedrückte Stimmung in der Bevölkerung nach der verheerenden Niederlage von Stalingrad und angesichts des schweren Luftangriffs vom 1. auf den 2. März 1943 nicht noch weiter belasten. Und wenn diese tage- und nächtelange Aktion anscheinend nicht durch Gewalt zu beenden war, so doch durch die Entlassung der Gefangenen.

Möglich, daß die Nazis gedacht haben: Die entgehen uns ohnehin nicht. Erledigen wir die Angelegenheit später. Angeblich sollen sie das später, viel später allerdings, auch noch mal vorgehabt haben. Im Januar 1945 nämlich. Damals machte das Gerücht die Runde, die jüdischen Teile der »Mischehen« sollten deportiert werden. Angeblich standen schon die Lastwagen bereit. Aber es geschah nichts.

Immer wieder taucht die Frage auf – und ihr wollt das bestimmt auch wissen –, wie viele Menschen damals in der Rosenstraße protestiert haben mögen. In den wenigen Berichten darüber schwanken die Zahlen erheblich. Mal ist von 6000 die Rede, mal von 100 bis 200. »Aber das kann man nun wirklich sehen, ob 100 Menschen demonstrieren oder Tausende«, werdet ihr sagen. Richtig.

Ihr müßt denken, in der Rosenstraße hat keine Protestdemonstration stattgefunden, wie ihr sie von heute kennt. Eine Organisation oder mehrere haben dazu aufgerufen. Menschen, die das Anliegen unterstützen, kommen, machen einen Umzug, versammeln sich zum Abschluß, hören Reden und For-

derungen und gehen wieder nach Hause. Da kann man halbwegs sicher sagen: Es waren 500 Menschen da oder 5 000.
In der Rosenstraße spielte sich etwas ganz anderes ab. Dorthin zogen zunächst ganz spontan die nahen Angehörigen der Gefangenen. Anfangs waren es wohl 100 oder 200. Es wurden mehr und mehr, als sich die Sache erst einmal herumgesprochen hatte. Wer aber konnte schon tage-, womöglich nächtelang dort stehen? Am späten Abend gingen viele nach Hause und kamen am nächsten Tag wieder. Viele mußten auch zur Arbeit, so daß die Menge erst am frühen Abend wieder anwuchs. Das eine oder andere Mal kamen Verwandte mit. Zweimal zum Beispiel die Schwester meiner Mutter. Von einer damals sehr jungen Frau weiß ich, daß verschiedene Male ihr Bruder mitgekommen ist. Ja, ganz sicher waren unter den Protestierenden auch Soldaten in Uniform. Die waren vielleicht auf Heimaturlaub und begleiteten jemanden. Kurz und gut: Die Zahl der Protestierenden schwankte in all diesen Tagen erheblich.
Sicher dürfte folgendes sein: Die Höchstzahl kann nicht nur wenige hundert betragen haben. Davon hätte sich die Gestapo wohl nicht beeindrucken lassen. Meine Mutter hat erzählt, daß die Polizei manchmal den Straßenverkehr umgeleitet hat. Nur für die Straßenbahn wäre mit Mühen immer eine Gasse freigemacht worden. Einmal soll die Menge bis zur Straße an der Spandauer Brücke gestanden haben.
Nimmt man all diese Informationen und Überlegungen und bedenkt, daß in der Rosenstraße etwa 1500 bis 2000 Menschen gefangengehalten wurden, so ist eine Zahl von ungefähr 1000 Menschen, die protestiert haben, durchaus wahrscheinlich.

Eine Spur der Gruppe Herbert Baum

Vor dem Gebäude in der Rosenstraße stand eine Litfaßsäule. Bei meiner Entlassung war mir ein Anschlag wegen seines kräftigen roten Farbtons aufgefallen. Dieser Anschlag war aber nicht nur dort angeklebt, sondern überall in der Stadt. Nun war mir nicht bekannt, daß es Juden verboten war, öffentliche Anschläge zu lesen. Also schlich ich mich einige Tage nach meiner Entlassung an eine Litfaßsäule und las folgendes.

Bekanntmachung.

Die am 10. Dezember 1942 vom Volksgerichtshof wegen Vorbereitung zum Hochverrat und landesverräterischer Feindbegünstigung zum Tode verurteilten

Heinz Israel Rotholz, 21 Jahre alt,
Heinz Israel Birnbaum, 22 Jahre alt,
Lothar Israel Salinger, 23 Jahre alt,
Helmuth Israel Neumann, 21 Jahre alt,
Siegbert Israel Rotholz, 23 Jahre alt,
Hella Sara Hirsch, 21 Jahre alt,
Hanni Sara Mayer, 22 Jahre alt,
Marianna Sara Joachim, 21 Jahre alt, und
Hildegard Sara Loewy, 20 Jahre alt,

sämtlich aus Berlin, sind heute hingerichtet worden.

Berlin, den 4. März 1943.

Der Oberreichsanwalt beim Volksgerichtshof.

An den Namen ist es leicht zu erkennen – da waren junge Jüdinnen und Juden hingerichtet worden. Sie gehörten alle zu der Gruppe Baum, denen der Prozeß gemacht worden war. Während aber die vorangegangenen Prozesse in der Öffentlichkeit verschwiegen wurden, hier nun eine auffallende Plakatierung! Warum? Darüber läßt sich nur rätseln. Vielleicht war das als eine Art Begleitmaßnahme zur »Fabrik-Aktion« und den großen Deportationen in jenen Tagen gedacht. Um noch einmal zu zeigen: Seht, wie nichtswürdig diese Juden sind!

Teil 4
Überleben im »judenfreien« Berlin

Neue Zwangsarbeit: Trümmer räumen

Nach der Beerdigung meiner Schwester mußten sich mein Vater und ich von meiner Mutter trennen. Wir fuhren zur Zwangsarbeitsvermittlung für Juden in der Fontanepromenade in Kreuzberg. Da bekam ich Arbeit bei der Firma Richard Wählisch, Saatwinkler Damm 65/67, zugewiesen. »Trümmer räumen«, sagte der Beamte. »Arbeitsbeginn: Montag, 6 Uhr.«
Nach meinen Erfahrungen bei der Deutschen Waffen- und Munitionsfabrik war ich auf das Schlimmste gefaßt, als ich mich am folgenden Montag auf den Weg machte. Zwei Wochen vorher war ich in die Rosenstraße eingeliefert worden. »Wählisch« war eigentlich eine Baufirma. Der Inhaber hatte – heute würde man sagen – eine Marktlücke entdeckt und sich darauf spezialisiert, Aufräumarbeiten nach Luftangriffen durchzuführen. Ein paar »arische« Vorarbeiter waren die Aufpasser. Die eigentliche Arbeit machten aber Fremdarbeiter und Zwangsarbeitar. Einige hundert, denke ich.
Zuerst habe ich es gar nicht glauben wollen: Bei dieser Firma ging es einigermaßen menschlich zu. Die Arbeit selbst war sehr schwer. Ich – wir alle waren doch nur Leichtgewichte. Es gab zwar noch etwas zu essen. Aber gerade für uns Juden nichts wirklich Nahrhaftes mehr. Kein Gemüse, kein Obst, keine Eier, kein Fleisch, keine Milchprodukte. Jeder von uns arbeitete mit seinen letzten Kräften. Es gab doch keine großartigen Räumgeräte wie Bagger oder Kräne. Wir arbeiteten mit Spitzhacken, Schaufeln, Seilwinden. Und meistens mit unseren Händen. Ich war aber an der frischen Luft und nicht mehr in der gasverseuchten Halle der Munitionsfabrik. Immerhin wurden wir nicht mehr geschlagen, so gut wie nie beschimpft. Das war wie eine Erlösung. Die Vorarbeiter redeten in völlig normalem Ton mit uns, manchmal auch freundlich. Bald fuhr ich mit ganz anderen Gefühlen zur Arbeit als noch vor Wochen, ohne Angst vor Schikanen und Erniedrigungen. Ähnlich erging es auch meinem Vater. Er war einer Fabrik in Tempelhof zugeteilt worden, die Elektromotoren baute. Keine Knochenarbeit wie der Gleisbau. Und die Vorgesetzten schikanierten ihn, den Juden, nicht.
Für mich brachte die neue Arbeit einen ungeahnten Vorteil. Ich hatte nämlich keinen festen Arbeitsplatz mehr. Wir wurden da eingesetzt, wo es Zerstörungen durch Fliegerangriffe gegeben hatte. Das konnte niemand vorherwissen. Ich bekam daher eine Fahrerlaubnis, auf der vermerkt war: »...von Wohnung nach veränderlicher Arbeitstelle«. Diese Fahrerlaubnis konnte ich

also auch einmal privat benutzen, nach Feierabend zum Beispiel, um noch irgend etwas zu erledigen.
Eine meiner ersten Einsatzstellen war in der Kurfürstenstraße. Als ich in aller Frühe ankam, traute ich meinen Augen nicht. Da stand der junge Ordner aus der Rosenstraße, der mir meinen Vater gesucht hatte. Ich redete ihn sofort an. Er konnte sich an mich nicht erinnern. Jedenfalls hatten wir uns eine Menge zu erzählen. Robert – so hieß er – Robert Bauer – war 20 Jahre alt und hatte Ähnliches erlebt wie ich. Er stammte auch aus einer »Mischehe«, in der der Vater Jude war. Zur Zwangsarbeit war Robert schon 1940 verpflichtet worden, in einer Fabrik, die Wehrmachtsuniformen herstellte. Für Robert war es sehr belastend, daß seine Eltern fürchterlich unter den Ungewißheiten und der ständigen Lebensangst litten. Gerade seine Mutter schien diese ständige nervliche Belastung kaum noch ertragen zu können.
Leider lebte Robert am anderen Ende von Berlin, im Osten, wie man schon damals sagte. Nicht im Scheunenviertel, der Wohngegend der Ostjuden, die da schon längst nicht mehr lebten, sondern in Lichtenberg, einer Gegend, in der nur wenige Juden wohnten. Leider trennten sich nach Arbeitsende unsere Wege immer sehr schnell, obwohl wir uns gerne mochten.
In der Umgebung der Kurfürstenstraße hatten wir tagelang zu tun. Tagtäglich konnten wir dort zwischen 8 und 9 Uhr die Ankunft eines jugendlich wirkenden SS-Offiziers beobachten. Der fuhr mit einem Wagen vor und betrat das Haus Kurfürstenstraße 115/116, in dem häufig SS-Leute ein- und ausgingen. Am dritten oder vierten Tag ging dieser SS-Offizier nahe bei uns vorbei. Er sah zu uns herüber, zögerte einen Moment und rief uns dann zu: »Na, Jungs, alles in Ordnung!?« – »Jawohl!« riefen wir zurück. Der Vorarbeiter meinte uns informieren zu müssen: »Da hat die SS eine Dienststelle.«
Ja, da hatte die SS in der Tat eine Dienststelle. Nämlich das sogenannte »Judenreferat«! Und der SS-Offizier war Adolf Eichmann gewesen, der diese Dienststelle leitete. Von ihm hatte meine Schwester erzählt, als Eichmann mit Brunner in der Jüdischen Gemeinde in der Oranienburger Straße aufgetaucht war. Dieser Adolf Eichmann organisierte von der Kurfürstenstraße aus die Judendeportationen aus ganz Europa in die Vernichtungslager. Damals habe ich davon allerdings nichts gewußt. Daß uns Eichmann einigermaßen freundlich anredete, verwundert euch vielleicht. Als er später – 1960/61 – in Jerusalem vor Gericht stand, hat er auch immer wieder gesagt, er habe persönlich gar nichts gegen Juden, er habe nur Anweisungen und Befehle befolgt. Das haben alle gesagt, die nach dem Krieg wegen der Ermordung von Juden angeklagt waren.

Berlin »judenfrei«?

Am 19. Mai 1943 sollen die Nazis verkündet haben, Berlin sei »judenfrei«. So kann man es jedenfalls lesen. Damals habe ich von einer solchen Proklamation oder etwas Ähnlichem nichts mitbekommen. Das wäre auch nicht glaubwürdig gewesen, denn in Berlin lebten Mitte 1943 noch einige tausend Juden. Über 6000. Völlig legal. In Mischehen zum Beispiel. Viele von ihnen, wie mein Vater und ich, mußten auch weiterhin den »Judenstern« tragen. Für jeden also sichtbar. Aus dem Geschenk, das Goebbels angeblich Hitler machen wollte, war nichts geworden. Nicht zuletzt hatten ihm die Frauen in der Rosenstraße einen Strich durch die Rechnung gemacht. Außerdem hielten sich zu jenem Zeitpunkt sicher noch einige tausend untergetauchte Juden in Berlin versteckt. Die meisten allerdings gingen im Laufe der Monate der Gestapo ins Netz.
Die Nazis hatten im Zuge der »Fabrik-Aktion« allein im März 1943 beinahe 8000 Juden aus Berlin deportiert. In den ersten fünf Monaten des Jahres insgesamt über 15000. Alle Transporte endeten in Auschwitz.
Am 10. Juni 1943 löste die Gestapo schließlich die Jüdische Gemeinde und die Reichsvereinigung auf. Die Vorstände wurden mit ihren Familien nach Theresienstadt transportiert. Im ehemaligen Jüdischen Krankenhaus im Wedding richtete die Gestapo eine Stelle ein, an die sich die noch in Berlin lebenden Juden wenden konnten, zum Beispiel in persönlichen Angelegenheiten, im Krankheitsfall. Dort bestand dann noch bis zum Kriegsende das letzte Sammellager für aufgegriffene Juden oder für Juden, die erwischt worden waren, als sie irgendeine dieser antijüdischen Bestimmungen nicht eingehalten hatten. Als mein Vater und ich in den letzten Kriegswochen dort gefangen waren, konnten wir nicht mehr nach Auschwitz gebracht werden. Die Vernichtungslager im Osten waren zu jenem Zeitpunkt schon längst von der sowjetischen Armee befreit worden.

Goebbels: »Ich möchte nicht, daß Juden noch mit dem Judenstern in der Reichshauptstadt herumlaufen.«

Die Judenfrage in Berlin ist immer noch nicht ganz gelöst. Es befindet sich noch eine ganze Reihe von sogenannten »Geltungsjuden«, von Juden aus privilegierten Mischehen und auch von Juden aus Mischehen, die nicht privilegiert sind, in Berlin. Daraus entsteht eine Unmenge von außerordentlich schwerwiegenden Problemen. Jedenfalls veranlasse ich, daß alle Juden, die sich jetzt noch in Berlin befinden, einer erneuten Prüfung unterzogen werden. Ich möchte nicht, daß Juden noch mit dem Judenstern in der Reichshauptstadt herumlaufen. Entweder muß man ihnen den Judenstern nehmen und sie privilegieren, oder sie im anderen Falle endgültig aus dem Reichsgebiet evakuieren. Ich bin der Überzeugung, daß ich mit der Befreiung Berlins von den Juden eine meiner größten politischen Leistungen vollbracht habe. Wenn ich mir vorstelle, wie Berlin im Jahre 1926 aussah, als ich hierher kam, und wie es im Jahre 1943 aussieht, nachdem die Juden endgültig evakuiert werden, dann kann ich erst ermessen, was auf diesem Gebiet geleistet worden ist.

(J. Goebbels: Tagebücher 1942/43; Eintrag vom 18. April 1943)

Der »Mischlingsball«

Eines Tages – irgendwann im Sommer – erzählte mir Robert, er habe einen alten Schulfreund wiedergetroffen. Der sei auch in der Rosenstraße gewesen und habe ihm gesagt, daß es an jedem Sonntag bei einem Ehepaar – einem »Mischehepaar« – einen Musiknachmittag mit Tanz geben würde. Da träfen sich immer so sieben, acht junge Leute. »Mischlinge« wie wir. Das zu betonen, ist eigentlich überflüssig. Denn wenn es nach der »Fabrik-Aktion« in Berlin noch junge Juden gab, die sich in der Öffentlichkeit zeigen konnten, dann handelte es sich nur um Kinder aus »Mischehen«. Ich erzählte meinen Eltern davon, und sie redeten mir zu, dahin zu gehen. Es sei sicher nicht im Sinne von Lili, wenn ich eine solche Einladung nicht annähme.

So traf ich mich an einem Sonntagnachmittag im Juni 1943 mit Robert, und wir zogen zum Tanztee. Der fand bei dem Ehepaar Rosenbaum statt, gar nicht so weit von uns entfernt, in der Dahlmannstraße. Herr Rosenbaum war stark gehbehindert und konnte daher nicht zur Zwangsarbeit eingesetzt werden. Er war ein ausgezeichneter Pianist und früher Berufsmusiker gewesen. Am 27. Februar, dem Tag der »Fabrik-Aktion«, war er unter einem Vorwand aufs Polizeirevier bestellt worden. Von dort hatte ihn ein Polizist mit zwei oder drei weiteren Juden zum Lager Levetzowstraße gebracht – mit der Straßenbahn übrigens – und später dann in die Rosenstraße. Seine Frau gehörte in den nächsten Tagen zu den ganz unermüdlichen Protestiererinnen. Tag und Nacht. Bis zur Erschöpfung. Herr Rosenbaum war wie ich am 7. März in der Rosenstraße entlassen worden.

Die Rosenbaums wohnten in einer kleinen Wohnung, die ursprünglich zu einem winzigen Geschäft gehörte, einem Schneiderladen, den Frau Rosenbaum betrieben hatte. In dem Wohnraum standen ein Flügel und Sitzgelegenheiten. Merkwürdigerweise waren die Nazis noch nicht auf die Idee gekommen, den Juden die Musikinstrumente wegzunehmen. Das hatten sie wohl vergessen. Jedenfalls machte Herr Rosenbaum auf dem Flügel Musik. Seine Frau hatte sogar immer eine Kleinigkeit gebacken, und sie brachte uns sogar die ersten Tanzschritte bei. Bald hieß unsere Zusammenkunft »Mischlingsball«.

Sara

Am dritten oder vierten Samstag brachte eine Nichte von Frau Rosenbaum eine Freundin mit. Sara. Und Sara hieß tatsächlich »Sara«. Ich hatte mich sofort in sie verliebt. Ihr Vater war auch im Zuge der »Fabrik-Aktion« in der Rosenstraße gewesen. Wie meine Mutter hatte auch Saras Mutter dort protestiert. Sie selbst war am 27. Februar bei einer Straßenjagd gefangengenommen worden. Damals arbeitete sie als Zwangsarbeiterin bei der Stadtreinigung. Sie wurde aber nicht in der Rosenstraße, sondern einige Tage in dem ehemaligen jüdischen Altersheim in der Großen Hamburger Straße festgehalten. Auch vor diesem Gebäude hat es Proteste von Angehörigen gegeben. Von dort wurde sie als »Mischling 1. Grades« entlassen.
Als ich Sara kennenlernte, schuftete sie in einer Brotfabrik. Sie hatte mal Frühschicht, mal Spätschicht, mal Nachtschicht. Ihr könnt euch vorstellen, daß wir nur ganz wenige Möglichkeiten hatten, uns zu sehen. Oft wußten wir gar nicht, wann wir uns wiedersehen würden, und mußten das mehr oder weniger dem Zufall überlassen. Einmal sahen wir uns in zwei Straßenbahnen, die aneinander vorbeifuhren.
Unseren Eltern trauten wir uns von unserer Zuneigung auch nicht zu erzählen. Das war aber kein besonderes Problem jüdischer Familien. Vielmehr galten Freundschaften zwischen Jungen und Mädchen in dem Alter als verfrüht. Verliebt zu sein – das ist im Grunde ja ein schönes Gefühl. Verliebt zu sein und beinahe nur Sehnsucht zu haben – da kann einem schon das Herz schwer werden. Aber verliebt zu sein angesichts der quälenden Ungewißheit über das letztendliche Schicksal von uns Juden, angesichts der Frage, ob die Nazis eines Tages nicht doch noch die in »Mischehen« lebenden Juden und deren Kinder deportieren würden, angesichts der lebensbedrohenden Luftangriffe und des Kriegselends, angesichts der Zwangsarbeit… – da glaubte ich oft, all diese Gefühle und Gedanken nicht mehr ertragen zu können.
Im Sommer ließen übrigens die Luftangriffe nach. Die Nächte waren zu kurz, als daß die schweren langsamen Bomber im Schutze der Dunkelheit von England nach Berlin und wieder zurück hätten fliegen können. Tagesangriffe gab es erst 1944. Vereinzelt flogen die Engländer mit kleinen schnellen Flugzeugen – »Moskitos« nannten wir sie – Angriffe auf Berlin. Die Schäden waren nicht groß, und wir hatten weniger zu tun. Es kam sogar vor, daß wir jüdischen Jungen schon am späten Nachmittag von dem Vorarbeiter nach Hause geschickt wurden. An solchen Nachmittagen habe ich oft Lebensmitteleinkäufe für die Familie erledigt.

Berlin brennt -»The Battle of Berlin« – 1943/44

Im Juli 1943 hatte es schreckliche Luftangriffe auf Köln und Hamburg gegeben. Da die Nazis wohl Ähnliches für Berlin befürchteten, begannen sie im Sommer große Teile der Bevölkerung zu evakuieren. Hunderttausende, meistens Frauen mit ihren Kindern, verließen die Stadt, um in ländlichen Gebieten Ruhe vor den Luftangriffen zu finden.
Der November brachte dann Luftangriffe in bis dahin nicht dagewesenem Ausmaß. Innerhalb von 14 Tagen, bis in die ersten Dezembertage hinein, flog die britische Luftwaffe fünf schwere Nachtangriffe. Neu war, daß sie ganz systematisch große Stadtflächen bombardierten. Von Charlottenburg bis zum Alexanderplatz. Wo die letzten Bomben gefallen waren, gingen beim nächsten Angriff die ersten nieder. Die Stadt brannte manchmal noch, wenn in der folgenden Nacht ein neuer Luftangriff geflogen wurde. Tausende von Wohnhäusern, das Geschäftsviertel des Zentrums, das Regierungsviertel, das Diplomatenviertel – alles ging in Flammen auf. Der Tiergarten, diese wunderschöne Parkanlage, glich einer zerschossenen Waldlandschaft aus dem Ersten Weltkrieg. Wir schafften es kaum noch, die Straßen von Trümmern freizumachen und die ausgebrannten Fahrzeuge wegzuräumen. Unser Wohngebiet, südlich der Ost/West-Strecke der S-Bahn, blieb merkwürdigerweise von diesen Flächenbombardements verschont. Von vereinzelten Treffern abgesehen. Der Dachstuhl des Hauses, in dem Sara wohnte, brannte aus. War ich aufgeregt, bis ich Sara wiedersah! Ihr war nichts geschehen.
Im Dezember wurden Robert und ich mit anderen Zwangsarbeitern für einige Monate zu Räumarbeiten in den Zoo abkommandiert. Es war auch schrecklich zu sehen, wie viele Tiere umgekommen waren.
Diese Luftangriffe waren wirklich etwas Fürchterliches. Menschen, mit denen man noch Stunden, ach, Minuten vorher gesprochen hatte, waren plötzlich tot. In den Kellern erstickt oder verbrannt oder von Trümmern erschlagen. Häuser, die man noch gesehen hatte, bevor man in einem Keller oder Bunker Schutz suchte, lagen Minuten später in Schutt und Asche.
Niemand wußte, wenn Fliegeralarm war, ob er nicht selbst bei einem Luftangriff umkommen würde. Das Leben wurde – und das galt für uns Juden ohnehin – von unendlich vielen Zufällen abhängig. Man selbst hatte einen Luftangriff überlebt, aber das Haus war zerstört worden. Im Keller eines Nachbarhauses aber waren alle Menschen unter dem Feuer erstickt. Zufall. Ein anderer Zufall: In einer Häuserreihe wurde nur ein einziges Haus getroffen. Warum gerade dieses? So geschah es mit unserem Wohnhaus in der Mommsenstraße. Das war aber erst im März 1945, als wir schon nicht mehr dort wohnten.
Und dennoch empfanden wir Juden – wir jungen Juden zumal – diese Luftangriffe nicht nur als schrecklich, denn sie ermöglichten uns – besonders in

den Stunden unmittelbar danach – eine gewisse Freiheit. Überall waren noch Brände zu löschen. Verletzte und Tote wurden geborgen. In den Trümmern wühlten die Menschen nach Habseligkeiten. Die Ausgebombten suchten eine neue Bleibe. In diesen sechs, acht oder zehn Stunden nach einem Luftangriff kümmerte sich so gut wie niemand um uns Juden. Als wir das erst einmal gemerkt hatten, da trauten wir uns, keinen Judenstern zu tragen und vielleicht sogar einmal ins Kino zu gehen.
Im April 1944 war die »Battle of Berlin« nach 16 Großangriffen mit Tausenden von Bombern vorbei. Heute wissen wir, daß die Flugzeuge zur Vorbereitung der großen alliierten Offensive im Juni 1944 in der Normandie gebraucht wurden. Die Innenstadt Berlins lag quadratkilometerweise in Schutt und Asche. Aus der »Steinernen Stadt« war eine Steinwüste geworden. Tausende waren umgekommen, Zehntausende verletzt.

Greifer

Anfang März 1944 – ein Jahr nach meiner Entlassung aus der Rosenstraße – war der Luftkrieg übrigens verschärft worden. Tagesangriffe! An drei Tagen flogen Hunderte von amerikanischen Bombern Berlin an. Die deutsche Luftwaffe und die Luftabwehr waren den Alliierten vollkommen unterlegen. Diese Angriffe am hellichten Tage steigerten die Ängste der Menschen ins Unermeßliche. Wenn Alarm gegeben wurde, mußte jeder schnell zusehen, daß er einen halbwegs sicheren Schutz fand. Bei Nachtangriffen hielt man sich meistens in einem Wohnhaus oder auf einer Arbeitsstelle auf und kannte »seinen« Luftschutzkeller. War man aber tagsüber unterwegs, fuhr mit dem Bus oder mit der Bahn, dann ging die Rennerei um das Leben los. Denkt nur an Frauen mit Kindern, an alte Leute, an Kriegsversehrte!
An einen solchen Tagesangriff erinnere ich mich noch sehr genau. Wir saßen im Bunker am Zoo, direkt neben unserer Einsatzstelle, dem Zoologischen Garten. Wir Zwangsarbeiter in einer für uns reservierten Ecke eines großen Luftschutzraumes. Man hörte, daß der Schwerpunkt des Angriffes nicht die Zoogegend war, was sich auch sofort ein wenig auf die Stimmung im Bunker auswirkte. Robert sprach leise zu mir: »Da hinten, die blonde Frau in dem grünen Kleid, die kenn ich. Die ist Jüdin, glaube ich.« – »Ohne Stern?« – »Na ja, untergetaucht. Wir wollen mal nicht so hinsehen. Vielleicht merkt sie's.«
Wir wollten die Frau selbstverständlich nicht in Schwierigkeiten bringen, wenn sie wirklich eine illegal lebende Jüdin war. Dennoch achteten wir auf sie, als wir nach der Entwarnung den Bunker verließen. Und was tat sie? Sie sprach zwei Soldaten an, die am Bunkerausgang postiert waren. Dann ging alles sehr schnell. Die Frau deutete auf einen Mann mittleren Alters, der hin-

ter uns ging. Die Soldaten stellten ihn. Der Mann zeigte irgendwelche Ausweispapiere. Die schienen den Soldaten nicht zu reichen. Sie führten ihn ab. Die Frau aber war plötzlich verschwunden. »Eine Greiferin«, sagte Robert. »Meinst du?« Robert wird recht gehabt haben. Die »Greifer« – und das waren eben nicht nur Männer – sind eine schlimme Erscheinung gewesen. Sie waren Juden, die für die Gestapo arbeiteten und illegal lebende Juden ans Messer lieferten. Bevor man allerdings über diese »Greifer« ein Urteil fällt, sollte man wissen, daß sie von der Gestapo oft unter einen ungeheuren Druck gesetzt wurden. »Solange du für uns arbeitest, stellen wir dich und deine Angehörigen von den Deportationen zurück. Deine Aufgabe ist, uns monatlich einen illegal lebenden Juden zu verraten. In jedem Monat, in dem du das nicht machst, bringen wir einen deiner Angehörigen um. Deine Eltern. Deinen Mann (oder deine Frau). Deine Kinder. Wenn du selbst untertauchst oder Selbstmord begehst, werden alle sofort deportiert.« Was sollte man da machen? Man konnte nur froh sein, wenn die Gestapo einen selbst nicht auf diese Weise in den Fängen hatte. Diese Frau, die Robert und ich beobachtet hatten – war sie nun ein Opfer oder eine Täterin? Oder beides zugleich? Wie hättet ihr als Richterin oder Richter geurteilt, wenn ihr nach dem Krieg über solche Menschen hättet zu Gericht sitzen müssen?
Dazu ist es aber nur in Einzelfällen gekommen. Denn die Gestapo hat die Juden, die für sie arbeiteten, auch deportiert. So erging es letztlich auch den Männern von Brunners Judenpolizei, über die ich schon gesprochen habe. »Der Mohr hat seine Schuldigkeit getan; der Mohr kann gehen.« Die einzige Vergünstigung war vielleicht, daß sie nach Theresienstadt kamen. Da ist es aber nicht selten vorgekommen, daß sie von ihren Opfern erkannt wurden. Und dann hat selbst die SS sie nicht vor der Wut ihrer Opfer retten können. Sie wollte es wohl auch nicht.
Ihr seht: Auch wenn jemand eindeutig ein Opfer von Gewalt ist, können sich Situationen ergeben, in denen sich auch dieser Mensch anderen Menschen gegenüber schuldig macht.
Nicht alle »Greifer« oder »Spitzel« sind allerdings von der Gestapo erpreßt worden. Manche Juden haben sich den Nazis regelrecht angedient, in der Hoffnung, so ihr Leben zu retten.
Das war und ist nach moralischen Maßstäben selbstverständlich verwerflich, dadurch und davon zu leben, daß andere sterben. Dennoch bin ich persönlich sehr zurückhaltend, diese Menschen vorbehaltlos zu verurteilen. Denkt doch nur in unserer Zeit an die Waffenproduzenten und Waffenhändler, die in unseren Gesellschaften durchaus angesehene Leute sind. Sie leben aber, ohne daß ihr eigenes Leben in irgendeiner Weise bedroht wäre nur um des Geldes willen davon, daß andere sterben. Und sie leben sehr luxuriös, haben oft noch hohe Positionen in der Politik und sind gesellschaftlich hoch angesehen.

Roberts Geheimnis

Wie mir Robert später sagte, belastete ihn während all dieser Monate ein Gewissenskonflikt. Denn Robert gehörte einer kleinen illegal arbeitenden Gruppe von Juden an. Diese Gruppe war aus der jüdischen Jugendbewegung hervorgegangen. Sie hatte es sich zur Aufgabe gemacht, junge Juden, deren Eltern beispielsweise deportiert worden waren, durchzubringen. Vielfach waren diese Jungen und Mädchen aus Landwirtschaftsschulen gekommen, in denen sie sich auf ihre Auswanderung nach Palästina vorbereiten wollten. Das hatten die Nazis eine Zeitlang geduldet. In allen Fällen waren »Mischlinge« und ihr jüdischer Elternteil gefährdet, wenn sich der nichtjüdische Teil scheiden ließ. Das bedeutete unausweichlich Deportation, wenn auch nach Theresienstadt und nicht sofort in ein Vernichtungslager.

So versuchte die Gruppe um Robert, gefälschte Ausweis- und Arbeitspapiere zu beschaffen, halbwegs sichere Übernachtungsmöglichkeiten zu finden, Lebensmittel zu besorgen und vieles mehr. Diese Probleme hatte Robert immer im Kopf, wenn er mit Menschen redete. Er versuchte herauszufinden, von wem er Hilfe erwarten könnte. Untergetauchten Juden zu helfen – auch das war ein tödliches Risiko. Kein Wunder, daß es nur wenige gab, die diese Gefahr eingingen. Es gab aber auch immer weniger, die überhaupt helfen konnten. Wer ausgebombt und selbst in einer fremden Wohnung einquartiert war, konnte nicht noch ein untergetauchtes jüdisches Mädchen oder einen untergetauchten jüdischen Jungen als irgendeinen Verwandten aus einer anderen Stadt präsentieren.

Besondere Hoffnungen setzte die Gruppe immer in »Mischehe«-Familien. Hier brauchte man die Nöte der Juden nicht lang zu erklären, und dem nichtjüdischen Elternteil war es immerhin möglich, sich uneingeschränkt in Berlin zu bewegen.

Durch diesen Elternteil ergaben sich teilweise sogar Kontakte zu nichtjüdischen Familien oder einzelnen Personen. Allerdings waren die »Mischehe«-Familien praktisch sofort der Deportation – und das bedeutete den sicheren Tod – preisgegeben, wenn der Gestapo die Unterstützung von untergetauchten Juden bekannt wurde. Meistens geschah das durch Denunzierungen von Nachbarn, von »anständigen« Deutschen. Eine »Mischehe«-Familie konnte man in jedem Fall furchtloser um die Unterstützung von Illegalen bitten, weil man hier vor Verrat praktisch hundertprozentig sicher sein konnte. In diesem Zusammenhang kann ich eine Tatsache nicht ungesagt lassen: Aus der nichtjüdischen Bevölkerung waren es im Vergleich zu anderen Ländern wie Holland oder Dänemark erschreckend wenig Menschen, die Juden halfen oder sich zu ihnen bekannten. In den meisten Fällen waren es auch gar nicht die sogenannten »besseren Kreise«, sondern Arbeiterfamilien zum Beispiel, sogar Ausgegrenzte der Gesellschaft wie Prostituierte, Homosexuelle. Uns

hat zum Beispiel eine Prostituierte das Leben gerettet. Aus den bürgerlichen Schichten waren es nur ganz wenige, die untergetauchten Juden halfen, obwohl es für sie oft viel leichter gewesen wäre.
Als ich später mit Robert darüber sprach, was ihn letztlich dazu ermutigt habe, meine Eltern um Hilfe bei der Unterstützung der illegal arbeitenden Gruppe zu bitten – Untergetauchte hießen damals »U-Boote« –, da sagte er: »Ich sah keinen Ausweg mehr. Und du hattest mir erzählt, deine Eltern hätten immer den Grundsatz vertreten, daß man sich anderen Menschen gegenüber stets so verhalten sollte, wie man selbst behandelt werden möchte.« So saß also Robert an einem Sonntag im April 1944 bei uns in der Wohnung und erzählte leise – wir hatten ja doch noch Zwangsuntermieter, auch »Mischehe«-Familien – von dem Entstehen und der Arbeit seiner Gruppe. Was Robert erzählte, war zunächst eine Geschichte ohne irgendwelche Besonderheiten. Ihr wißt doch sicher, was Pfadfinder sind. So etwas Ähnliches gab es auch innerhalb des Judentums in Deutschland, gerade in Berlin. Dadurch, daß die Juden mehr und mehr in die Isolierung gedrängt worden waren, hatten solche Gruppen für jüdische Kinder und Jugendliche eine große Bedeutung. Als aber die Deportationen einsetzten, schrumpften die Gruppen, manche lösten sich auf. Nicht die von Robert. Sie hatten einen sehr engagierten jungen Mann als Leiter. Samuel Engel.
Dieser Samuel Engel bekam gemeinsam mit seinen Eltern einige Wochen vor der »Fabrik-Aktion« die Aufforderung zur Deportation. Er tauchte unter. Ein Entschluß, der ihm nicht leichtgefallen war. Aber zu der Zeit gab es in seiner Gruppe schon einige Mädchen und Jungen, die illegal lebten und um die er sich bereits kümmerte. Es kam nämlich der 27. Februar 1943. Die »Fabrik-Aktion«. Dabei wurden die Nazis eben nicht aller Juden habhaft. Es entkamen jene, die gewarnt worden waren oder vielleicht aufgrund von Gerüchten eine Aktion gegen die Juden befürchteten. Und es gab Jugendliche, auch Kinder, deren Eltern deportiert worden waren, die den Nazi-Häschern aber aus irgendwelchen Gründen durch die Fänge gegangen waren, oder die sich versteckt hielten, als klar wurde, was sich abspielte. So erging es auch einigen aus der Gruppe von Samuel Engel.
Man kann sich gar nicht vorstellen, was Samuel alles getan hat. Insbesondere in den ersten Tagen. Unter Zeitdruck. Die Suche nach Unterkünften. Wenigstens für die Nächte. Das Beschaffen von Lebensmitteln. Ein bißchen leichter wurde es, als nach den Entlassungen in der Rosenstraße die »Mischehe«-Familien wieder zusammenfanden. Ohne deren Hilfe hätten Hunderte in der Illegalität gar nicht überlebt. So suchte und bekam Samuel wieder den Kontakt zu Robert und zu einigen anderen »Mischlingen« und deren Familien.
»Aber es blieb nicht bei der Zahl von fünf, sechs Untergetauchten«, erzählte Robert weiter. »In den nächsten Monaten erfuhren wir immer wieder von größeren Kindern oder Jugendlichen, die plötzlich alleine dastanden. Oder ein U-Boot brachte einfach ein anderes mit.

Bald wurde uns klar, daß es ganz unmöglich war, so viele U-Boote zu versorgen. Das überforderte unsere Kräfte und Möglichkeiten. Mädchen waren noch einigermaßen leicht unterzubringen. Aber 17-, 18- oder 20jährige Jungen, im wehrfähigen Alter also, waren immer in Gefahr, scharf kontrolliert zu werden, wenn sie sich auf den Straßen sehen ließen. Die einzige Lösung: Wir mußten Mittel und Wege finden, die Untergetauchten ins Ausland zu bringen, zumindest die Älteren. In die Schweiz. Schweden wäre auch möglich gewesen, aber die Ostsee bereitete zu große Schwierigkeiten. Jugendliche, deren Eltern deportiert worden waren, würden die Schweizer Behörden vielleicht nicht zurückschicken, wie sie es schon mit anderen Juden getan hatten. Da kam uns ein großer Zufall zu Hilfe. Wenn nicht die Zufälle wären... Eines Tages nämlich – auf einem S-Bahnhof – hörte Samuel seinen Namen rufen. Er bekam einen riesigen Schreck, war aber gleich beruhigt, als er einen alten nichtjüdischen Bekannten, einen Nazi-Gegner, erkannte. Der wiederum wußte von einem Mann, der Drucker und Schriftsetzer zugleich war und illegale Ausweispapiere für viel Geld herstellte. Er wolle seiner Familie wenigstens Geld hinterlassen, wenn die Gestapo ihn schnappen würde, sagte der Drucker – Schneider hieß er – als Begründung für seine hohen Geldforderungen.
So wurde also das Beschaffen von Geld ein weiteres Problem. Das ist manchmal schwer, manchmal leicht. Denn für viele, die Untergetauchten helfen wollen, ist es am leichtesten und gefahrlosesten, Geld zu geben.«
Und Robert fuhr fort: »Dann, im letzten November, wurde Samuel auf dem Schlesischen Bahnhof von zwei Gestapo-Männern in Zivil kontrolliert. Irgend etwas schien denen an seinen Papieren nicht zu gefallen. Samuel riskierte Kopf und Kragen, um ihnen zu entkommen. Er wollte zunächst nicht einsehen, daß er nun nicht mehr in Berlin bleiben konnte. Er mußte in die Schweiz entkommen. Länger als eine Woche hielt er sich versteckt, bis Schneider neue Papiere für ihn hatte. Seither organisiere ich alles für die U-Boote. Im Moment sind es fünf. Manches ist leichter, weil ich ja nicht illegal lebe wie Samuel. Meine Eltern wissen das natürlich. Sie haben aber große Ängste um mich.«
Meine Mutter fiel Robert beinahe noch ins Wort: »Gott, Robert, was ihr alles mitmacht. Wenn euch die Nazis schon nicht ermorden, so stehlen sie euch doch eure Jugend. Zwangsarbeit. Untergrund. Und wenn ihr auch durchkommt – wie werdet ihr mit all dem, was ihr erlebt habt, später überhaupt leben können?«
»Und wie können wir euch helfen?« wollte mein Vater wissen. »Da ist eine große Schwierigkeit«, redete Robert weiter. »Vor vier Tagen klingelte es abends an unserer Tür. Wir bekamen einen riesigen Schrecken, wie immer, wenn man niemanden erwartet. Vor der Tür standen zwei Männer, offenbar Schweizer. Der eine sagte, sie seien Kuriere und sollten einen Koffer mit Geld abgeben. Meine Mutter bestand heftig darauf, daß es sich um einen Irrtum handeln müsse. Mir kam sofort Samuel in den Sinn. Sollte es ihm tat-

sächlich gelungen sein, Geld zu besorgen und uns zu schicken? Ich mischte mich ein und konnte meine Eltern schließlich überreden, den Koffer zu nehmen. Als wir den Koffer öffneten, durchfuhr uns ein erneuter Schrecken. Meine Mutter brach sofort in Tränen aus. Da lagen bündelweise neue 100-Reichsmark-Scheine. Das Geld haben wir, so gut es geht, in unserer Wohnung versteckt. Da kann es aber nicht bleiben, denn meine Mutter hat wahnsinnige Angst. Sie will damit nichts zu tun haben.«
Wir überlegten gemeinsam. Das kleine Gartengrundstück von Tante Luise an der S-Bahn-Strecke kurz vor dem Bahnhof Mariendorf fiel uns ein. Diese Kleingartenkolonien mit Wochenendhäuschen waren für viele Menschen, die ausgebombt waren, zur Bleibe geworden. Und so klein die Gärten auch sein mochten, Kartoffeln und Gemüse konnte man immer anpflanzen.

Jizchak Schwersenz leitete den **Chug Chaluzi**, *eine Widerstandsgruppe jüdischer Jugendlicher, die sich der Deportation entzogen hatten. Auf der Abbildung Jizchak Schwersenz mit Schülern und Schülerinnen beim Arbeitseinsatz am Wannsee, Juni 1942*

»Es gibt kein fremdes Leid«

So standen wir – meine Mutter, mein Vater und ich – plötzlich mitten in der illegalen Tätigkeit, im Kampf für das Überleben von untergetauchten Juden. Eine tödliche Gefährdung für uns alle! Nach den Ereignissen in der Rosenstraße schien es immerhin einen gewissen Schutz für »Mischehen« und deren Kinder zu geben. Aber eben nur dann, wenn sie nicht weiter auffielen, wenn sie brav die antijüdischen Anordnungen beachteten und ihre Zwangsarbeit verrichteten. So haben in Berlin einige tausend Juden die Kriegszeit und damit auch die Nazi-Herrschaft überlebt.
Es gab mehrere hundert Nichtjuden, die untergetauchten Juden halfen. Auch Christen, die das Gebot der Nächstenliebe, das übrigens auch ein sehr wichtiges Gebot in der jüdischen Religion ist, sehr ernst nahmen. Und es gab eben jene nichtdeportierten Juden, die ihre Glaubensbrüder und Glaubensschwestern unterstützten. Manchmal war es von einem Zufall abhängig, ob jemand vor die Fragen gestellt wurde: Machst du dabei mit, Untergetauchten zu helfen? Bringst du dich in Lebensgefahr? Oder hältst du dich da raus? Bei einer solchen Entscheidung kam für die meisten Menschen noch hinzu, daß ihre Angehörigen ebenfalls gefährdet wurden.
»Wenn es um das Leben von Juden geht, dann kann es für uns kein fremdes Leid geben. Keine Not, die uns nichts angeht.« Das hatte meine Mutter sehr bestimmt gesagt, als Robert die Gefährdung ansprach, der wir nun ausgesetzt waren. Durch die Entscheidung kam neue Unsicherheit, neue Gefahr in unser Leben. Wenn die Gruppe auffliegen würde, hätte das unser Ende bedeutet. Normalerweise jedenfalls.
Mein Vater wurde so etwas wie der Finanzminister von Roberts Gruppe. Noch zwei- oder dreimal erhielten wir durch Kuriere mit Diplomatenstatus aus der Schweiz eine große Summe Geld. Wir versteckten es wieder in der Laube meiner Tante. Wenn etwas gebraucht wurde, holte meist meine Mutter das Geld, und ich übergab es Robert. Später habe ich es manchmal direkt zu einem Bäcker gebracht, der die Gruppe mit Brot versorgte.
Wochenlang, monatelang ging alles gut. Dabei kam uns zugute, daß die Situation in Berlin immer unübersichtlicher wurde. Die Kriegswirren dürften es auch der Gestapo erschwert haben, die Menschen in der Stadt zu kontrollieren. Dann kam der 6. Juni 1944. Die westlichen Alliierten begannen die Invasion in der Normandie. Wie ein Lauffeuer verbreitete sich diese Nachricht. Und als klar wurde, daß die Nazi-Armee weiter und weiter zurückgeworfen wurde, waren wir sicher: Das war der Anfang vom Ende der Nazi-Herrschaft. Es war auch ganz auffällig, daß immer weniger Leute in der Öffentlichkeit ihr Parteiabzeichen trugen. Die Normandie aber lag tausend Kilometer und mehr von Berlin entfernt. Es würde unendlich lange dauern, bis die Alliierten das Reichsgebiet erreicht und erobert haben würden. Für uns und alle Nazi-Gegner eine Ewigkeit.

»Die Frau meiner Träume«

Ich habe ja schon erzählt, daß wir riskiert haben, in die Oper oder in ein Konzert zu gehen. Ohne »Judenstern«. Manchmal sind wir auch einfach ins Kino gegangen. Wir haben wegen der banalsten Filme tatsächlich unser Leben aufs Spiel gesetzt. Einen bestimmten Tag werde ich nie vergessen.
Marika Rökk war damals ein ganz großer Filmstar. Sie hat in vielen dieser Musik- und Revuefilme Hauptrollen gespielt, die die Nazis zur Ablenkung und Unterhaltung der Bevölkerung drehen ließen. Eine simple Handlung, meistens eine Liebesgeschichte, mit Schlagern und Tanzszenen. Von ihrem Film »Die Frau meiner Träume« sprach damals ganz Berlin. Wir Jungen träumten natürlich auch von Marika Rökk. Eines Tages beschlossen Robert und ich, um 18 Uhr nach Arbeitsschluß in die »Filmbühne Wien« zu gehen. Hätte man uns erwischt, wären wir sofort in den Osten deportiert worden.
Als wir das Kino nach der Vorstellung verließen, ein Riesenschreck. Auf dem Kurfürstendamm Soldaten in Kampfausrüstung. Militärwagen mit Maschinengewehren rasten die Straße entlang. Wir beruhigten uns schnell. Für zwei jüdische Jungen ohne Stern wäre das etwas zu viel Aufwand gewesen. Den Grund für dieses Schauspiel erfuhren wir schnell. »Die Frau meiner Träume« sahen wir am 20. Juli 1944, dem Tag des Stauffenberg-Attentats auf Hitler.
Wenn dieses Attentat und der Staatsstreich geglückt wären, so hätte das für die noch lebenden Juden wahrscheinlich die Erlösung bedeutet. Aber der größte Teil der Deutschen hatte zu diesem Zeitpunkt wohl gar nicht den Willen, sich von dieser Diktatur zu befreien. Für uns Juden war der mißglückte Staatsstreich vom 20. Juli 1944 ein erschreckendes Zeichen dafür, wie gefestigt die Nazi-Herrschaft doch noch immer war.

Die Sache mit Schneider

Im September 1944 entgingen wir nur knapp der Gestapo. Nach Arbeitsschluß sagte Robert zu mir: »Es gibt eine Schwierigkeit. Wir haben niemanden, mit dem sich Schneider treffen könnte, um die Ausweise zu übernehmen. Ich hätte es schon zu oft gemacht, meint er. Meinst du, deine Mutter würde es tun?« Es war klar: Sie würde es machen. »Ich habe mit Schneider die Übergabe Samstagnacht vor der Oper verabredet«, offenbarte uns Robert. »Vor der Oper? Unter den Linden? Nachts? In aller Öffentlichkeit?« meinte mein Vter ein wenig irritiert. »Ist denn das so ungünstig?« erwiderte Robert. »Da steht doch in der Nacht zum Sonntag immer die Schlange.« Richtig. Die Opernkasse öffnete Sonntag morgen um 8 Uhr. Die Karten für die folgende Woche wurden verkauft. Sie waren sehr begehrt, denn es gab während des Krieges immer weniger kulturelle Veranstaltungen. Schon Samstagabend kamen daher viele Menschen zur Opernkasse und stellten sich über Nacht an, oft Hunderte, ausgerüstet mit Schemeln und Decken. Robert wußte, daß es auch für Untergetauchte eine einigermaßen gefahrlose Möglichkeit war, in dieser Menschenschlange eine Nacht zu verbringen. Anscheinend kam die Gestapo nie auf die Idee, dort nach Illegalen zu suchen.
So überzeugte Robert meine Mutter. Aber es blieb uns ohnehin keine andere Wahl, denn man hätte mit Schneider wohl nicht über einen anderen Übergabeort verhandeln können. Mein Vater holte am frühen Samstagabend aus der Laube das Geld und übergab das »Stullenpaket« meiner Mutter am S-Bahnhof Charlottenburg. Am späten Sonntagvormittag kam meine Mutter zurück. Schneider war nicht aufgetaucht. »Das ist kein gutes Zeichen. Wir müssen uns auf das Schlimmste gefaßt machen«, sorgte sich mein Vater. Hatte die Gestapo Schneider erwischt? Würde er die Gruppe verraten? Wer konnte schon den Folterungen widerstehen!
Robert wurde ganz blaß, als ich ihm davon erzählte. »Da muß ich Klarheit haben.« Und die verschaffte er sich. Die Gestapo hatte Schneider tatsächlich erwischt. Sicher hatte er nicht nur für uns gearbeitet. Bevor die Beamten ihn aber verhaften konnten, hatte er Gift geschluckt. Wie es seiner Frau ergangen ist, weiß ich nicht. Obwohl die Gestapo Schneider tot auffand, fühlten wir uns noch tagelang unsicher. Jeden Moment waren wir darauf gefaßt, von der Gestapo abgeholt zu werden. Aber es geschah nichts. Ohne gefälschte Arbeitsbescheinigungen und Ausweispapiere war es allerdings viel schwieriger geworden, den Untergetauchten zu helfen.

David taucht auf

Ende Januar 1945 – eine Zeit ohne Bombenangriffe. »Die Alliierten werden bald hier sein und wollen selbst noch in ein paar Häusern wohnen«, vermutete einer der Zwangsarbeiter. Das war ein Irrtum.
Eines Tages saßen Robert und ich in der Essenspause bequem in den Trümmern. »Jemand hat einen neuen mitgebracht«, sagte Robert. »In einem Keller hat er ihn getroffen, in dem er sich selbst verstecken wollte. Beide haben einen mächtigen Schrecken bekommen. David heißt er. David Hildesheim.« – »Mensch, Robert, den kenn ich. Der war in meiner Klasse.« – »Ganz traurig. Mischehe. Die Mutter hat die Nerven verloren und ist abgehauen. Die Gestapo hatte das sofort spitzbekommen und wollte ihn und seinen Vater nach Theresienstadt deportieren. Kurz davor sind sie untergetaucht. Irgendwie haben sie sich aus den Augen verloren. David hat sich sogar schon einige Male in die versiegelte Wohnung geschlichen, um einmal halbwegs schlafen zu können. Tollkühn – oder wahnsinnig. Kann er nicht mal bei euch schlafen, bis ich etwas gefunden habe?«
Für eine Nacht oder zwei war das kein so großes Problem. In unserer Wohnung lebten doch zwei »Mischehepaare«, eines mit Kind. Es konnte gut sein, daß noch ein weiterer Jude bei uns eingewiesen worden war. Nach außen sah das also nicht sonderlich verdächtig aus. Nur wenn die Gestapo kontrollieren würde – und das machte sie nach Lust und Laune –, dann wären wir aufgeflogen. So schleuste ich David kurz vor der Sperrstunde um 20 Uhr in unsere Wohnung ein. Es war der Tag, an dem die Nazis noch einmal ihre Machtübernahme im Jahre 1933 feierten. Der 30. Januar 1945. Ein letztes Mal gab es große Sprüche.

Hilde – eine unbekannte Heldin

Dummerweise fand Robert kein anderes Quartier. »Es kommt gar nicht in Frage, David, daß du uns verläßt und nicht weißt wohin«, bestimmten meine Eltern. Selbstverständlich waren wir uns alle im klaren, welch ein großes Risiko es war, als David auch eine dritte Nacht in unserer Wohnung blieb.
»Die dritte Nacht, Robert.« – »Ja, das weiß ich doch. Es ist seit Wochen wie verhext. Es gibt keine Quartiere. Ich suche und suche. Meine Abendbeschäftigung. Was finde ich? Zerbombte Häuser. Und die Leute sind nicht aufzufinden. Aber die haben sowieso keine Übernachtungsmöglichkeiten mehr für uns. Heute abend probier ich es mal wieder bei Hilde.« Der Name war neu für mich. »Hilde wohnt am Alex. Sie ist eine Dirne.« Ich muß ziemlich sprachlos ausgesehen haben. Es war noch gar nicht lange her, da hätte ich nicht gewußt, was eine Dirne ist. Damals sprach man über diese Erscheinungen bei weitem nicht so offen wie heute. Schon gar nicht unter Jugendlichen. Hinzu kam: Die Prostitution paßte nicht in das Bild der Nazi-Volksgemeinschaft, in der ja die Familie zur Erhaltung der Rasse und des Volkes eine große Rolle spielte.
»Hilde ist ein Kontakt aus der Zeit, als Samuel untergetaucht war. Eines Abends – er wollte vom Alex aus mit der S-Bahn fahren – wäre er beinahe früheren Nachbarn, die alte Nazis waren, in die Arme gelaufen. Da hat er sich schnell umgedreht und eine Dirne angesprochen, die dort zufällig rumstand. Das war Hilde. Irgendwie hatte Samuel das Gefühl, der Dirne die Situation ungeschminkt erklären zu können. Sein Gefühl hat ihn auch nicht getrogen. Und diese Hilde hat dann gesagt: ›Wenn du mal keine Unterkunft hast, kannst du dich bei mir immer verstecken. Bei mir gehen so viele Männer ein und aus.‹ Als wir dann Wochen später einen Jungen nirgendwo unterbringen konnten, erinnerte sich Samuel an Hilde. Und es hat geklappt. Jetzt halte ich den Kontakt zu Hilde. Stell dir vor: Die will kein Geld fürs Verstecken. Davon habe sie genug, sagt sie jedesmal.« David verbrachte noch einmal eine Nacht bei uns. Am anderen Tag konnte er zu Hilde. Das war der 3. Februar 1945. Ein Samstag.
An diesem Tag flogen die Amerikaner einen Tagesangriff auf Berlin – es war der schwerste Luftangriff des Krieges überhaupt. Beinahe tausend Bomber und Hunderte von Jagdflugzeugen. Es hatte lange Zeit keinen Luftangriff mehr gegeben. Die Stadt war voller Flüchtlinge aus dem Osten, für die es praktisch keine Luftschutzkeller gab. Der Angriff dauerte kaum eine Stunde, aber in dieser Zeit wurde die alte Innenstadt Berlins völlig zerstört. Dabei – glaube ich – auch das Gebäude in der Rosenstraße, unser Gefängnis im März 1943.
An diesem 3. Februar arbeitete unsere Trümmerkolonne wieder in der Zoogegend. Nach der Entwarnung wurden wir noch nach Kreuzberg geschickt,

wo es lichterloh brannte. Spät abends kam ich nach Hause. Wenn ich sagen würde, daß meine Eltern sich Sorgen gemacht hatten, dann entspricht das kaum der Situation. Es waren immer sogleich Ängste. Das Schlimmste anzunehmen, wenn jemand nach einem Bombenangriff nicht zur gewohnten Zeit nach Hause kam, war nicht übertrieben.
Gerade wollten wir uns zum Schlafen hinlegen, als es klingelte. Mehrmals sehr lang. Ich hörte meine Mutter auf dem Flur sagen: »Elf Uhr. Wer kann das nur sein...?« Durch den Türspalt sah ich meinen Vater die Etagentür öffnen. Da stand eine Frau. Offensichtlich in großer Erregung. Schnell trat ich hinzu. »Ich bin Hilde«, sagte sie zu meinem Vater. »Kommen Sie rein. Schnell.« – »Mein Quartier hat einen Treffer bekommen. Der David ist raus und geradewegs zwei Feldjägern in die Arme gelaufen.« Jeder von uns wußte sofort, was das bedeutete. Wenn die Gestapo David in die Hände bekommen hatte, würde es nur eine Frage der Zeit sein, bis sie bei uns vor der Tür stehen würde. Deportation! »Gott, der arme David!« – »Und Sie«, wandte sich mein Vater an Hilde, »sind nur zu uns gekommen, um das zu sagen?« Hilde nickte: «Ich muß jetzt aber weg.« Dann war sie auch schon auf der Treppe und lief hinunter. Mein Vater war nicht mehr fähig, ein Wort hervorzubringen. Erstarrt schüttelte er nur ganz leicht seinen Kopf, bis meine Mutter seinen Namen rief: »Emil! Emil, wir müssen los.«
Nach dem Krieg haben meine Eltern versucht, Hilde zu finden. Ohne Erfolg.

Der Weg in die Illegalität

Alles ging sehr schnell. Ich war darüber zunächst ganz erstaunt, bis ich mitbekam, daß meine Eltern für diese Situation offensichtlich alles gut vorbereitet hatten. »Vielleicht kommen wir ja wieder einmal in unsere Wohnung zurück«, meinte meine Mutter noch, als wir die Tür leise schlossen. Das hätte auch so sein können, wenn nicht ausgerechnet unser Haus – als einziges in der ganzen Reihe – im März 1945 einen Bombentreffer abbekommen hätte. Dabei kamen auch unsere jüdischen Zwangsuntermieter um, die sich während der ganzen Zeit, als Hilde da war, ruhig verhalten hatten. Es war ja auch besser, wenn sie nichts wußten.

In den ersten Stunden nach einem Luftangriff oder auch noch am Tag darauf war es überhaupt nichts Besonderes, wenn man mit Koffern oder einem Rucksack durch die Straßen lief. Hunderte, Tausende waren ausgebombt und suchten eine neue Bleibe. Daher konnten wir auch einigermaßen sicher sein, mit unserem Gepäck nicht sonderlich aufzufallen. Jedenfalls nicht, sobald wir den S-Bahnhof Charlottenburg – wir brauchten sieben, acht Minuten – erreicht hatten. Ganz merkwürdig war es für mich, meinen Vater in der Öffentlichkeit ohne »Judenstern« zu sehen und selbst keinen zu tragen.

Wir hatten großes Glück, denn der S-Bahn-Betrieb hatte wieder begonnen. Deshalb war sie auch entsprechend voll. Menschen mit Gepäck. Westkreuz umsteigen. Noch einmal Papestraße. So kamen wir ohne Zwischenfälle zum S-Bahnhof Lankwitz, in dessen Nähe meine Tante Luise wohnte. Dorthin führte nämlich unser Weg. Das heißt, nicht direkt. Vom Bahnhof aus wählte mein Vater mehrere Telefonnummern, bis er eine Verbindung bekam. Das war natürlich auch ein glücklicher Zufall, denn bei jedem Luftangriff wurden zahllose Telefonanschlüsse unterbrochen. Wir gingen danach noch ungefähr einen Kilometer, kamen zu einem zweigeschossigen Mietshaus und klingelten bei wildfremden Menschen, einem älteren Ehepaar. Obwohl es Nacht war, wurden wir ganz herzlich aufgenommen. Am anderen Morgen – es war Sonntag – kam meine Tante. Ich will es kurz machen: Dieses alte Ehepaar gehörte zu einem Kreise von Freunden und Bekannten, die Verfolgten halfen, meistens untergetauchten Juden. Auch meine Tante gehörte dazu, was mir meine Eltern jedoch nie gesagt hatten.

Wir erzählten, was uns zum Untertauchen gezwungen hatte, und wir sprachen auch über diesen schlimmen Luftangriff, in den so viele Flüchtlinge aus den Ostgebieten schutzlos hineingeraten waren. »Nun wollen wir mal Kriegsrat halten«, so leitete meine Tante, das Wort »wir« betonend, dazu über, wie denn nun unser Überleben in der Illegalität organisiert werden könnte. »Die paar Wochen, die das alles noch dauern wird, werdet ihr schon durchkommen.«

Für meine Mutter bot sich eine günstige Lösung an. Für Frauen und Mädchen war es oft leichter als für Männer, irgendwo illegal zu leben. Meine Mutter konnte in Zehlendorf bei zwei alten Damen, der Witwe eines Pastors und deren Schwester, als Haushälterin getarnt, unterkommen. Ausweispapiere würden sich auch finden. Für meinen Vater und für mich, also zwei Männer im wehrfähigen Alter, sah alles viel, viel schwieriger aus. Solange wir mit dem »Judenstern« herumgelaufen waren, hatte das keine Bedeutung gehabt. Vielleicht war es doch unüberlegt von uns gewesen, unsere Kleidung mit dem Judenstern zurückzulassen. Für mich war ganz wichtig, Robert zu treffen. Das hatten wir abgemacht für den Fall, daß einer von uns nicht bei der Arbeit erscheinen würde. Am dritten Tag am S-Bahnhof Westkreuz. Ab 18 Uhr halbstündlich. Robert hatte noch die Sperrzeit für Juden ab 20 Uhr zu beachten. Selbstverständlich durften wir uns nicht in aller Öffentlichkeit begrüßen. Nein. Wir würden dann getrennt, aber in einem S-Bahn-Wagen, in die zerbombte Innenstadt fahren und in einem Ruinenkeller, den Robert vorher ausgekundschaftet hatte, zusammentreffen. Robert würde schon irgendein Ausweispapier für mich besorgt haben. Bis zu diesem Treff mit Robert mußte ich mich versteckt halten. Verwandte des Ehepaares, bei dem wir gerade saßen, würden mich aufnehmen.
Mein Vater glaubte, zunächst einmal bei einem alten nichtjüdischen Arbeitskollegen, einem Kommunisten, ein Versteck finden zu können. Der hatte ihm das selbst angeboten. »Wenn du mal untertauchen mußt, kannst du zu uns kommen. Meine Frau und ich sind alt. Was riskieren wir denn schon...«, hatte der gemeint. Von dort aus wollte er Kontakte zu einigen Freunden und guten Bekannten aufnehmen.
Schließlich verabredeten wir drei – meine Mutter, mein Vater und ich –, uns am folgenden Sonntag bei dem alten Ehepaar zu treffen. Vorher mußten wir meine Tante auf ihrer Arbeitsstelle anrufen und uns erkundigen, ob alles in Ordnung sei. Meine Tante arbeitete in einem Geschäft für Molkereiprodukte in Steglitz. Sie gab mir noch einen Ratschlag mit auf den Weg: »Hans, du darfst nicht vergessen, du bist am gefährdetsten. Du bist ein gefundenes Fressen für alle möglichen Kontrollen. Du solltest dir angewöhnen zu hinken.« Das machte ich dann auch. Mir tat nach einigen Stunden richtig mein Bein weh.
Ihr könnt euch wohl vorstellen, wie schwer es ist, sich zu trennen, und nicht zu wissen, ob man sich je wiedersieht. So wie mit Sara erging es mir nun auch mit meinen Eltern.
Wir sahen uns aber wieder. Auch die Verabredung mit Robert klappte. Robert konnte mir allerdings keinen Ausweis, sondern nur eine gefälschte Arbeitsbescheinigung geben. Immerhin mit dem guten Namen »Daimler Benz« in Marienfelde. Das war ein ganz kriegswichtiger Betrieb. Ich hieß »Otto Beier« und war Werkzeugmacher.
Robert gab mir zuerst den Rat, den Jüdischen Friedhof in Weißensee nicht mehr als Versteck zu benutzen. Das hatten viele Untergetauchte getan. Die

Wege dorthin würden verstärkt kontrolliert, und es seien schon einige erwischt worden. Ich konnte bei einer Frau unterkommen, die wir »Spanierin« nannten. Sie war eine deutsche Jüdin, die einen Spanier geheiratet hatte und auch die spanische Staatsangehörigkeit besaß. Ihr Mann lebte zwar nicht mehr, aber sie war nie von der Gestapo behelligt worden. Nach zwei Nächten bei der »Spanierin« vermittelte sie mich an eine Familie, wo ich eine Nacht verbringen konnte. So wurde ich sozusagen immer weitergereicht. Unser Wiedersehen am Sonntag klappte auch. Mein Vater hielt sich bei einem alten Bekannten in Potsdam auf. Wenn sich für eine Nacht oder auch für zwei einmal kein Quartier fand – das geschah einige Male –, dann blieb mir nichts anderes übrig, als die Nacht auf den Straßen Berlins zu verbringen. Im Sommer hätte ich mich in der Umgebung Berlins, in den Wäldern, verstecken können, denn da lebten ohnehin viele Ausgebombte. Aber im Winter konnte man auf diese Weise nur erfrieren.

Straßennacht

Eine typische »Straßennacht« sah ungefähr so aus: Bis Mitternacht fuhr ich mit der S-Bahn und mit der U-Bahn hin und her. Ich durfte selbstverständlich keine Linien fahren, die völlig außerhalb meines scheinbaren Wohnsitzes und meiner angeblichen Arbeitsstelle lagen. Wenn ich im Norden, etwa in Frohnau, an der Endstation der S-Bahn kontrolliert worden wäre, hätte ich kaum glaubwürdig behaupten können, auf dem Weg zu meiner angeblichen Arbeitsstelle im Süden, in Marienfelde, zu sein.
Nach Mitternacht stieg ich auf die Nachtlinien der Straßenbahn um. Da durfte ich dann nicht mit dem gleichen Wagen zurückfahren. Entweder lief ich zu einer anderen Endstation, was zwar ein zusätzliches Risiko war, oder ich hielt mich in der Nähe der Endstation auf. Ich vermied jegliches Auffallen und fuhr mit der nächsten Bahn wieder zurück in die Stadt.
Damals gab es noch viele Buden und Kaffeestuben, die sehr früh öffneten, um 5 oder 6 Uhr. Da konnte man sich frisch machen und einen Kaffee – Kaffee-Ersatz vielmehr – trinken. Nur, lange durfte man sich dort nicht aufhalten.
Tagsüber war das Leben viel leichter. Gerade in den letzten Kriegswochen zogen Tausende, Zehntausende von Menschen täglich durch die Stadt. Flüchtlinge, Ausgebombte, Soldaten. Überall Ruinen. Viele Fernbahnhöfe waren Endbahnhöfe, Sackbahnhöfe. Zum Umsteigen mußte man oft quer durch die Stadt gehen. Solange der Stadtverkehr funktionierte, war das keine so große Schwierigkeit, aber in der völlig zerbombten Stadt mußte man lange Strecken zu Fuß zurücklegen. Die meisten Menschen hatten viel Gepäck.

Auch war der Verkehr noch nicht so weit motorisiert wie heute. Für Transporte wurden häufig noch Pferdewagen benutzt. Es gab stundenlange Staus. Ich hatte oft wahnsinniges Glück. Ich sah nur, daß andere kontrolliert wurden. Einmal – am Anhalter Bahnhof – ein Mann am Nebentisch. Der grüßte zwar forsch mit »Heil Hitler!«, seine Papiere schienen aber nicht in Ordnung zu sein. Er wehrte sich wild, als ihn die Wehrmachtsstreife abführte. Wenn bei diesem Mann alles gestimmt hätte, wäre ich als nächster überprüft worden. Hätte die Gestapo sich mit meiner Arbeitsbescheinigung zufriedengegeben?

Es waren fürchterliche Wochen. Und dann wurden wir schließlich doch erwischt. Mein Vater und ich. Ich lebte damals immer nur auf ein Ziel hin: das nächste verabredete Treffen mit Robert und mit meinen Eltern. Mal in irgendeiner Wohnung, dann auf einem Umsteigebahnhof der S-Bahn oder der U-Bahn, dann vor einem Kino. Ich habe in diesen Wochen erlebt, was andere monatelang durchgehalten haben. In vielen Fällen sogar Jahre. Tausende von Juden waren irgendwann einmal untergetaucht. Die meisten von ihnen wurden von der Gestapo früher oder später erwischt. Etwa 1400 sollen illegal überlebt haben. Da hat jede Jüdin, jeder Jude eine eigene Geschichte. Diese Geschichten haben Ähnlichkeiten – aber auch fast immer irgend etwas Besonderes. Einmaliges. Ich habe aber auch leichtsinnig mein Leben riskiert. Aus lauter Liebe, nur um Sara einmal sehen zu können. Ich fuhr in die Nähe der Brotfabrik, in der sie arbeitete, oder zum S-Bahnhof Charlottenburg und beobachtete sie aus der Ferne. Ich hatte ja viel Zeit. Das war nun allerdings unsere alte Wohngegend. Ich hatte mir zwar die Haare anders gekämmt, und dennoch hätte mich wohl jemand erkennen können.

Immer wenn ich Sara sah, war ich sicher, daß sie an mich denken würde. Und weil ich mich ihr in diesen Minuten ganz nahe fühlte, waren wir auf eine seltsame Art miteinander verbunden.

Wieder gefangen

Als ich in der vorletzten Märzwoche mit Robert zusammentraf, erzählte er, daß unser Wohnhaus in der Mommsenstraße einen Treffer abbekommen hatte. Die Häuser ringsherum waren unbeschädigt geblieben. Die Nachricht berührte mich nicht sonderlich. Nach dem Kurzbericht über den Frontverlauf – Robert hörte regelmäßig die deutschsprachigen Sendungen der BBC – brachte er dann ein Problem vor. »Wir brauchen dringend Geld. Wir müssen Brot kaufen. Sonst verhungern uns ein paar Versteckte. Du, Hans, kennst den Bäcker. Und er kennt dich. Du brauchst nur das Geld abzuliefern. 5000 Mark. Das Brot holen wir dann nach und nach ab. Wie immer.« – »Als ich im Januar den Geldboten gemacht habe, war ich noch ein legal lebender Jude. Jetzt hinke ich als Illegaler durch Berlin.« – »Für uns alle ist es viel gefährlicher geworden.« – »Ich kann meinem Vater das erst am Samstag sagen.« – »Dann kann der Bäcker das Geld also am Sonntag haben ...« – »Mal sehen.« – »Gut, daß morgen Sonntag ist«, war die Reaktion meines Vaters. »Da haben doch mehr Männer arbeitsfrei, und man fällt im Straßenbild weniger auf.« Wir verabredeten uns am U-Bahnhof Wittenbergplatz. Mein Vater sollte das Geld aus der Laube in Mariendorf holen und mir übergeben. Vom Wittenbergplatz war es nicht weit bis zum Bäcker in der Fuggerstraße. Mein Vater hatte das Geld in Zeitungspapier eingewickelt. Er gab mir das eine der Päckchen, beim zweiten zögerte er. »Ich komme mit. Ein Stück.« Und dann steckte er das zweite Päckchen wieder ein.
Wir gingen gerade am KaDeWe vorbei, als wir von hinten von zwei SA-Männern in Uniform angesprochen wurden. »Folgen Sie uns! Zur Polizeiwache!« Ich wollte nichts unversucht lassen: »Was wollen Sie von uns?« – »Halt die Klappe, Junge! Mitkommen!« Wir gingen bis zur Kalkreuthstraße. Noch heute ist dort ein Polizeirevier. »Wachtmeister, überprüfen Sie die Identität dieser beiden Männer! Heil Hitler!«
Der Wachtmeister gehörte nicht zu den scharfen Typen. »Was soll ich? Ihre Identität überprüfen? Na, dann überprüfen wir mal!« – »Daraus wird wohl nichts«, gestand mein Vater sofort, »wir sind untergetauchte Juden.« – »Ach, du meine Güte! Da kann ich nicht viel für Sie tun. Ich habe strengste Anweisung, sofort die Gestapo anzurufen. Wie heißen Sie denn?« Am anderen Ende der Leitung hörten wir die brüllende Stimme: »Juden! Unbedingt festhalten! Wir sind sofort da.« – »Na, dann setzen Sie sich mal«, sagte der Wachtmeister.
Warum waren wir angehalten worden? Hatte uns ein jüdischer Spitzel gesehen? Oder Leute aus unserer alten Wohngegend? Oder waren wir einfach aufgefallen, weil wir zwei Männer im wehrfähigen Alter waren und mein Hinken möglicherweise nicht so überzeugend war? Dann wäre es tatsächlich sicherer gewesen, wenn wir einen Judenstern getragen hätten. Wir haben den Grund nie erfahren.

Da saßen wir nun. Die ganze Zeit dachte ich an das Geld, das wir bei uns trugen. Mir kam eine Idee. »Herr Wachtmeister, darf ich mal austreten?« – »Aber klar, Junge, auf dem Flur hinten rechts.« Auf dem Klo habe ich die druckfrischen Scheine kleingerissen und weggespült und auch meine gefälschte Arbeitsbescheinigung. Die nutzte ohnehin nichts mehr. Wenn die Gestapo sie aber bei mir finden würde, dann hätte ich auch etwas über ihre Herkunft sagen müssen.
Als ich wieder neben meinem Vater saß, habe ich ihm zu verstehen gegeben, was ich gemacht hatte. »Herr Wachtmeister, ich muß auch mal ...«
Mein Vater kam zurück und nickte mir zu. Aber meine Erleichterung schwand sofort wieder, als ich an das Foto von Sara dachte. Das durfte die Gestapo bei mir nicht finden. »Herr Wachtmeister, kann ich nochmal zum Klo?« – »Die Sache ist dir wohl auf den Magen geschlagen, was Kleiner?« Daß ich das Foto vergessen hatte, war ein Glück für uns, denn im Klo schwammen die Hunderter. Mein Vater hatte in seiner Aufregung nicht daran gedacht, die Scheine ausreichend kleinzureißen. Also krempelte ich meine Ärmel hoch und drückte die Geldscheine durch die Spülung. Beinahe hätte ich dann vergessen, das Foto zu vernichten. Das fiel mir sehr schwer.
Kaum war ich zurück, da kamen auch schon zwei Gestapo-Leute. Mit einem dieser berüchtigten Gestapo-Wagen wurden wir zur Schulstraße, zum Jüdischen Krankenhaus, gefahren. In einem Gebäude war jetzt ein Gefängnis für untergetauchte Juden, die man erwischt hatte, eingerichtet und für Juden, die anderen Juden geholfen hatten. Mehrere hundert Menschen waren dort. Von der SS bewacht.
Mein Vater und ich wurden zu dem Kommandanten – SS-Hauptscharführer Walter Dobberke – gebracht. Der hatte noch kein Wort gesagt, als er meinen Vater vor meinen Augen in brutalster Weise zusammenschlug. Ohnmächtige Wut kam in mir hoch. »So, Jude, nun erzähl mir mal, wo deine Frau ist und wo ihr in den vergangenen Wochen gewesen seid!« herrschte er meinen Vater an. »Meine Frau hat sich sofort von uns getrennt. Sie wollte zu Freunden nach Schweden.« Da war meinem Vater etwas Gutes eingefallen. Es war jetzt wenig wahrscheinlich, daß man meine Mutter in Berlin suchen würde. Wenn man sie überhaupt suchte. »Und gelebt haben wir in den Kellern von zerbombten Häusern. Mal im Wedding. Mal in Wilmersdorf. Manchmal sogar in der Nähe unserer Wohnung. Oder auch im Wald.« – »Sie haben doch eine Schwägerin!« – »Die habe ich schon seit Jahren nicht mehr gesehen. Nur meine Frau hat sich mit ihr getroffen.«
Der SS-Hauptscharführer Dobberke war zwar butal, aber nicht sonderlich gewieft. Er hatte nämlich versäumt, mich hinauszuschicken, als er meinen Vater verhörte. Wir hatten dummerweise niemals daran gedacht, uns für solche Fälle abzusprechen. So wußte ich nun, was mein Vater gesagt hatte, und dachte mir irgendwelche Straßennamen aus, wo diese angeblichen Unterkünfte von uns gewesen sein sollten. Trümmergrundstücke kannte ich genug. Bei mir ließ es Dobberke mit ein paar Ohrfeigen bewenden. Dann wurden wir eingesperrt.

Zwischen Bangen und Hoffen

Nun war ich zum zweiten Mal in meinem Leben gefangen. Ihr kennt vielleicht alte Krankenhausbauten. Die Zimmer sind viel größer als in neuen Gebäuden. Aus diesen ehemaligen Krankenzimmern waren Zellen geworden, und 30 bis 40 Menschen lebten in einem Raum. Die Stimmung war sehr gedrückt. Damals in der Rosenstraße war irgendwann ja die Hoffnung aufgekeimt, wir würden der Deportation entgehen, als draußen der Protest unserer Angehörigen nicht kleinzukriegen war. Aber welche Hoffnung sollte es im März 1945 geben? Jeder wußte, daß der Krieg verloren war und daß die Kapitulation nur eine Frage der Zeit sein würde.
Die meisten Deutschen, besonders aber die SS und die strammen Nazis, hatten ungeheure Angst vor »den Russen«. Das hing wohl weniger damit zusammen, daß man der eigenen Greuelpropaganda von den bestialischen Untermenschen glaubte, sondern lag eher daran, daß die SS und die Soldaten, die im Osten gekämpft hatten, von den ungeheuren Verbrechen, die in Polen und der Sowjetunion begangen worden waren, wußten. Millionen und Abermillionen Zivilisten – keine Soldaten also – hatten sie umgebracht. Tausende von Dörfern und Städten waren völlig ausradiert worden. Auf ihrem Rückzug hatten sie nur »verbrannte Erde« hinterlassen. Und große Teile der Bevölkerung wußten von diesen ungeheuerlichen Untaten auch. Die Soldaten hatten darüber berichtet, und man hatte es in den Propagandafilmen und in den Zeitungen sehen können. Da schlich sich natürlich Angst ein, Furcht vor einer möglichen Rache.
Uns Gefangene erfüllte die Vorstellung von dem Kriegsende nicht nur mit Freude. Was wird die SS mit uns machen, wenn sich die Rote Armee Berlin nähert? Wird sie uns umbringen? In der Vergangenheit hatten die SS und die Gestapo jedenfalls nicht die geringsten Hemmungen gehabt, Juden einfach zu erschießen.
Und tatsächlich bekam der Lagerkommandant Dobberke auch eines Tages den Befehl, uns alle zu erschießen.
Die Tage schleppten, quälten sich dahin. Eine Woche. Zwei Wochen. Einmal am Tag gab es einen Brei aus Kartoffelschalen und Wasser. Wir waren bald nur noch Haut und Knochen. Unser Lebensmut sank auf den Nullpunkt. Manchmal durften wir eine halbe Stunde auf den Hof. Einmal – es war in den ersten Apriltagen – geschah etwas Merkwürdiges. Ein Lastwagen fuhr an unser Gefängnis heran. Die Plane wurde göffnet, und die Fahrer warfen Stoffballen vor die Tür. Gelbe Stoffballen. Ein Farbton, den jeder von uns nur allzu gut kannte: der Stoff für die »Judensterne«. Einige von uns mußten diese Ballen in einen Kellerraum schleppen.
Selbstverständlich redeten wir viel miteinander. Ein jeder hatte ein besonderes Schicksal, und die meisten hatten schon viel durchlitten. Außergewöhnlich aber war, was drei Gefangene in unserer Zelle berichteten.

Ihr außergewöhnliches Schicksal begann in jenem Gebäude in der Rosenstraße, in dem auch mein Vater und ich in den ersten Märztagen 1943 gefangengehalten worden waren. Sie aber hatte die SS – insgesamt handelte es sich um genau 25 Männer – an dem Tag, bevor die Entlassungen begannen, willkürlich rausgegriffen und zum Bahnhof Putlitzstraße gebracht. Dort wurden damals die Deportationszüge eingesetzt. Nach Auschwitz. Ja, ihr hört richtig. Diese Männer waren in Auschwitz gewesen, was praktisch das Todesurteil bedeutet hatte. Jeder von ihnen hatte die Gefangenennummer auf seinem Unterarm eintätowiert. Weil sie noch kräftig erschienen, waren sie in ein Arbeitslager gekommen.
Als ihre nichtjüdischen Ehefrauen von dieser Deportation erfuhren, rannten sie der Gestapo die Bude ein. Und dann geschah das Unfaßbare: jene 25 Männer wurden drei Wochen nach ihrer Ankunft in Auschwitz ins Reichsgebiet zurückgeschickt. Allerdings wurde ihnen gesagt, man könnte sie nicht zu ihren Angehörigen lassen, weil sie Auschwitz gesehen hätten. Die Tatsache, daß ein solches Vernichtungslager bestand, wurde doch streng geheimgehalten. Diese 25 wurden daher in einem Arbeitslager bei Großbeeren – südlich von Berlin – untergebracht. Im Laufe der Monate durften sie auch Briefe und Päckchen von ihren Angehörigen empfangen. Im Herbst 1944 waren sie schließlich in das Lager in der Schulstraße gebracht worden. Einige tausend Menschen haben Auschwitz überlebt, aber daß während der Naziherrschaft Menschen von Auschwitz wieder zurücktransportiert worden sind, das weiß wohl kaum jemand.
Am Montag, dem 16. April 1945, hörten wir Geschützdonner. Sehr fern. Ein leises Beben. Zunächst trauten wir unseren Ohren nicht. Eine Einbildung? Im Laufe des Tages schwanden Unsicherheit und Zweifel. Da war der Lärm von Geschützen. Es mußten Tausende sein. Tatsächlich sind es Zehntausende gewesen. Die sowjetische Armee überquerte die Oder. Endlose Detonationen. Ein unaufhörliches Erzittern der Luft. Mit jeder Stunde, mit jedem Tag vernehmbarer. Und mit jedem Tag wuchs die Unsicherheit über unser Schicksal. Einige diskutierten darüber, einen Ausbruch zu wagen, wenn in der Nähe gekämpft würde, um in den von der Roten Armee kontrollierten Stadtteil zu gelangen. Würden aber dafür – wenn wir überhaupt noch leben sollten – die Kräfte reichen? Soweit kam es aber nicht.
Der 20. April. Hitlers Geburtstag. Früher mit Glanz gefeiert. Offensichtlich schlugen die ersten Granaten in Berlin ein. Die standen sicher nicht auf Hitlers Wunschzettel. Wie weit reichen Geschütze? 10, 20, 30 Kilometer? Oder weiter? Von unseren Bewachern keine Reaktion. Auch in den Folgetagen nicht. »Je näher die Russen kommen, desto dünner wird der Faden, an dem unser Leben hängt«, meinte jemand. »Das muß nicht unbedingt so sein«, sagte mein Vater, eher mit sich selbst redend. Am Tag darauf wurde es zur Gewißheit. Kämpfe im Stadtgebiet! Im Norden und Nordosten. Und wieder vergingen Tage.

Unser Ende?

Am 25. April, einem Mittwoch, fiel meinem Vater vor dem Einschlafen ein: »Heute sind wir einen Monat hier.« Am anderen Morgen weckte uns ungewöhnlicher Lärm. Es dämmerte gerade erst. Sofort begriff jeder von uns: Die Zellen werden geräumt. »Raustreten! Schnell! Schnell! Beeilung!« Türen wurden aufgerissen und zugeschlagen. Bewegung auf den Gängen. Nun war der Raum neben dem unseren an der Reihe. Dann riß ein SS-Mann die Tür unseres Raumes auf. »Raus! Alle raus!« Wir rafften uns auf. Wer noch ein wenig Kraft besaß, stützte einen völlig Entkräfteten. Wieder das ohnmächtige Fragen: »Was werden die mit uns machen?« – »Die werden uns erschießen oder laufen lassen. Eines von beiden.«
Wir wurden vor das Gebäude auf das frühere Krankenhausgelände getrieben. »Aufstellen! In Reih und Glied! Ausrichten!« Es gab eben keine andere Ordnung als die militärische. Ich schaute umher. Sah den Hauptscharführer Dobberke mit seinem Schäferhund. Neben ihm weitere SS-Männer. Und ein wenig abseits vier, fünf Gruppen SS-Soldaten. »O Gott, Erschießungskommandos«, hörte ich sagen. »Vorwärts! Ausrichten!« Da kamen auch die gefangenen Frauen, die wir noch nie gesehen hatten.
Plötzlich löste sich mein Vater aus der Reihe und ging langsam – er konnte auch gar nicht schneller – in die Richtung des Lagerkommandanten. Wie auf ein Zeichen hin folgten ihm noch zwei weitere Gefangene. Sie schwankten auf Dobberke zu. Der bewegte unsicher seinen Kopf und sah fragend seine SS-Kameraden an. Zwei oder drei Meter vor Dobberke blieb mein Vater stehen. Die beiden anderen auch. Mein Vater redete den Kommandanten an. Für uns war nichts zu verstehen. Was Dobberke schrie, aber um so besser: »Das geht Sie gar nichts an! Was erlauben Sie sich?!« Wieder sagte mein Vater etwas. Warf seinen beiden Leidensgenossen einen Blick zu. Die drei gingen zurück.
Wir standen so noch ungefähr zehn Minuten, in denen mehr und mehr Gefangene auf das Gelände getrieben wurden. Ansonsten geschah nichts. Jedenfalls nichts, was zu sehen gewesen wäre. Wir hörten die Granaten und das Schießen. Im Kopf des SS-Hauptscharführers passierte jedoch eine ganze Menge. Nur mühsam den Befehlston wahrend, brachte er plötzlich hervor: »Abtreten!« Anscheinend rechnete er damit, nicht richtig verstanden zu werden, denn schnell wiederholte er: »Abtreten! Abtreten – habe ich gesagt!« Langsam, sehr langsam gingen wir wieder in unsere Zellen. Einen Soldaten hörte ich: »Affentheater!«
Jeder wollte natürlich von meinem Vater wissen, was er Dobberke gesagt hatte. Zunächst: »Herr Hauptscharführer, Sie haben wahrscheinlich den Befehl erhalten, uns zu erschießen.« Darauf hatte Dobberke so erregt reagiert. Und dann weiter: »Ich weiß nicht, was Sie alles auf dem Kerbholz haben. Wenn

Sie uns aber erschießen lassen, werden Sie sicher verspielt haben. In ein paar Stunden werden die Russen hier sein. Die Spuren dieses Massakers können Sie gar nicht mehr beseitigen. Und die Russen werden Sie kriegen, Herr Hauptscharführer!«

Was würde sich nun bei den SS-Leuten abspielen? Es war später Vormittag, als eine Zelle nach der anderen wieder geöffnet wurde. Aber es fehlten die brutalen Befehle. Wieder ging es auf das Krankenhausgelände. Mein Vater wurde von Dobberke herangerufen. »Ich werde Sie alle entlassen. Bescheinigen Sie mir jedoch, daß ich den Befehl, die Lagerinsassen zu erschießen, nicht befolgt habe.« Wir taten nichts lieber als das. Die ungefähr achthundert gefangenen Frauen und Männer bestätigten durch ihre Unterschrift auf Bögen, daß der SS-Hauptscharführer Dobberke die Ausführung eines Befehls verweigert hatte. Ob ihm das was genutzt hat, weiß ich nicht.

Jeder einzelne von uns bekam einen Entlassungsschein, auf dem auch das Aufnahmedatum vermerkt war. Die SS verschwand. Wir waren frei.

Bevor wir loszogen, haben sich viele noch ein Stück von den Stoffballen mit den »Judensternen« abgeschnitten. Warum? Das weiß ich eigentlich gar nicht. Ich habe mein Stück Stoff noch. Es fehlen einige Sterne. Die habe ich rausgeschnitten und bei amerikanischen Soldaten gegen Brot und Corned Beef eingetauscht. »Judensterne« sind begehrte Souvenirs gewesen.

Himmler: »Menschentieren« die Kinder rauben…

Wie es den Russen geht, wie es den Tschechen geht, ist mir total gleichgültig. Das, was in den Völkern an gutem Blut unserer Art vorhanden ist, werden wir uns holen, indem wir ihnen, wenn notwendig, die Kinder rauben und sie bei uns großziehen. Ob die anderen Völker in Wohlstand leben oder ob sie verrecken vor Hunger, das interessiert mich nur soweit, als wir sie als Sklaven für unsere Kultur brauchen, anders interessiert mich das nicht. Ob bei dem Bau eines Panzergrabens 10 000 russische Weiber an Entkräftung umfallen oder nicht, interessiert mich nur soweit, als der Panzergraben für Deutschland fertig wird. Wir werden niemals roh oder herzlos sein, wo es nicht sein muß, das ist klar. Wir Deutsche, die wir als einzige auf der Welt eine anständige Einstellung zum Tier haben, werden ja auch zu diesen Menschentieren eine anständige Einstellung einnehmen, aber es ist ein Verbrechen gegen unser eigenes Blut, uns um sie Sorgen zu machen und ihnen Ideale zu bringen…

(Zitiert nach: Internationales Militärtribunal. Band XXXIX, S. 122f.)

Aus Hitlers Testament

… Vor allem verpflichte ich die Führung der Nation und die Gefolgschaft zur peinlichen Einhaltung der Rassegesetze und zum unbarmherzigen Widerstand gegen den Weltvergifter aller Völker, das internationale Judentum.

Gegeben zu Berlin, den 29. April 1945, 4 Uhr *gez. Adolf Hitler*

Als Zeugen: gez. Dr. Joseph Goebbels, Martin Bormann, Wilhelm Burgdorf, Hans Krebs.

(Zitiert nach: Goebbels: Tagebücher 1945. Einführung Rolf Hochhuth. Hamburg 1977)

Beinahe ein Kitschroman

Ich weiß, daß das kein »richtiges« Ende meiner Geschichte ist. Ihr wollt natürlich noch wissen, was mit meiner Mutter, mit Sara, was mit Robert geschehen ist.

Ihr dürft mir glauben: Das alles wieder einmal erzählt zu haben, ist mir nicht leichtgefallen. Das geht jedem so, der überlebt hat. Die Erinnerung an viele quälende Gefühle, an Todesängste taucht wieder auf. Viele schreckliche Bilder kommen wieder. Das Ende meiner Geschichte erzähle ich jedoch so ungern, weil es im Grunde so vollkommen unwahrscheinlich gewesen ist, daß sie so enden würde. Der Autor eines Kitschromans hätte sich das nicht besser ausdenken können. Denkt euch nur einmal, am Ende eines Romans mit meiner Geschichte würde der Schluß etwa so lauten:

Da ziehen sie nun hin. Vater und Sohn Grossmann. Dem Tode entronnen. Endgültig. Endgültig? Das Feuer naher Straßenkämpfe zerhackt die Frühlingsluft. Granaten. Einschlag auf Einschlag. Planlos ins Häusermeer geschossen. Keiner von beiden denkt auch nur eine Sekunde an die Möglichkeit, eine Granate könne sie treffen. Ein wahnwitziger Zufall! In Trümmern würden sich ihre Spuren verlieren. Vermißt. Den Leidensgefährten im Lager hatten sie beim Abschied noch zugewinkt. Sie wollten nach Lankwitz zur Schwägerin. Dort waren sie nie angekommen. Zwei unbekannte Tote. Zwei von Hunderten, die in jenen Tagen auf den Straßen und unter Trümmern lagen. Mit Kalk überschüttet, nach Tagen in einem Massengrab beerdigt. Ein Zufall nur, aber nicht einmal ein so unwahrscheinlicher.

In das Gefühl der Erlösung und in das Hoffen aber schleicht sich Bangen ein, je länger sie den Weg gehen. Das Bangen um die Gattin und Mutter. Würde sie die Wirren überstanden haben? Fliegen würden sie am liebsten. Doch der Zustand ihrer Körper läßt nicht einmal ein Eilen zu.

Um sie herum Menschen mit starren, gehetzten Blicken. Reste ihrer Habe schleppend. Kraftlos wie sie. Hier und da müssen sie sich an Panzersperren und Straßengräben vorbeidrängen. Dahinter alte Männer und Jungen, bewaffnet mit alten Gewehren und Panzerfäusten. Und dort an der Laterne! – Ein Gehenkter mit einem umgehängten Schild: »Ich bin ein Feigling.« Dann schnappten sie Wortfetzen auf: »Am Flughafen sollen Kämpfe sein. In Steglitz ...« In Steglitz? Dort liegt ihr Ziel: Lankwitz.

»Wir sollten vielleicht zuerst zur Mommsenstraße gehen, Vater. Zu unserem Haus.« – »Das steht nicht mehr, Hans.« – »Das weiß ich doch. Aber vielleicht hat Mutter dort eine Nachricht hinterlassen.« ... Und möglicherweise Sara, setzt Hans in Gedanken hinzu. Das gehörte seit langem zum Erscheinungsbild der Ruinen. Die Ausgebombten schrieben auf die Mauerreste, wo sie aufzufinden wären. »Wir können dort in jedem Fall vorbeischauen.« Sie wählen die Perleberger Straße. »Kreuzt hier nicht die Rathenower Straße, Vater?« Ja, sie kreuzt. Welche Erinnerungen, welche Bil-

der! Eine Stunde mühevollsten Weges. Die Spree. Lessing-Brücke. »Dahinten beginnt die Levetzowstraße, Hans. Das ist unser Weg.« Sollten sie ihn tatsächlich wählen? Von weitem sehen sie das Portal der Synagoge mit seinen vier mächtigen Säulen. Dahinter nur Schutt und Asche. Das Werk der Bomben, die auf Gute und Schlechte, auf Schuldige und Unschuldige niedergegangen sind. Unwillkürlich verweilen Emil und Hans Grossmann einige Zeit.
Das »Knie« ist ihr nächstes Teilziel. Dort beginnt die Bismarckstraße. 300 Meter vielleicht, die Leibnizstraße kreuzt. Nach Süden. Bald sehen sie die S-Bahn-Überführung. Dahinter, die zweite Querstraße ist die Mommsenstraße. Nun mag es nicht mal mehr ein halber Kilometer sein. Hier sind die Häuser kaum zerstört. Das Grün der Bäume beginnt zu knospen, als habe sich nichts verändert! Aber dieser Trugschluß kann sich nicht einstellen, denn vor ihnen, weiter im Westen, wird offenbar gekämpft. Nur wenige Menschen trauen sich auf die Straße. Die meisten hocken in den Kellern. Voller Furcht und Ängste, das Strafgericht für den Wahn von der deutschen Herrenrasse erwartend. Früher gingen die Grossmanns diese Strecke in wenigen Minuten, jetzt ist beinahe eine halbe Stunde vergangen. Voller Hoffnung nähern sie sich der Ruine ihres Wohnhauses. »Vater, die Frau da, das ist Mutter.« So ist es. Das Herz schlägt den beiden Männern bis zum Halse. Die Frau, die sich da von der anderen Seite nähert, ist Clara Grossmann. Von gleichen Überlegungen geleitet wie ihr Mann und ihr Sohn. Eng umschlungen stehen sie für Minuten vor der Ruine ihres früheren Wohnhauses. Noch im Schutz der Dunkelheit waren sie hier am 4. Februar früh morgens davongeschlichen. 80 Tage waren seither vergangen. Wie hatte sich die Welt verändert!

Habe ich nicht recht? Das wäre doch ein kitschiges Ende des Romans, nicht wahr? Nun ist es aber tatsächlich so gewesen: Mein Vater und ich trafen meine Mutter an diesem Tag vor unserem zerstörten Wohnhaus. Sie allerdings war schon seit Tagen dorthin gekommen. Bei den Hilperts hatte sie Unterschlupf gefunden. Mein Vater und ich dann auch.
Das war aber noch nicht alles. Am übernächsten Tag – die Russen hatten schon die Mommsenstraße erreicht – fand ich auch Sara. Sie und ihre Eltern hatten überlebt. Ebenso Robert. Ein richtiges »Happy End« also. Ein Wunder sogar. Ach was! Viele Wunder! Aber die widerfuhren nicht nur uns. Wenn ihr heute jüdische Frauen und Männer trefft, die unter den Nazis überlebt haben, dann müssen immer unwahrscheinliche Ereignisse – denkt nur an den Protest in der Rosenstraße – und wunderbare Zufälle im Spiel gewesen sein. Ansonsten würden sie nicht mehr leben.

Ruine des Gebäudes Rosenstraße 2–4. Sie wurde Anfang der 60er Jahre abgerissen.

Sach- und Personenregister

Gestapo Abkürzung für »Geheime Staatspolizei«. 1934 als politische Polizei von Göring zunächst in Preußen zur Verfolgung der Gegner der Nazi-Partei geschaffen. Hierbei bediente sie sich brutalster Methoden. Die Gestapo war organisatorisch dem von Himmler geleiteten Reichssicherheitshauptamt zugeordnet. Gestapo und SS arbeiteten bei der Judenverfolgung und den Deportationen eng zusammen.

KL Abkürzung für Konzentrationslager im Sprachgebrauch der Nazis.

KZ Abkürzung für Konzentrationslager im allgemeinen Sprachgebrauch.

Nazi Abkürzung für einen Anhänger oder Repräsentanten der NSDAP. In seiner Mehrzahl (die Nazis) wird dieser Begriff nach der Machtübernahme der NSDAP pauschal für die nationalsozialistische Regierung verwendet. Der Begriff wurde von den Nationalsozialisten selbst geprägt.

NSDAP Abkürzung für »Nationalsozialistische Deutsche Arbeiterpartei«, die aus der 1919 gegründeten »Deutschen Arbeiterpartei« hervorging. 1921 trat ihr Hitler bei und wurde nach kurzer Zeit deren Vorsitzender.

SA Abkürzung für »Sturm-Abteilungen«. Ursprünglich eine Ordner- und Kampftruppe der NSDAP bei Saal- und Straßenschlachten. Sie sollte zudem das Ausbildungs- und Erziehungsinstrument der Nazi-Partei sein (»politisches Soldatentum«). Die Mitglieder trugen braune Uniformen. Die SA erreichte eine Mitgliederzahl von 4,5 Millionen.

SD Abkürzung für »Sicherheitsdienst«; Teil der SS, ab 1936 der offizielle Nachrichtendienst in Nazi-Deutschland.

SS Abkürzung für »Schutz-Staffel«. 1925 von Hitler als schwarzuniformierte Elitetruppe der SA gegründet, die die Aufgabe hatte, für seinen Schutz zu sorgen. Nach der Machtübernehme durch die Nazis wurde die SS zu einer in verschiedene Formationen bewaffneten Truppe ausgebaut, von denen die SS-Totenkopfverbände die Aufgabe hatten, die Konzentrationslager zu bewachen. Berüchtigt war auch die Waffen-SS (etwa 580 000 Mann), die neben der im kriegsrechtlichen Sinne kämpfenden »Wehrmacht« an den Fronten eingesetzt wurde, insbesondere im Osten. Die Waffen-SS und die Totenkopfverbände waren durch gemeinsame Erschießungskommandos (»Einsatzgruppen«) in großem Umfang an der Ermordung von Juden beteiligt.

Nicht alle Hauptverantwortlichen an den Verbrechen gegen die Juden werden in diesem Buch – sei es in der Darstellung von Hans Grossmann, sei es im Zusammenhang mit den Quellen – erwähnt.

Bormann, Martin, geb. 1900. Seit 1930 in der obersten Parteiverwaltung der NSDAP im sogenannten »Braunen Haus« in München tätig. 1941 Leiter der Parteikanzlei, 1943 Hitlers Sekretär. Seit dem 1. Mai 1945 verschollen.

Brunner, Alois, geb. 1912. SS-Hauptsturmführer (»Schlächter von Wien«). Organisierte als Mitarbeiter Eichmanns in vielen Teilen Europas die Verfolgung und Deportation von Juden, im Herbst 1942 auch in Berlin. Konnte nach dem Krieg unter falschem Namen untertauchen. Lebt vermutlich noch heute in Syrien.

Eichmann, Adolf, geb. 1906. SS-Obersturmbannführer. Leiter der Judenabteilung des Reichssicherheitshauptamts. 1960 vom israelischen Geheimdienst aus Argentinien nach Israel gebracht, dort angeklagt, zum Tode verurteilt und 1962 hingerichtet.

Goebbels, Joseph, geb. 1897. Seit 1926 »Gauleiter« von Berlin; seit 1933 Reichsminister für Volksaufklärung und Propaganda. Selbstmord am 1. Mai 1945.

Göring, Hermann, geb. 1893. 1933 Preußischer Ministerpräsident und Innenminister. Oberbefehlshaber der Luftwaffe. Als Beauftragter für den Vierjahresplan verantwortlich für die wirtschaftliche Seite der Wiederaufrüstung. Reichsfeldmarschall. Galt jahrelang als möglicher Nachfolger Hitlers. Selbstmord im Oktober 1946 in Nürnberg.

Heydrich, Reinhard, geb. 1904. SS-Obergruppenführer und General der Polizei. 1934 Leiter der Geheimen Staatspolizei in Berlin; 1936 »Chef der Sicherheitspolizei und des Sicherheitsdienstes (SD)«. 1942 an den Folgen eines Attentats gestorben.

Himmler, Heinrich, geb. 1900. Trat sofort 1925 in die neugegründete »Schutz-Staffel« ein. Als »Reichsführer SS« unmittelbar Hitler unterstellt. Selbstmord im Mai 1945.

Hitler, Adolf, geb. 1889. Führer der NSDAP. Seit 1933 Reichskanzler. Seit dem Tod Hindenburgs 1934 Inhaber der höchsten Regierungs- und Staatsämter. Formulierte mit seinem Buch »Mein Kampf« (1925 und 1927 zunächst in zwei Bänden erschienen) das politische Programm der Nationalsozialisten. Selbstmord am 30. April 1945.

Sauckel, Fritz, geb. 1894. Generalbevollmächtigter für den Arbeitseinsatz. Verantwortlich für die Zwangsarbeit und Deportation von über 5 Millionen Menschen. 1946 als Kriegsverbrecher in Nürnberg hingerichtet.

Nicht direkt mit der Judenverfolgung befaßt war:
Speer, Albert, geb. 1905. Hitlers Generalbauinspekteur. Seit 1942 verantwortlicher Minister für die Kriegsproduktion. Im Nürnberger Kriegsverbrecherprozeß zu 20 Jahren Haft verurteilt. 1966 entlassen; gestorben 1981.

Abbildungsnachweis

Archiv Ingeborg Hunzinger: *Seite 93, 94/95*
Archiv der Stiftung Deutsche Kinemathek Berlin: *Seite 63, 200*
Archiv des Verlages: *Seite 11,39, 53, 96, 106, 110, 129, 130, 134, 136, 150, 154, 156, 167, 172, 186, 198, 202*
Archiv Hans – Oskar Baron Löwenstein de Witt: *Seite 33*
Charlotte-Salomon-Stiftung im *Joodsch Historisch Museum*, Amsterdam: *Seite 5*
Bildarchiv Abraham Pisarek: *Seite 13, 15, 103, 113*
Landesarchiv Berlin: *S. 16/17, 18/19, 20, 22, 128, 144, 217*
Marco Limberg: *4. Umschlagseite*

VERLAG
HENTRICH & HENTRICH

„…DIE VIELEN MORDE…"

Dem Gedenken an die Opfer des Nationalsozialismus

Hrsg. Berliner Institut für Lehrerfort- und -weiterbildung und Schulentwicklung

Hiermit liegt eine Publikation vor, „die unter Mitwirkung von namhaften Pädagogen und Historikern eine sehr brauchbare Handreichung für den Unterricht darstellt, der sich mit dem NS-Terror und seinen Opfergruppen beschäftigt… Durch den immer größer werdenden zeitlichen Abstand zu dem damaligen Geschehen erhält die pädagogische Vermittlung eines Zugangs für die Jugendlichen zu den Ereignissen der NS-Zeit eine besondere Bedeutung."

Die Mahnung

Dieses Buch wurde angeregt durch die Einführung des Gedenktages für die „Opfer des Nationalsozialismus" durch Bundespräsident Roman Herzog im Jahre 1996 und am Berliner Institut für Lehrerfort- und -weiterbildung und Schulentwicklung (BIL) erarbeitet. Der Gedenktag wird alljährlich am 27. Januar, dem Jahrestag der Befreiung des Konzentrationslagers Auschwitz, begangen. Gedacht werden soll der Opfer der nationalsozialistischen Rassenideologie, „der Ideologie vom ‚nordischen Herremenschen' und von den ‚Untermenschen' und ihrem fehlenden Existenzrecht".
Mit dem Gedenktag 27. Januar wird die Aufmerksamkeit auf die Angehörigen von rassistisch verfolgten Gruppen gelenkt, denen in der Vergangenheit häufig wenig öffentliche Zuwendung widerfahren ist. Der Titel des Buches ist ein Teil jener Worte, mit denen Ulrich-Wilhelm Graf Schwerin von Schwanenfeld vor dem Volksgerichtshof die Frage Roland Freislers beantwortet hat, was er dem Nationalsozialismus zur Last legen könne. Er antwortete: „Ich dachte an die vielen Morde…" Unterbrochen von dem Schrei Freislers „Morde?" setzte Schwerin noch hinzu: „…die im In- und Ausland…" und wurde erneut niedergebrüllt.

208 Seiten, 125 Abbildungen,
Broschur
Euro 13,00
ISBN 3-933471-09-5